O HIP HOP
E AS DIÁSPORAS AFRICANAS
NA MODERNIDADE

Uma discussão contemporânea sobre cultura e educação

CONSELHO EDITORIAL
Ana Paula Torres Megiani
Eunice Ostrensky
Haroldo Ceravolo Sereza
Joana Monteleone
Maria Luiza Ferreira de Oliveira
Ruy Braga

O HIP HOP
E AS DIÁSPORAS AFRICANAS
NA MODERNIDADE

Uma discussão contemporânea sobre cultura e educação

Mônica do Amaral
Lourdes Carril
[orgs]

alameda

Copyright © 2015 Mônica do Amaral / Lourdes Carril

Grafia atualizada segundo o Acordo Ortográfico da Língua Portuguesa de 1990, que entrou em vigor no Brasil em 2009.

Edição: Haroldo Ceravolo Sereza
Editora assistente: Camila Hama
Projeto gráfico, capa e diagramação: Camila Hama
Assistente acadêmica: Bruna Marques
Revisão: Andressa Neves

Imagem da capa: WWW.FREEPIK.COM

Esta edição contou com o apoio da Fapesp

CIP-BRASIL. CATALOGAÇÃO-NA-FONTE
SINDICATO NACIONAL DOS EDITORES DE LIVROS, RJ

H558

O HIP HOP E AS DIÁSPORAS AFRICANAS NA MODERNIDADE : UMA DISCUSSÃO CONTEMPORÂNEA SOBRE CULTURA E EDUCAÇÃO / organização Mônica do Amaral, Lourdes Carril. – 1. ed.
São Paulo : Alameda, 2015.
310 p. : il. ; 23 cm.

Inclui bibliografia e índice
ISBN 978-85-7939-344-0

1. Hip hop (Cultura popular) – Brasil. 2.Cultura afro-brasileira. 3. Educação – Brasil. I. Amaral, Mônica do. II. Carril, Lourdes.

15-26093 CDD: 305.2350981
          CDU: 316.346.32-053.6(81)

ALAMEDA CASA EDITORIAL
Rua Conselheiro Ramalho, 694 – Bela Vista
CEP 01325-000 – São Paulo – SP
Tel. (11) 3012-2400
www.alamedaeditorial.com.br

SÚMARIO

Prefácio 9
Iray Carone

Apresentação 11
Mônica do Amaral e Lourdes Carril

Primeira Parte 23
A singularidade e a universalidade do hip hop: potência crítica urbana

Capítulo 1 27
A propósito da expressão "menor": o que o rap faz à cultura dominante
Christian Béthune

Capítulo 2 49
O potencial crítico das culturas juvenis urbanas
Rodrigo Duarte

Capítulo 3 63
"Marginalidades conectivas" do Hip hop e
a Diáspora Africana: os casos de Cuba e do Brasil
Halifu Osumare

Capítulo 4 — 93
O hip hop e suas conexões com a diáspora africana
William E. Smith

Segunda Parte — 107
Cultura afro-popular e as formas de resistência política

Capítulo 5 — 111
Arte e cidadania: hip hop e educação
*Márcia Aparecida da Silva Leão e
Joaquim de Oliveira Ferreira (King Nino Brown)*

Capítulo 6 — 133
Hip hop: cultura ou movimento
João Batista de Jesus Felix

Capítulo 7 — 149
O Rap no quilombo: a periferia dá seu tom
Lourdes Carril

Capítulo 8 — 165
Renegados: os empreendedores sociais do Hip Hop liderando o caminho para uma mudança social
Martha Diaz

Terceira Parte — 189
Oralidade, tradição e educação

Capítulo 9 — 193
O Ancestral: entre o singular e o universal
Marcos Ferreira Santos

Capítulo 10 — 235
Sobre os traços do rap
Christian Béthune

Capítulo 11 261
O medo de que os negros entrem na escola –
preconceito racial e a recusa ao direito à educação no Brasil
Maria Ceclia Cortez Christiano de Souza

Capítulo 12 277
O multiculturalismo, o hip hop e a educação:
como a música e a história da diáspora se entrelaçam
no coração dos jovens da periferia de São Paulo
Mônica do Amaral

Sobre os Autores 303

PREFÁCIO

Trazer a cultura da periferia urbana para o centro de debates de uma universidade pública é, sem dúvida, um desafio de grande proporção. Os rappers da grande cidade de São Paulo vieram a ocupar por alguns dias o espaço da USP, em razão de um Congresso Internacional sobre Culturas Jovens, nascido do contato de pesquisadoras da Faculdade de Educação com escolas das áreas periféricas da maior metrópole da América Latina.

Essa é a intenção do presente livro, organizado por Monica Guimarães Teixeira do Amaral e Lourdes Carril. Se for lido com atenção, um oceano submerso virá à tona abruptamente, assomando com a força das contradições chegando mais próximas de nossos olhos. O que antes parecia ser episódico no palco das ruas, agora tem um nome, uma batida forte, impossível de não se ouvir, e de não reconhecer os novos personagens do asfalto: *o hip hop, o rap e os rappers!*

O canto ritmado, as invenções musicais e suas danças não têm o gosto adocicado de mensagens de paz e amor – mais se assemelham a gritos de guerra de quem já perdeu a paciência de ser o lado de fora da grande sociedade. Nesse sentido, a intenção do Congresso e do livro ora apresentado não é a de despertar a curiosidade pelo que poderíamos considerar "exótico", pois fazemos parte do universo que os rappers denunciam!! As escolas da periferia, nesse sentido, tem sido locais informais dessa autentica produção cultural que permaneceu, todavia, ignorada pelo currículo oficial e até mesmo, pelos professores. Tais composições singulares também têm sido estranhas à indústria cultural e às grandes gravadoras, como se não existissem ou tivessem pouca valia no cenário musical.

As organizadoras deram uma força explosiva ao Congresso — que se mantém no livro — não economizando energia para transformá-lo num evento internacional, ao chamar intelectuais brasileiros e estrangeiros que se debruçaram em analises do movimento hip hop, suas origens e desdobramentos sociais. Importante reconhecer a força política desse movimento mundial cuja expressão é a música fortemente ritmada e a dança, cheia de vigor artístico, para dizer o mínimo.

Profa Dra Iray Carone

Pesquisadora Senior e Docente do Curso de Pós-Graduação em Psicologia Escolar e do Desenvolvimento Humano do Instituto de Psicologia da USP. Fez estágios de pós-doutorado na condição de Visiting Scholar, na Universidade da California (Berkeley), New School for Social Research (NY) e Universidade de Columbia (NY).

APRESENTAÇÃO

A reelaboração de culturas e identidades construídas a partir dos processos desencadeados pelas diásporas do passado e dos novos fluxos populacionais verificados no contexto pós-colonial constitui o núcleo das reflexões apresentadas neste livro. O hip hop é apresentado como estratégia contemporânea de enfrentamento de massas de jovens espalhados pelo mundo à lógica excludente que tende a se intensificar com a globalização econômica e a mundialização da cultura. Para tanto, tivemos as contribuições de pesquisadores de diversos países — Estados Unidos, França e de diferentes regiões do Brasil — que trouxeram uma discussão atualizada sobre as especificidades do pan-africanismo ao redor do mundo.

A ideia de que a cultura minoritária pode agir no interior da cultura dominante, modelando suas expressões segundo a singularidade que as constitui, parece-nos fundamental para pensar os novos desdobramentos da modernidade. Com a expansão em ritmo acelerado das novas tecnologias da indústria cultural, tem-se constituído uma sociedade cujo dilema central envolve, tanto a "arte de reduzir cabeças" (Dufour, 2005),[1] quanto a possibilidade de se produzir uma verdadeira "reversão dialética", como propusera o filósofo Walter Benjamin, pressupondo uma relação de proximidade paradoxal com a técnica e a tecnologia, que fixa a arte no limiar entre se deixar absorver e fazer uso criativo desta mesma linguagem para a ela se opor.

---

[1] Dufour, D.-R. (2005). *A arte de reduzir cabeças*. Rio de Janeiro: Companhia de Freud, 2005.

Acreditamos que as identidades pessoais e coletivas sofram frequentes e aceleradas mudanças, tornando-se fluidas perante a ação do mercado e de seus apelos. No entanto, as populações que vivenciaram diferentes momentos da diáspora negra e historicamente vem sendo alijadas do mercado e dos benefícios sociais têm demonstrado que a luta pelo reconhecimento de suas origens e cultura passa necessariamente pelo fortalecimento de suas identidades étnico-raciais.

Nesse quadro de perdas e escassez, característico dos últimos 30 anos, a juventude negra e periférica se viu à margem cada vez mais do projeto de modernidade, uma vez que os direitos de cidadania a ela têm sido sistematicamente negados. É possível mesmo afirmar que esses jovens se veem perdendo territórios na cidade e por meios diversos lutam por reavê-los. Vivendo no limite entre a vida e a morte, entre o lícito e o ilícito, na verdade, espalham pela cidade seus grafites, entoam seus raps de protesto, dançam break como uma forma de resistência e de "empoderamento",[2] de suas identidades. Ao mesmo tempo, denunciam a violência cotidiana que atinge a juventude negra e pobre, não apenas no Brasil, mas em todo o mundo globalizado.

Consideramos que as reflexões aqui apresentadas são fundamentais para se repensar o sentido da educação e de reformas curriculares empobrecedoras, visando, ao contrário, um programa educacional que valorize a diversidade de experiências, histórias e culturas nos currículos e práticas das escolas públicas. O reconhecimento da diversidade étnica e cultural é condição para reverter a situação de fracasso escolar explícito ou implícito subjacente aos programas de ensino das escolas particularmente situadas em regiões periféricas das metrópoles. Desse modo, estaríamos caminhando no "contrapelo",[3] dos discursos e práticas hegemônicas que historicamente têm configurado a cultura escolar em nosso país.

---

2   Este termo, inspirado no termo "empowerment" tem sido utilizado pelo movimento hip hop para se referir ao caráter afirmativo e crítico do movimento que tem contribuído para o fortalecimento e autonomia das identidades dos jovens pobres e negros que habitam as periferias das metrópoles.

3   Inspiramo-nos aqui nas *Teses de Filosofia da História*, de Walter Benjamin, publicadas em 1940, onde defende que a tarefa do materialista histórico consistiria em *escrever a história a contrapelo*, do ponto de vista dos vencidos, referindo-se na época à tradição conformista do

Não se pode deixar de lembrar que o rap e o movimento hip hop, como um todo, no Brasil e no mundo, nasceram dos reclamos de uma juventude marcada tanto por essa "desterritorialização" como pelo "não emprego". Uma cultura que nasceu nos subúrbios de metrópoles espalhadas pelo mundo e com seu apelo universal, cada vez mais pautado pelo policulturalismo e pelo hibridismo, adquire um papel essencial na formação dos jovens, auxiliando-os a compreender o mundo em que vivem. Além de ter gerado muitas ocupações, criou uma forma de comunicação entre culturas distintas, e com isso recriou novas condições para o jovem morador das periferias das metrópoles, de construção de suas identidades territorial, étnica e social.

A ideia desta coletânea surgiu a partir da realização do *Colóquio Internacional Culturas Jovens Afro-Brasil América: encontros e desencontros*,[4] organizado por nossa equipe de pesquisa, que tem se debruçado sobre o papel fundamental do hip hop na educação, concebendo-o não apenas como movimento estético com forte conotação política, mas também como estratégia fundamental de ensino, ou melhor, de formação para a "juventude periférica".

A maior contribuição do Colóquio Culturas Jovens foi justamente ter reunido um público com grande interesse e experiência de pesquisa neste campo multifacetado, envolvendo movimentos populares, jovens da periferia, artistas, estudantes, professores e intelectuais, para debater sobre como estão sendo realizados os projetos de educação e cultura popular contemporânea tanto no país, como no plano internacional. Discutiu-se, assim, a "dimensão não oficial da cultura", ou mais precisamente, que a esta se opõe.

Nesta coletânea, procuramos manter esse mesmo espírito do colóquio, além de alinhavar alguns dos temas abordados em torno de alguns eixos, que nortearam a divisão do livro em três partes: a singulaidade e a universalidade do

---

historicismo alemão, cujos partidários entram sempre "em empatia com o vencedor" (Tese VII *Apud* Michael Löwy, 2002).

4   Este colóquio foi promovido pela FEUSP e Programa de Pós-Graduação em Educação da FEUSP e contou com o financiamento da Pró-Reitoria de Cultura e Extensão da USP, da Comissão de Graduação da FEUSP, CAPES e FAPESP. Local: FEUSP, SESC Pinheiros e UNINOVE (de 10 a 13 de Abril de2012).

hip hop: potência crítica urbana; cultura afro-popular e as formas de resistência política; oralidade, tradição e transmissão.

Analisemos com maior atenção a contribuição de cada autor.

Christian Béthune, no capítulo 1, intitulado *A propósito da expressão "menor": o que o rap faz à cultura dominante*, inspira-se em Deleuze e Guattari, para pensar o que a cultura hip hop, e mais especificamente o rap, põe em marcha no interior da cultura dominante. Há momentos, esclarece-nos o autor, em que o único modo de negação da totalidade se faz dando lugar à singularidade de fenômenos que não encontram acolhimento em uma realidade mutilada, modelando a cultura dominante de acordo com sua própria perspectiva, ou seja, sua "minoridade". A astúcia dessa dialética ainda não foi detectada entre pensadores e críticos literários, dificultando que se tenha aquilatado todo o potencial crítico dessa estética criada por jovens da periferia das grandes cidades. Exemplo disso, segundo Béthume, é como os afro-americanos pronunciam o inglês nos Estados Unidos, ou mesmo o uso feito da língua francesa pelos rappers nos subúrbios de Paris. Produzem, desse modo, o que o autor chama de "minoração", que consiste em desterritorializar a língua dominante, invertendo o sinal da língua. Desse modo, aquilo que fora motivo de humilhação e perjúrio torna-se uma forma de "empoderamento" identitário e de sobrevivência cultural.

Rodrigo Duarte, por sua vez, no capítulo 2, *O potencial crítico das culturas juvenis urbanas*, procura desmontar a tese de que a teoria crítica formulada pelo filósofo Theodor W. Adorno seria elitista, pelo fato deste identificar na arte erudita um potencial de negatividade, não encontrado pelo mesmo na arte popular. Duarte ressalta que continuamos a falar muito sobre o pessimismo e até mesmo sobre o elitismo do autor, quando este se opõe à arte como puro entretenimento, e nos esquecemos que o enaltecimento da arte erudita, considerada em sua complexidade, em contraposição às mercadorias culturais, fazem parte de uma crítica à indústria cultural. Ressalta ainda que Theodor Adorno, ao identificar o colapso da grande arte burguesa e sua insuficiência para se contrapor à arte de massas, vislumbrara que a promessa de utopia deslocara-se para a obra fragmentária. O autor recupera o conceito de "pseudomorfose", desenvolvido por Adorno em sua *Filosofia da Nova Música*, percorrendo ainda a obra inacabada do autor, a *Teoria*

Estética, e outros de seus ensaios sobre arte, analisando-os à luz de uma discussão bastante atual sugerida a partir da leitura do livro *Após o fim da arte*, de Arthur Danton. Inspirado por este debate, o autor faz ponderações sobre o valor estético do hip hop, considerando-o uma produção estética semi-autônoma, que mantém certo grau de negatividade, por se manter à margem do mercado e por seu compromisso ético-político com os excluídos.

Halifu Osumaré, no capítulo 3, *'Marginalidades conectivas' do Hip Hop na Diáspora Africana: os casos de Cuba e do Brasil*, faz um recorte de sua conferência "*O hip hop global e a diáspora africana*", onde situou o movimento hip hop na esteira da expansão da produção afro-americana de cultura pelo globo, que remonta desde o final do século XIX, passando pelos anos 50 e 60, com o rock and roll e o soul, e depois pelo movimento *Black Power* até o surgimento da cultura hip hop nos anos 80, cuja influência se estende aos dias de hoje. Neste capítulo, a autora centra sua reflexão a propósito da expansão do hip hop em países como EUA, Brasil e Cuba, atribuindo-a à capacidade do movimento de conectar as marginalidades sociais a que estão sujeitos os afro-descendentes de todo o globo, cujas narrativas sociais da negritude se fazem intimamente imbricadas às desigualdades sociais, que, por sua vez, são caudatárias da diáspora da África Negra pelas Américas. Para a autora, a questão da classe social é apenas uma das quatro mais importantes marginalidades conectivas que podem unificar os *hiphopers* em todo o mundo. Dentre elas destaca: a cultura, a opressão histórica, a juventude com status periférico e evidentemente a questão racial.

William Smith, no capítulo 4, *Conexões do hip hop com a diáspora*, pretendeu demonstrar a presença de algumas características da cultura africana (como o canto responsório e o improviso) e de estratégias de linguagem (metafóricas, duplo sentido) criadas como forma de resistência ao regime de escravidão que lhes foi imposto nas Américas, e que estão presentes em todos os estilos musicais praticados pelos afro-descendentes em diversas regiões e continentes. Relembranos do caráter híbrido do hip hop que, por meio do *sampling*, faz uma espécie de bricolagem entre diferentes estilos musicais, compondo um novo estilo. Todos esses elementos, associados a tendências poli-rítmicas estariam presentes desde nas canções de trabalho entoadas nas plantações do sul dos EUA até nos Spirituals/

Gospel, Blues e Jazz. O Funk/Soul de James Brown, um dos precursores do rap, propunha com frequência o ritmo 4:4, de algum modo seguindo o ritmo do swing. *Sampling* (recorte e colagem de diferentes estilos musicais) e *quotation* (citação) eram frequentes no Jazz, e reaparecem de outro modo no rap. Há uma história cultural similar e de criação estética comum que atravessa igualmente a tradição musical afro-americana e o rap, justificando a tese de que há uma conectividade entre o passado e o presente, do ponto de vista estético, inclusive.

O capítulo 5, *Arte e cidadania: hip hop e educação*, de autoria de Márcia Leão e King Nino Brown, foi escrito a quatro mãos. Nino Brown, um dos principais personagens da história de fundação do movimento hip hop em São Paulo, é presidente da Zulu Nation no Brasil e foi diretor da Casa do Hip Hop, em Diadema, onde desenvolvia oficinas de break, grafite e rap, havia 14 anos. Márcia Leão foi pesquisadora e colaboradora da Casa e se propôs a apresentar neste capítulo, elaborado com Nino Brown, as diversas artes urbanas reunidas em torno do hip hop, relatando suas origens desde o Largo São Bento. Procura ainda identificar similaridades entre esta cultura jovem e outras culturas que remontam à ancestralidade afro-brasileira.

João Batista de Jesus Félix, no capítulo 6, *Hip Hop: Cultura ou Movimento*, analisa as múltiplas interpretações sobre o Movimento Hip Hop, trazendo um debate central que se estabelece no interior da oposição entre o caráter político e cultural do movimento. Discorre sobre a entrada do rap nos bailes funks, na década de 1980, e depois, sobre a ida do hip hop para as ruas, assumindo a luta contra o racismo e o preconceito racial. Algumas "posses" como o *Sindicato Negro* e a *Força Ativa* se tornaram também *lócus* dessas discussões, sobretudo, a partir do momento em que muitos jovens aderem às mesmas. Cada vez mais se intensifica o foco pela luta político-partidária em detrimento da expressão artística do hip hop, ao aproximar-se do ideário do MNU – Movimento Nacional Unificado, deixando em segundo lugar o plano da cultura que, para o autor, é a principal característica do movimento. Analisando três posses – Aliança Negra, Conceitos de Rua e o NC Força Ativa – Félix busca interpretar se a cultura é autônoma quando se trata de poder político, fazendo valer seu poder na participação das relações de força. Assim, houve uma profusão de diversas agremiações, quando foi ficando claro para grande parte dos rappers que, além de terem se tornado "a voz do ghetto" ou "a trilha sonora do ghetto", também deveriam ser representantes políticos desse meio social.

Lourdes Carril, no capítulo 7, *O Rap no Quilombo: a Periferia dá seu Tom*, retoma as teses de Florestan Fernandes sobre o caráter excludente do processo de urbanização no Brasil, que traz consigo as marcas das relações patrimonialistas e clientelistas da época colonial, apresentando-as como atuais, uma vez que o processo de metropolização trouxe consigo um verdadeiro "espraiar-se" da pobreza por periferias cada vez mais distantes dos centros, onde se concentram os benefícios do acúmulo de riquezas nas cidades. Relembra-nos de que modo o sociólogo caracterizara a cidade de São Paulo nos anos 40, apontando para uma verdadeira marginalização dos negros de todo e qualquer mecanismo de mobilidade social posto em ação pela sociedade burguesa em formação, época em que a população negra chegara a reivindicar uma nova alforria. Demonstra, em seguida, com perspicácia, que os rappers *Z'África Brasil* retomam essa reivindicação, ao denunciarem em suas músicas em que medida a favela, ao lado de condomínios de luxo, reproduzem a relação entre a casa grande e a senzala, ao mesmo tempo em que (re) territorializam a periferia, ao apresentá-la como quilombo, símbolo de resistência e de recriação da cidade.

Martha Diaz, no capítulo 8, *Renegados: os empreendedores sociais do hip hop liderando o caminho para uma mudança social*, caracteriza as lideranças do movimento hip hop como empreendedores sociais, considerando suas ações capazes de promover uma mudança social. Embora não haja, para a autora, uma definição exata para os empreendedores sociais, ela os vê como pessoas que buscam resolver problemas existentes nas comunidades, por meio de ações inovadoras, as quais implicam impactos importantes sobre as demandas daquelas. Há, no entanto, uma diferença entre os empreendedores sociais e o segmento de negócios, no que diz respeito aos objetivos e interesses de cada um: para os primeiros, se assentaria na busca do retorno do investimento em termos ambientais, sociais e financeiros; sendo que para os demais, os objetivos se concentram na relação entre lucros e perdas como medida de sucesso. Muitos rappers, assim, podem ser vistos como transformadores sociais, os quais, diferentemente dos assim chamados empresários sociais, recorreram à produção eletrônica de música para enfrentar a falta absoluta de amparo do Estado e a segregação dos jovens negros. Nesse sentido, o termo empreendedor social [*social entrepeneur*] surgiu no mesmo momento em que a cultura hip hop estava sendo criada. Por isso, os Empreendedores Sociais do Hip hop (ESHHs) podem ser compreendidos como uma ponte entre os setores sociais e os governamentais e corporativos. Por meio de selos de gravação independente, festivais de música e projetos educacionais, os mesmos buscam alterar consciências e o rumo de pessoas no contexto dos negócios do hip hop.

Marcos Ferreira Santos, no capítulo 9, *O Ancestral: entre o singular e o universal*, propôs-se a falar sobre a ancestralidade africana e ameríndia pela via mítica, iniciando sua exposição por uma letra de rap latino, *Duo Calle 13*, onde identifica influências do cancioneiro tradicional latino americano. Em seguida, faz uma bela exposição sobre o universo ancestral que remete a uma relação mimética entre o homem e natureza, à "topofilia", paixão pelo lugar, ao sentimento de pertença, propondo uma relação simbólica entre a vivência subjetiva e os lugares, o entorno, a natureza. O ritmo ancestral é abordado em uma relação íntima com o corpo: o pulso e as batidas cardíacas, que são acompanhados de uma percussão antiga, do bater palmas e os pés no chão, aos quais se juntam instrumentos feitos de material orgânico. Nele identifica o quiasma, a matriz africana que traz consigo o singular e o universal, que o autor assim o descreve de modo poético: "o colorido singular que matiza o universal". Associa, por fim, a perlaboração psicanalítica ao mito, concebendo-o como uma narrativa capaz de articular o passado, o presente e o porvir. Daí ressaltar a importância de iniciativas como a dos rappers mencionados, no sentido de procurar estabelecer um diálogo criativo entre as músicas e ritmos tradicionais e culturas contemporâneas, como a do rap. Pergunta-se em seguida: *Onde está a matriz de nossos pensamentos e alma?* Está justamente em nossa ancestralidade africana e ameríndia. Mas que, no entanto, é sistematicamente negada pelas instituições formadoras – a escola e a universidade.

Béthune, no capítulo 10, *Sobre os traços do Rap*, baseia-se nos pressupostos teóricos de Jacques Derrida sobre a oposição entre o texto e o livro para analisar a recusa à docilidade dos rappers na produção das letras de rap. Para ele, a filosofia de Derrida possibilita entender a violência desse tipo de produção textual, não somente pela forma da escrita, mas também pela poética. O autor discorre sobre os instrumentos utilizados nesse ritual em que estão presentes: a folha branca a ser preenchida, a caneta ou a pena, todos envolvidos no esforço e na dor de escrever a partir do sentimento e vivência do rapper. Embora a oralidade seja mais diretamente apreendida na cultura hip hop, segundo o autor a escrita se revela muito ameaçadora, pois nela aparece o corpo, unindo o traço e o som antes dos signos. Assim, ela corresponde à intrínseca ligação entre a fala e a escrita, permeada por uma tensão não visível entre as duas dimensões. O rapper constrói uma espécie de ritual para fazer as letras, escrevendo num momento em que não se encontra sob as luzes do palco, quando todos os movimentos, luzes, sons e instrumentos atuam — momento em que o processo doloroso da escrita não se revela. Béthune denomina, assim, de "iconografia da cultura hip hop" a escrita pautada não pela grafia dominante e acadêmica e que expressa um jogo com a língua ou o desprezo semântico, referindo-se especificamente aos rappers franceses. Dessa forma, o autor promove uma reflexão importante sobre a relação cinestésica, marcadamente tensa entre o oral e o escrito, o textual e o livresco, analisando a relevância do processo de escrita no hip hop, que acaba por ser secundarizada, discordando também da visão de que a escrita deva conduzir a dimensão musical à forma poética. Para ele, trata-se de outra ordem de ação, que se propõe a se contrapor e a "dinamitar" as formas literárias consagradas.

Maria Cecília Cortez, no capítulo 11, sob o título *Medo de que os negros entrem na escola – preconceito racial e a recusa ao direito à educação no Brasil*, pondera que ainda será necessário enfrentar o "trauma da escravidão" para entender as desigualdades sociais e suas implicações na educação brasileira. Para a autora, desde a abolição, parte da cultura brasileira dá as costas ao problema racial do país. Salienta a importância dessa temática para tratar da questão do negro, não apenas como diversidade étnica, mas do ponto de vista filosófico, a partir da qual reflete sobre a exclusão da escolarização dos negros nos marcos dos processos históricos e sociais em que a questão se encontra. Analisa ainda como as escolas e teorias de pensamento sobre a dinâmica racial brasileira, adotando as teorias racistas do século XIX, que indicavam a falta de disposição dos negros para a aprendizagem e a impossibilidade do estabelecimento de uma pedagogia capaz de rever o fracasso escolar, era contrária à filosofia das Luzes que se disseminava na Europa. Verifica, assim, que as teses eugenistas continuaram a alimentar representações sobre a população brasileira, adotando um código subreptício de hierarquia racial no Brasil contemporâneo a partir da gradação de cores. Mostra que mesmo tendo os estudos da UNESCO denunciado esse pressuposto, na década de 50, ainda hoje na sociedade brasileira encontra-se pendente a ampliação desse debate, sobretudo, no âmbito educacional.

Mônica do Amaral, no último capítulo, intitulado *O multiculturalismo, o hip hop e a educação: como a música e a história da diáspora se entrelaçam no coração dos jovens da periferia de São Paulo*, apresenta o hip hop como uma das expressões culturais dos afrodescendentes, frequentemente negadas e negligenciadas pela cultura escolar, considerando que poderia ser incorporado ao processo educativo, na medida em que contribui para o enfrentamento e resistência à marginalização e ao aniquilamento cultural. Segundo a autora, a apreensão do movimento *hip hop* e de outras culturas híbridas, como as expressões estéticas afro e indígena, no caso brasileiro, têm sido pouco investigadas no campo escolar como possibilidade de abarcar as singularidades identitárias capazes de dar sentido ao conhecimento. Desenvolver uma pedagogia crítica e culturalmente relevante parece-lhe condição para o reconhecimento da diversidade étnica e cultural, inclusive, e assim, reverter o fracasso escolar. Por fim, recorrendo às premissas teóricas do multiculturalismo, escola de pensamento que analisa a cultura e identidade nas sociedades contemporâneas, tendo como representante Henry Giroux e outros expoentes desse pensamento, pondera que não se trata apenas de diferenças culturais, mas da construção de "narrativas identitárias" pelos jovens no contexto da hibridação cultural contemporânea. Entende, assim, que as culturas no mundo atual são "culturas de fronteira" e que vivemos em uma época, marcada por uma crise dos limites, mais fortemente identificada entre aqueles que são empurrados para vivências limite.

A coletânea, tomada em seu conjunto, constitui uma produção que aborda os desdobramentos, de natureza estética e política, das diásporas africanas em diversas partes do mundo e suas consequências para a formação das populações historicamente prejudicadas, em particular dos afro-descendentes, moradores das periferias das metrópoles. Sua contribuição consiste em trazer uma diversidade de olhares a partir de diferentes campos do conhecimento, envolvendo desde a filosofia, a sociologia, a antropologia, a etnomusicologia e a educação.

Mônica G.T. do Amaral
Faculdade de Educação da USP
Lourdes Carril
Universidade Federal de São Carlos

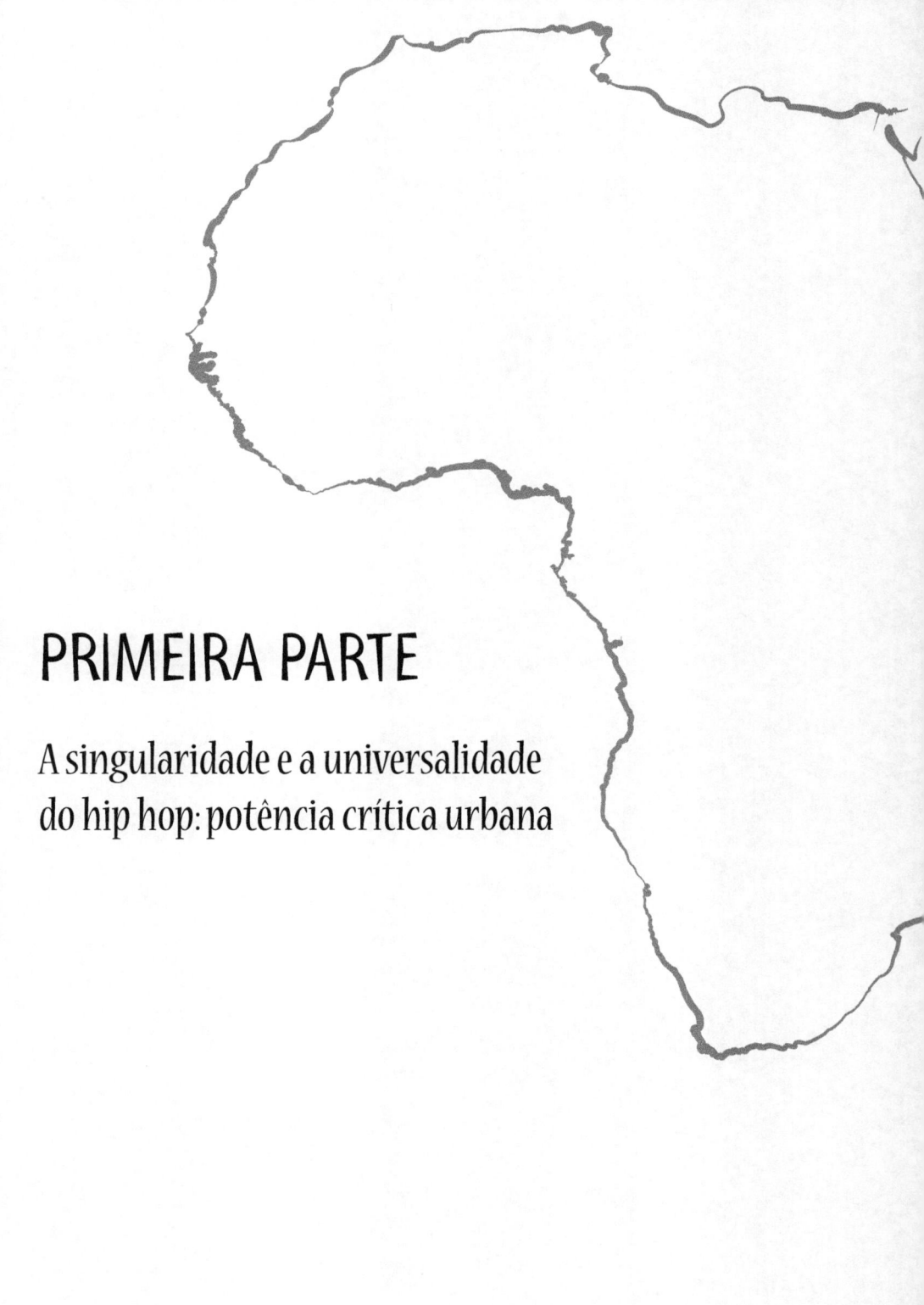

PRIMEIRA PARTE

A singularidade e a universalidade do hip hop: potência crítica urbana

A primeira parte, sob o título *A singularidade e a universalidade do hip hop: potência crítica urbana*, reúne artigos que apresentam uma discussão conceitual, filosófica e sociológica sobre as dimensões estético-social e política do hip hop, ao mesmo tempo em que aponta a combinação entre as especificidades de cada cultura ou país com o que há de comum nos mundos periféricos por todo o globo. E o faz por meio das contribuições do filósofo francês, estudioso do Jazz e do Rap, Christian Béthune e de Rodrigo Duarte, filósofo brasileiro que tem se dedicado à teoria crítica e aos estudos sobre a Indústria Cultural. Mais recentemente, este último tem se debruçado sobre o significado do rap e o movimento hip hop em suas apropriações e recriações na era digital. Ambos, sob perspectivas diferentes, discutem a relação tensa entre a cultura dominante e as culturas juvenis urbanas. Já as contribuições de Halifu Osumaré, estudiosa das culturas afro-americanas, põem em relevo como a diáspora africana até os fluxos populacionais do pós-colonialismo conferiram uma dimensão universal à cultura de origem africana e ao próprio movimento hip hop. Ao mesmo tempo, aponta para a singularidade das culturas híbridas cultivadas nos subúrbios das metrópoles e países "periféricos" do mundo globalizado. Por fim, William Smith, etno-musicólogo, aborda a conectividade que se instaurou com a diáspora, sob outro ângulo, presente na tradição afro-americana da música, como nos Blues, Spirituals, o Jazz e o Hip hop.

CAPÍTULO 1
A propósito da expressão "menor": o que o rap faz à cultura dominante

Christian Béthune
Tradução de: Cláudia Prioste

> *"O rap é uma arte proletária, então as minorias são majoritárias."*
>
> Kery James
> *À sombra do show business*

Sabemos que Deleuze e Guattari se apropriaram do desvalorizado termo "menor" para fazer um elogio filosófico ao que eles denominam "literatura menor", especialmente a propósito de Kafka,[1] invertendo assim, as relações tradicionais entre menor e maior. Na verdade, para sintetizar a tese desses autores, na medida em que "maior" seria aquilo que aconteceu, este termo não poderia tornar-se outra coisa além do que ele é, portanto, sem futuro; toda expressão dita "maior" encontra-se, então, condenada ao imobilismo. A ideia de "cultura menor" reenvia, por outro lado, a uma maneira dinâmica de modelar as formas dominantes de expressão na perspectiva de sua própria "minoridade". Minoridade esta que trabalha desde o interior da cultura dominante:

> *"Tanto que 'menor'* não apenas qualifica certas literaturas, mas as condições revolucionárias de toda literatura no seio daquela que

---

1   Kafka, pour une littérature mineure, Paris.

se denomina grande (ou estabelecida). Mesmo aquele que tem a infelicidade de nascer num país de uma grande literatura deve escrever na sua língua como um judeu tcheco escreve em alemão ou como um uzbeque escreve em russo.[2]

Se fossemos às últimas consequências desta assertiva articulando-as à nossa problemática, isto significaria que, de maneira implícita, todo poeta, todo músico, todo artista, que pretende fazer uma obra progressista, ou mesmo simplesmente digna de interesse, deveria abordar seu trabalho como o fazem, por exemplo, um MC ou um DJ do Bronx, do Brooklin ou de Compton, um rapper ou um grafiteiro de Neuf-Trois ou da zona norte de Marselha!

Da mesma maneira que não há em Kafka outra possibilidade senão a de escrever em alemão, pode-se dizer, em relação aos rappers, que há uma impossibilidade de se expressar em outra língua que não a língua dominante do país onde eles residem.

Desde a emergência da cultura afro-americana, aquilo que os professores têm interpretado como uma inaptidão dos negros para assimilar corretamente a pronúncia do inglês, seu léxico e sua sintaxe, deve ser efetivamente compreendida como efeito de uma empreitada de minoração, de "desterritorialização" em relação à língua dominante através da qual os escravos e seus descendentes se viram, por força das circunstâncias, obrigados a utilizar. Mas esta operação de "minoração cultural" se impôs igualmente como um empreendimento de sobrevivência. Este processo, que está na própria origem da cultura afro-americana, permanece ainda atual através da cultura hip hop.

No caso da cultura afro-americana de maneira geral, e do hip hop em particular, não é apenas a língua que se encontra submetida a esta empreitada de minoração, mas o conjunto de maneiras de ser e de estar no mundo do dominante: a relação com o corpo, com o movimento, a maneira de se vestir, assim como a relação com a sacrossanta propriedade e com o usufruto dos bens materiais que vão, com efeito, ser retrabalhadas pelos afro-americanos na perspectiva de uma "desterritorialização" generalizada.

---

2   *Op. cit.*, p. 33.

Segundo Deleuze e Guattari, uma expressão menor apresenta três traços característicos:

> "*As três características da literatura menor são a 'desterritorialização' da língua, a conexão entre o individual e o imediato político e o agenciamento coletivo da enunciação*" (Kafka, p. 33).

"REAL NIGGER":[3] A MAIORIDADE SACRALIZADA

A maneira ostensiva pela qual os membros da comunidade hip hop jogam simbolicamente com o termo tabu "nigger", negro, pode ser considerada como uma maneira de reivindicar sua minoridade cultural. De fato, o emprego legítimo deste termo — que nos anos 70 Charlie Brown já qualificava como: "The most soulful in the world"[4] — é submetido a condições drásticas de utilização, sacralizando de alguma forma, a minoridade cultural daqueles que dele fazem uso. Pois, esta é efetivamente uma das constantes nas formas menores de expressão: ao mesmo tempo em que são cunhadas como estigmas da exclusão, atuam também como elementos de identificação e de individuação.

Pouco surpreendente então, que uma das operações de minoração mais impressionantes utilizadas pela cultura hip hop se manifestasse através da utilização, pelos próprios rappers, do vocábulo estigmatizado "negro", brandido de maneira ostensiva, e permanecendo uma marca de infâmia.[5] A iniciativa dos rappers avança, nesse sentido, como um contraponto à ideologia forjada durante o período dos direitos civis e rompe abertamente com uma tendência de apagamento do seu pertencimento étnico, defendida pelos ideólogos da integração,

---

3 Optou-se por manter a expressão "real nigger", sem traduzi-la, por ser esta uma terminologia urbana americana comumente usada para designar pessoas efetivamente negras (N. da T.).

4 Charlie Brown: "The language of soul", in T. Kochman, Rappin and Stylin' out, 1972, University of Illinois Press.

5 É o que confirma — a questão de ter se intitulado "Negro" como estava previsto — o álbum do Nas, "Untitled" (Sem título, 2009, Def Jam / Universal), no qual o rapper exibe nas costas marcas de chicote, como se fossem cicatrizes em relevo, que entrelaçadas, formam a letra N, inicial tanto da palavra Negro, como do pseudônimo "NAS" escolhido pelo rapper (que são, na verdade, as três primeiras letras de seu nome, "Nasir").

numa estratégia de fusão no seio de uma maioria neutra.[6] Ao se afirmar como um "real nigger",[7] tenta-se ir além de uma simples etiqueta: para ser confiável é preciso manifestar, na realidade, uma "atitude" de negro. Atitude que não é possível, todavia, de se definir como "majoritária".

Com o hip hop, torna-se impossível dissimular a minoria dos guetos. Eles se exibem, se fazem escutar, se fazem ver, eles são absolutamente invasivos e ameaçam a maioria bem pensante, até mesmo em seus mais recônditos santuários.[8] Situando-se deliberadamente no registro do "politicamente incorreto", a palavra "negro" prefigura uma forma de "desterritorialização", mas o uso inconveniente do termo permite igualmente à comunidade hip hop de se "reterritorializar" segundo uma forma consciente de sua própria minoridade: com o rap o vocativo "negro" deixa de ser um estigma de uma sub-humanidade racial, para tornar-se signo de reagrupamento e de individuação coletiva, a palavra chave do que Deleuze chama de um ritornelo, permitindo articular e balizar um território comum em constante vir a ser. A palavra originalmente tomada como infâmia deixa, pois, de designar apenas um pertencimento étnico, para tornar-se índice de uma consciência partilhada; consciência de participar de uma expressão coletiva e de fazê-la proliferar como ruptura consciente em relação às formas maiores de expressão. Assim, Tod Boyd pôde, legitimamente, afirmar que "o hip hop transcende as fronteiras da cultura, da raça e da história, ao permanecer

---

6   Sobre esta mudança radical de perspectiva induzida pelo rap em relação à "era dos direitos civis" (cf. Todd Boyd, The New H.N.I.C., *The Death of Civil rights and the Reign of Hip Hop*, New York, 2003, New York University Press).

7   Cf. Robin D. G. Kelley. *Looking for de "Real" Nigga: social scientists construct the Ghetto*. (In: Murray Forman & Mark Anthony Neal: *That's the Joint*. New York, 2004, Routledge).

8   É por uma "image d'Épinal"* que Ice T. ilustra seu álbum "*Home invasion*", 1994, (Rhyme Syndicate). Na capa do livreto, um jovem branco com um boné enterrado nas orelhas, uma pilha de cassetes de rap de um lado, uma pilha de obras de Malcom X, de David Goines e de Iceberg Slim, do outro. O jovem parece demasiadamente concentrado no que ele escuta para se aperceber que atrás dele, há uma horda de silhuetas negras armadas invadindo o ambiente familiar, violando sua mãe (ou talvez sua irmã) e arrebentando o crânio de seu pai com coronhadas! Mais concretamente, é o santuário da arte, local eminentemente protegido no Ocidente, que o rap pretende invadir impetuosamente. (*Image d'Épinal" é um tipo de ilustração, originária no século XVIII na cidade francesa de Épinal – N. da T.)

expressamente determinado por elas".[9] Ao se proclamar, por exemplo, *"Niggaz for life"* (Negros para a vida),[10] os rappers do grupo NWA colocam deliberadamente o hip hop no quadro do politicamente incorreto e, portanto, radicalmente menor: todo indivíduo que adere a esta minoria expressiva pode ser, por sua vez, visto como "negro". É por isto que, mesmo pertencendo à raça "caucasiana",[11] o MC Eminem (Marshall Mathers) pode ser designado como um "negro" por seus pares rappers e se prevalecer desse qualificativo como sinal de reconhecimento de sua autenticidade de artista no meio da comunidade hip hop.[12]

O traço mais evidente da cultura hip hop seria, sem dúvida, esta vontade de explicitar massivamente tudo aquilo que na tradição afro-americana se manifestava de maneira implícita. Reificado sob a forma de etiquetas, doravante familiares, colocadas nas caixas de nossos CDs, (*parental advisory explicit lyrics* ou *explicit content*) como um certificado de autenticidade, esta passagem ao explícito – porventura ao ostensivo – torna-se, ela própria, objeto de publicidade. A questão que desde então se coloca é: o que a cultura hip hop faz, efetivamente, passar do implícito ao explícito? É, a princípio, um panorama da cultura afro-americana, inicialmente, dedicada ao eufemismo, aos subentendidos ou aos duplos sentidos, cuja face explícita permanecia, até então, à margem dos canais midiáticos de difusão acessíveis ao grande público. Uma cultura geralmente ocultada ou mesmo condenada pela classe média e pela elite afro-americana presas aos paradoxos de um complexo de inferioridade.[13] A cultura afro-americana – ao

---

9 Todd Boyd. *Op. cit.*, p. 18.

10 Como demonstra o segundo e último álbum dos NWA criptograficamente intitulado: "Efil4zaggin", 1991, Ruthless / priority (que está escrito de forma espelhada, basta ler de traz para frente).

11 Termo politicamente correto para designar a aparência branca, isto é, de pele clara.

12 Sobre a "negritude" de Eminem, cf. Carl Hancock Rux: "Eminem, o negro black", in Greg Tate (ed.). *Everything but the Burden*, 2003, Random House, p. 15-38.

13 "A maioria dos professores e dos estudantes negros que eu encontrei nas universidades estava determinada a assimilar tudo o que é da literatura, da arte e do saber ocidental, em suma, o que a "Cultura" tem a oferecer, sem contudo perder o que eles consideram como os valores essenciais de suas raízes. Mas, ao mesmo tempo, muitos deles condenam o "inglês do gueto", como sendo meio de comunicação inferior, sustentam que os negros não poderão melhorar

menos na sua vertente profana e popular[14] — é, com efeito, povoada de heróis queixosos, de trambiqueiros, de cafetões e de mulheres vingativas ou lascivas que parecem cultivar o prazer da astúcia, violência e obscenidade. Os *blues* colocados à venda pela indústria cultural não fazem mais do que, frequentemente, evocar, de maneira alusiva, ou subentendida o universo desenfreado que os contos da literatura oral (*toasts*) solicitam com avidez.

Entretanto, o que o hip hop torna igualmente explícito é o "segredo vulgar" de uma cultura dominante puritana, muito comprometida com as aparências da virtude para aceitar a sensualidade brutal de suas próprias pulsões ou a avidez derrisória que motiva suas ações, projetando-as sobre uma minoria, que se supõe dotada de baixeza moral, a qual ela própria recusa a assumir. À sua maneira, o hip hop desvela e explora até o limite do grotesco o reverso do sonho secretamente ambicionado pela maioria dos americanos. O comércio triangular, primeira manifestação da gestão globalizada do mundo, permitiu, sem nenhuma dúvida, ao Ocidente assegurar sua dominação econômica sobre o mundo, mas ao mesmo tempo deslocou a selvageria imaginária das florestas da África para o asfalto bem real de suas cidades contemporâneas. Eis aí um dos ensinamentos fundamentais da cultura hip hop, no sentido estabelecido por Deleuze e Guattari, de que se encontra apta a expor, à luz do dia, uma dimensão que deveria permanecer amordaçada.

MINORIA LINGUÍSTICA

O rap pode ser considerado uma forma de expressão na qual, segundo a fórmula de Gilles Deleuze: "Trata-se de ser, em sua própria língua, um estrangeiro" (*Pourparlers*, p. 56). Na forma usual da língua, a língua dominante, numa relação sistemática de transgressão a si mesma, torna o inglês (ou o francês) estrangeiro àquilo que se anuncia de repente — o *black english* (inglês dos

---

sua posição econômica e social senão adquirirem meios de expressão mais cultos" (W. Labov, *op. cit.*, p. 216).

14 Ainda não estou certo que patriarcas bíblicos como Moisés, Josué e tampouco Noé não tenham assumido, à sua maneira, este fundo comum queixoso dos *gospels* que entusiasmam os afro-americanos.

negros) ou o francês da periferia, muitas vezes, ornamentado de *verlan*[15] — dos quais os rappers fazem uso sistemático. Desse modo, "desterritorializa" o inglês (ou o francês) ao desvalorizar o poder institucional e normativo da língua padrão inculcada pela escola.[16] Numerosos MCs se divertem celebrando no curso de suas rimas as agressões e bobagens que eles produzem na língua, utilizando-as para demonstrar sua verdadeira força expressiva: *"My language is polluted"* (Minha linguagem é poluída) afirma, por exemplo, Sticky Fingaz, MC do grupo Onyx.[17]

"Esta nova sintaxe, acusada, cindida, marca uma ruptura bastante precisa com a correção e o uso comum", observa, por exemplo, Eric Barret.[18] O rap afirma uma intenção clara de subversão verbal, fazendo do rapper um "malfeitor textual".[19] Essa sujeira da língua não nos parece tão distante da poluição visual que os pichadores impõem nos muros das cidades ou nos veículos de transporte urbanos, para o desgosto dos vereadores, na qual todo pertencimento político vê-se confundido:

> *Jette-moi 8 mesurses à souiller comme 8 murs*
> *Assaillis d'enflures sur des aires raclunes.*[20]

---

15 Verlan é uma espécie de gíria, bem típica entre os franceses, que consiste em inverter as sílabas das palavras (N.da T.).

16 A existência de uma fala negra estruturada à margem do inglês padrão foi, durante muito tempo uma realidade constatada. Desde os anos 70, com seus estudos sobre a fala dos guetos negros da *"inner city"*, o linguista Williman Labov já constatava esta resistência institucional: "Por diversas razões, muitos professores, diretores de escola e dirigentes de movimentos pelos direitos civis gostariam de negar que a existência de uma fala negra definida por suas próprias estruturas constitui hoje uma realidade linguística e social nos Estados Unidos" (*Le parler ordinaire*, tradução Alain Khim, 1978, Éditions de Minuit, p. 32).

17 *Slam*, álbum "Bacdafucup", 1993, Def Jam / Universal. Citado in Imani Perry: *Prophets of the Hoods*. A autora, ao analisar a música do MC, mostra como ele rejeita uma economia da pureza linguística para fazer prevalecer a economia da criatividade verbal (p. 46-7). Acrescentemos que o texto é ademais "poluído" pela precipitação do *flow* e pelos aspectos sonoros, um acompanhamento musical agressivo que torna as palavras dificilmente inteligíveis.

18 Eric Barret, *Le rap ou l'artisanat de la rime*, Paris, 2008, L'Harmattan.

19 Segundo a fórmula do 113. Cf. *Ouais Gros!*, Álbum *"Les Princes de La Ville"*.

20 La Rumeur *A nous le bruit*, Álbum « Regain de tension », 2004, La Rumeur Records/EMI.

Componentes da cultura hip hop, o "tag" e o "grafo" (cf. Paris sous les bombes »...aérosol[21]), por sua intenção forasteira de converter o espaço público em um espaço pictográfico, integra-se resolutamente às práticas desviantes, logo, menores: "Nós desconstruímos os clichês. Nós transgredimos as regras, nós abolimos as fronteiras".[22] É por isso que convém considerar, com a maior circunspecção, as empreitadas de legitimação que pretendem isolar esta expressão gráfica, deliberadamente ilícita, no interior de um museu ou no espaço valorizado da galeria de arte.

Tanto nos Estados Unidos, como na França, a relação subversiva para com a língua em uso instaura-se em diversos níveis. A princípio, ao introduzir um "falar rude", explicitamente formulado, os rappers tornam tangíveis todo o poder de indecência da língua que eles utilizam.[23] Em seguida, ao reconfigurarem o léxico, o *black english*, se comprazem em utilizar certos termos correntes do inglês *standard* em um sentido completamente inédito, uma operação de mudança semântica que torna a língua ambígua. Os rappers franceses, por sua vez, não hesitam em introduzir termos "exóticos", derivados do árabe falado à moda cigana, ou dos dialetos africanos, quando não reativam o léxico ornamentado de velhas gírias, como fazia Bruant e os forasteiros do fim do século XIX. Maltratar a sintaxe constitui outro estratagema eficaz de "delinquência textual": "*Foder as regras gramaticais! A gente é pior que os zanimais!*", insulta, despreza, *Le Célèbre Bazuca*, em *featuring*, numa música D'Oxmo Puccino;[24] quanto a Key James, de modo provocador, reivindica: "Esse ano a gente faz um rap tão sujo e brutal, que eles crêem que fazemos rap em alemão".[25]

---

21 NTM album eponimo 1995/1996 Sony Music.

22 Darco (grafiteiro), techo recolhido por Numa Murard e citado por Patricia Osganian: « Darco, Mode 2: le graff sur le fil du rasoir » na revista « Mouvement » n° 11 *Hip hop, les pratiques, les marchés, la politique* septembre/octobre 2000 Éditions La Découverte.

23 Sur l'obscénité dans le rap cf. Christian Béthune, *Le rap une esthétique hors la loi*, 2001 Autrement, pp 133-157.

24 *Premier suicide*, Album « L'Amour est mort », 2001 Time Bomb. Cité par A. Pecqueux p. 127 (cf. note infra note 23).

25 *Foolek* in « A l'Ombre du Show Business », 2008 Warner.

Mas isso é, sem dúvida, devido à reapropriação fonética e ao trabalho com a prosódia, por meio dos quais os rappers fazem soar de maneira particularmente estranha a língua que eles utilizam. Assim, o questionamento feito por alguns comentadores, se esta linguística maltratada seria o resultado de uma vontade deliberada ou consequência de uma deficiência na aprendizagem e nas habilidades linguísticas, não nos parece tão pertinente.

A maioria dos rappers pode, justamente, ser considerada em suas capacidades linguísticas, não somente devido à habilidade de fazer malabarismos com as palavras, de entrelaçar em suas rimas as sonoridades, os ritmos e os registros linguísticos, mas tão simplesmente, porque eles comumente praticam várias línguas e fazem deste poliglotismo uma verdadeira arma de combate identitário e poético: uma competência da qual se prevalece por exemplo Sefyu: *"Eu posso falar francês, depois engatilhar um soniké, fazer um gancho em árabe e depois acelerar em japonês"*.[26]

Realizar uma crítica, que a priori suspeita da competência linguística dos seus atores, favorece o encobrimento da natureza estético-poética do rap. Assim, tem se procurado rebater melhor a cultura hip hop, com ênfase nas condições sociais de sua emergência e de sua difusão, refugiando-se somente na problemática sociológica da falta ou da deficiência. É conveniente observar, sobretudo no rap, uma vontade imperiosa de se fazer compreender pela exposição de uma língua re-apropriada, sem ignorar que ela rompe com o consenso. Trata-se, para os rappers, de ter acesso a uma conquista poética da língua. O que, segundo a ideologia majoritária, deveria ser ocasião para se calar, e assimilar a norma do discurso, torna-se, com o rap, uma razão para tomar a palavra e se fazer entender. Os rappers têm uma secreta intuição que "uma regra de gramática é uma marca de poder, antes de ser um marcador de sintaxe".[27] Radicalmente menor, a língua dos rappers é portadora de uma fala que recusa legitimar as "palavras mestre" enquanto "palavras do mestre". Assim proclamam, não sem lucidez, nem elegância, os rappers do grupo La Rumeur:

---

26 «*Sans plomb 93*» Album « Suis-je le gardien de mon frère ? » 2008 Bec5772326.

27 *Mille Plateaux*, p. 96.

> *Palavras mestre e palavras de mestre, palavras mestre*
> *a serem seguidas ao pé da letra, ordem das palavras*
> *e palavras de ordem, ordem das palavras adestradas*
> *para morder.*[28]

O golpe contra a língua em uso e sua ordem normativa tornou-se tão mais impactante ao ser acompanhado de uma maneira de pronunciar que, tanto no inglês como no francês, não deixa dúvidas sobre a natureza subversiva das intenções que motivam os locutores. Nos primeiros ensaios musicais dos anos 80, os rappers franceses partiam de elocuções bastante convencionais, até mesmo escolares, mas, progressivamente, aprenderam a alterar a pronúncia do francês multiplicando os desvios elípticos[29] ou introduzindo um uso sistemático de fonemas que, na origem, não pertenciam à pronúncia comum de nossa língua. É o caso particular da irrupção, entre os rappers da nova geração, do "r" oval arábico /X/ mais duro de se ouvir do que o jota espanhol ou o "ch" alemão ou escocês /x/.

Importado no rap a partir das palavras árabes (*"kho"*, abreviação de *"khoya"* ou *"khouya"*: o irmão, o amigo") é, de fato pelos qualificativos franceses anódinos *"gros"* que os rappers do 113 vão, após 1999, introduzir de maneira distorcida o vocábulo em consonância com o árabe numa música intitulada *"Ouais, Gros!"*, quando a França inteira se dará conta, sem dúvida, da conotação estrangeira, sub-repticiamente, veiculada:[30]

> *Ei grande, no asfalto, a gente tem a moral zero.*
> *É grande, mas eu não sei quanto tempo a gente vai*
> *ficar calado, grande.*
> *Além disso, grande em nossa volta isso se torna maluco.*
> *Virou rotina, grande, ir para trás das grades.*

---

28   *Maître mot, mots du maître*, Album « Regain de Tensions ».

29   Cf. "Se de 1990 à 1995 não foi possível fazer rap totalmente diferente do que quebrando totalmente sua interpretação linguageira a partir de 1998 não se interpreta mais assim: doravante é preciso engolir o máximo de sílaba possível" Anthony Pecqueux, *Les voix du rap* p. 61.

30   Cf. David O' Neill, *Explicit Lyrics*, 2007, Les Éditeurs libres, p. 70.

Falando de cadeia, mista (nome de um rapper) a
gente pensa em você, grande.
E todos os manos que vendem no atacado ou no varejo,
meu grande[31]

Declamada em ritornelos, conferindo uma espécie de pontuação sonora, o termo "grande" assume aqui um duplo valor: não somente assinala a vontade de interpelar, mas delimita igualmente um território. Esse duplo valor se verá duplicado quando os rappers suprimem o equívoco, passando explicitamente da palavra "*Gros*" (grande) à forma arábica "*kho*".[32]

Com Sefyu, finalmente evidencia-se o conjunto da língua francesa, que parece afetada deste tropismo fonético desterritorialisante:

> Da garganta metálica de Sefyu, surge uma semântica aberta à métrica complexa que mistura fundo e forma, fluidez e palavra em um todo, de som e de sentido. De fato a voz pavimentada, ornada de truques que somente ele domina, afrontando violentamente.[33]

A maneira do MC articular e de acentuar nossa língua nos dá a impressão que ele despedaça as palavras pronunciando-as com uma distinção perturbante mediante considerável trabalho prosódico: "*Nós estamos bastante queimados na mídia ha ha*",[34] marcado por sua estranha fonética, a condução do rap, pontuada por numerosos golpes de glote, insiste várias vezes na tomada de consciência de afirmação de um pertencimento minoritário que vale como processo de individuação pessoal e coletivo.

---

31 *Ouais, gros*, album "Les Princes de la ville" 1999, Alariana/double H SMA 496286-9.

32 Cf., por exemplo, em Lunatic *921* onde a fórmula: « C'est pour les khos » é repetida inúmeras vezes, album "Mauvais Œil".

33 Thomas Blondeau et Fred Hanak, *Combat rap II*, 2008, Bordeaux, Castor Astral, p. 221.

34 Sefyu, *op. cit.* após três aliterações tr, cr, pr, ela termina em uma onomatopeia, que duplica o som tornando-o mais ácido.

O imediato político

Deleuze e Guattari adotam um segundo critério para a expressão menor: "a conexão entre o individual e o imediato político",[35] portanto, espontaneamente, "tudo isso é político".[36] A natureza política da expressão — os autores insistem nisso — não consiste na significação efetiva dos enunciados formulados. Isso se confirma como imediatamente político numa forma de expressão menor, sem ser, uma tese defendida, ou palavras de ordem propostas. Independentemente do conteúdo dos enunciados proferidos, é esta própria situação que conecta os indivíduos à política. Ao consagrar a recusa de um futuro insignificante de sua língua, a expressão menor torna-se imediatamente política.

Frequentemente, certa crítica marxista tem sido dirigida a Kafka, por este não articular sua encenação do absurdo da burocracia a uma denúncia política efetiva do universo que ele coloca em cena em seus romances ou em suas novelas. De fato, K., o herói genérico de Kafka, colabora com a situação absurda na qual ele se encontra inesperadamente envolvido, e parece tolerar as mais extravagantes peripécias, sem jamais se rebelar contra o que advém. De forma análoga, reprova-se os rappers, de um modo geral, por não contestarem os fundamentos políticos ou econômicos de uma sociedade desigual, fundada na busca de lucro pela exploração dos mais vulneráveis e a valorização exclusiva dos bens materiais. Negligenciando essa contestação, eles acabam ressaltando apenas as riquezas que atraem para si próprios, buscando o máximo de vantagens possíveis, acumulando os bens materiais e se comprazendo com um consumo ostensivo. Uma crítica que o rapper multimilionário Jay-Z (S. Carter) afasta sem ambiguidade:

> *Nós como rappers devemos decidir o que é mais importante e eu não posso ajudar um pobre se eu mesmo sou um deles. Então eu me torno rico e dou de volta. Para mim isto é ganhar, ganhar.*[37]

---

35 *Kafka*, p. 33.

36 Ibid. p. 30.

37 *Moment of Clarity* "The Black Album", 2003 Roc-A-Fella Records. Seria conveniente, por outro lado, articular esse obsessivo desejo de sucesso econômico com as teses recomendadas

Ainda que os atores do movimento hip hop reconheçam deliberadamente a natureza política de sua atitude, eles se recusam a limitar o conteúdo dos enunciados por eles formulados a uma estrita dimensão social ou política: "O rap não deve ser político, mas o hip hop em sua gênese é consciente e político", afirma por exemplo Rockin'Squat, do grupo "Assassin".[38] Mesmo que certos rappers reivindiquem mais que outros a dimensão militante de seu propósito, isto é, a princípio, feito como uma maneira de ser no mundo, podendo assim, o hip hop, ser considerado como "imediatamente político". As formulações explicitamente políticas ou reivindicatórias são, às vezes, bem reais no hip hop,[39] porém, trata-se enfim de considerá-las em segundo plano, pois sua ausência não apaga a natureza política do rap. A dimensão política do hip hop transborda do quadro da simples significação. Segundo Anthony Pecqueux, o rap é mesmo uma "política encarnada". Uma situação na qual o rapper americano Common, parece perfeitamente consciente, em relação ao seu rótulo de "rapper político":

> Você sabe que eu nunca estive muito envolvido na política. As pessoas me veem como um 'artística político', mas eu sou acima de tudo, um artista que fala de consciência, de espiritualidade, de vida de amor. O que eu aprendi é que a gente tem um grande impacto no mundo, nós, a cultura hip hop a juventude... Nós podemos mover montanhas se fizermos isso juntos.[40]

Para Common, o teor político de suas intervenções não tem relação direta com o conteúdo de suas declarações ou com suas posições tomadas, ele encarna imediatamente a dimensão coletiva de sua implicação no movimento

---

por Booker T. Washington.

38 Magazine Teknikart, 20 junho 2002.

39 Nós podemos, de fato, trocar, num mesmo patamar de consciência política, as letras de rap, do raper "50 cent" (Fifty cent) figura de proa do *gangstar* rap nova-iorquino, pelos trechos dos dois MC do coletivo "Dead Prez" que reivindicam uma abordagem revolucionária.

40 Nós podemos, de fato, trocar, num mesmo patamar de consciência política, as letras de rap, do raper "50 cent" (Fifty cent) figura de proa do *gangstar* rap nova-iorquino, pelos trechos dos dois MC do coletivo "Dead Prez" que reivindicam uma abordagem revolucionária.

hip hop: "*Nós podemos mover as montanhas se fizermos isso juntos*". Enquanto o engajamento político pressupõe assumir uma escolha reflexiva, uma decisão consciente e que suscite uma marcha militante, tal qual a estratégia revolucionária, estar envolvido na cultura hip hop é frequentemente revindicado como um tipo de fatalidade que escapa à vontade do sujeito. "*I'm a prisoner of circumstances / Frail nigga*" (*Eu sou um prisioneiro das circunstâncias/um negro vulnerável*) constata Jay-Z.[41] É nesse tecido de circunstâncias impostas que os rappers se encontram imediatamente vinculados na política independentemente de todo programa ou de toda teoria.

Em seus propósitos, os rappers tornam evidente na cena, o abismo poético de uma discriminação social – às vezes, percebida na encenação – processo que permite aos membros da cultura hip hop se confrontar às formas maiores de expressão e de rivalizar com elas. Optar pela cultura de rua não é uma fatalidade, mas uma escolha:

> A gente tinha capacidade de sair daqui da comunidade e ir pra universidade, mas bom, a gente não aproveitou. Eu, talvez, nunca me tornasse rico, mas bom, eu não perdi nada. Eu tenho minha cultura do gueto e minha literatura de rua.[42]

Entretanto, o que não é da ordem da escolha, ou acima de tudo o que resta como uma condição inerente à expressão do hip hop, é a dimensão "imediatamente política" dos dispositivos simbólicos elaborados por seus atores e que se colocam independentemente de toda adesão explícita a um movimento ou a um partido político.

Podemos dizer que o imediato político do rap advém de uma cisão entre a vontade dos rappers de reivindicar sua posição de artista de um lado, e o olhar condescendente dos adeptos de uma expressão maior, de outro.

De fato, enquanto representante de uma forma menor de expressão, o rapper é, a princípio, percebido como um indivíduo à margem. Exprimindo-se a partir desta margem, que é precisamente o lugar de sua minoridade, é como ele-

---

41 Jay-Z, *Dope Man*, Album « Life and Time of S.Carter », 1999.
42 113, *Les regrets restent*, in « Les Princes de la Ville ».

mento indiferenciado de um conjunto que ele existe face à expressão maior: de modo algum reconhecido como um artista ou um ator pelos adeptos da ideologia majoritária, os quais somente o consideram como um sintoma.

Para um afro-americano dos guetos da *inner city*, – ou para o filho de imigrantes residentes na França, nos quarteirões que qualificamos pudicamente de "sensíveis" – fazer o rap constitui um meio de existir de maneira individualizada e de sair do dilema que não oferece outra alternativa senão a assimilação dos códigos majoritários em vigor ou a exclusão. O hip hop constitui-se como uma forma "imediatamente política" de expressão porque permite ao sujeito testemunhar a partir de sua língua, de sua etnia, de seu lugar e de seus modos de vida, prevalecendo-se delas,[43] recusando a alternativa a que se queria reduzir os indivíduos, de acordo com uma lógica bipolar de vítima ou de escória.

Com o hip hop, o que se afirma como político é a expressão coletiva de um "nós" assumindo, de forma ampla, uma posição contra o "eles": "*Já dissemos cara, é nós contra eles*",[44] ou mais kafikaniano: "*Acordem antes que eles coloquem pulgas em nossos corpos*" (Kenny Akana *Réveillez-vous* Album « Désobéissance» 2007). Mas, da mesma maneira que, em *O Processo*, Kafka jamais esclareceu a natureza das contravenções que são atribuídas à K., no âmbito do rap, nota Anthony Pecqueux: "Nós não sabemos nada deles, nem a identidade ou a qualidade de "eles", nem o objeto do conflito, salvo que isso é uma questão pertinente às condições de vida moral ou política" (Anthony Pecqueux, *Les voix du Rap*, p. 156).

Uma constante no hip hop é o afrontamento do "nós" contra "eles" se cumprindo pelo ressonante barulho. Fazer barulho é ir na contra mão da opinião majoritária, por definição, silenciosa e que estima, por sua vez, que as minorias submissas se fundam na maioria, para que nunca se tornem visíveis, nem escutáveis. Em "*Bring the noise*" explosivo, dos rappers Public Enemy,[45] há um eco

---

43 Com o risco de ser estigmatizado, ou Pris pour cible', como dencuncia o título do grupo Sniper, álbum "Durire aux larmes", 2001, East West.

44 Fonky Family, *Art de rue*, título de um álbum, 2001, Sony.

45 *Bring the noise*, album "It Takes a Nation of Millions to Hold us Back", 1988, Def Jam. O álbum do Public Enemy coloca em evidência a teoria da parede sonora, indicada em « Bomb

"*A nous le bruit*" revindicado pelos franceses do grupo La Rumeur: *Para nós, o barulho e seus arrombamentos, seu subsolo, suas chaves de aço, suas claves de sol. Para nós o barulho e seus arrombamentos.*[46]

Além do mais, os conteúdos semânticos das letras das músicas, juntam-se, finalmente, à intensidade sonora perturbadora do seu emissor – da mesma forma que seu acompanhamento musical, no qual prevalece o tumulto à cadência imperiosa – que se encontra, quase que somente nele, investida de uma eficácia subversiva, sendo exatamente essa a sua dimensão política. Perturbador por natureza, o barulho pode rapidamente tornar-se invasivo: de fato, não é suficiente virar a cabeça para fazê-lo cessar, como se fosse possível desviar os olhos ou fechar as pálpebras diante de um espetáculo que nos choca ou nos embaraça. Mesmo tapando os ouvidos não se consegue fazer cessar a agressão sonora, na medida em que o barulho se caracteriza por uma saliência tátil que ultrapassa a simples percepção auditiva, contribuindo para colocar a totalidade do corpo sob pressão, fazendo o sujeito sentir até as profundezas dos órgãos. Assim, o barulho, por sua intensidade, compensaria para as minorias a "força numérica" que lhes falta. A inflação sonora torna-se, nesse caso, a arma privilegiada do "oprimido contra a opressão", o instrumento de uma rebelião contra o mestre que abole as hierarquias:

> "*O som que faz pressão*
> *Manos*
> *Os oprimidos contra a repressão*
> *Não há mais mestres aqui*".[47]

Expressão privilegiada das minorias, o barulho veicula assim, como tal, um imediato político. Mesmo que as maiorias sejam por definição, silenciosas, suas experiências políticas consistem em difundir uma norma que precisamente não tem necessidade de se exprimir.

Squad », tornando-se uma expressão estética dessa política do barulho.

46 *A nous le Bruit*, Album « Regain de Tension », 2004, EMI.

47 Grupo « Lunatic », *C'est le son qui met la pression*, album « Mauvais Œil », 2000,45 Scientific.

O que define uma maioria, é um modelo ao qual é preciso se conformar: por exemplo, o Europeu médio, adulto homem, habitante das cidades... Enquanto uma minoria não tem um modelo, é um vir a ser, um processo.[48]

Contra as maiorias silenciosas e os modelos esclerosados que elas pretendem impor, pouco importa finalmente as teses, as palavras de ordem, ou os slogans. É pela força intrínseca do som, nos diz o hip hop, que a Revolução inicia-se e se propaga como um elo vital:

> *Para a revolução seu som não é tão tergiversador*
> *O ataque é ritmado por uma forte programação*
> *Boom nos baixos e nos médios, clac*
> *Empurrando meu corpo para um movimento de tic-*
> *tac vital*[49]

O barulho impõe sua dimensão imediatamente política no que ele nos impede de virar as costas ao concreto, nos reorientando em direção ao lugar de ação. Os lugares consagrados à universalidade abstrata (biblioteca, teatro, salas de concerto ou salas de curso) são por definição os lugares onde o silêncio é rigoroso. Nesses ambientes há a intenção de se fazer integrar um padrão, interiorizar uma ordem ou assimilar um conteúdo[50] que lhes são atribuídos, e aos quais cada um é a priori induzido a consentir, sem comentar, mesmo que tenha fortes razões para contestar.

Essa perspectiva restritiva se situa em oposição à demanda regularmente formulada pelos rappers no momento de suas apresentações: "faça barulho!" que funciona, por sua vez, como demanda de reconhecimento individual da maior parte dos MC's (ou do grupo) por seu público, e como convite

---

48   Gille Deleuze, *Pourparlers*, PUF p. *235*.

49   Suprême NTM, *La révolution du son*, álbum « 1993, J'appuie sur la Gâchette ».

50   "A professora da escola não informa quando ela questiona um aluno, não mais do que quando ela ensina uma regra de gramática ou de cálculo. Ela ensina, ela dá ordens (...) a máquina do ensino obrigatório não comunica informações, mas impõe à criança coordenadas semióticas" Deleuze et Guattari, *Mille Plateaux* p. 95.

ao público para serem reconhecidos coletivamente em sua adesão à cultura hip hop, ao se fazerem escutar.

CONCLUSÃO : A ENUNCIAÇÃO COLETIVA

Contrariamente às formas simbólicas que participam de uma expressão maior, cujas figuras isoladas do "mestre" e do "autor" são prevalecentes, nas formas de expressão menores: "as condições não são dadas em uma enunciação individualizada, que seria aquela de tal ou tal "mestre", e poderia ser separada da enunciação coletiva".[51] A característica essencial da cultura menor é que tudo o que o sujeito isolado profere: "constitui já uma ação comum".[52] Com a cultura hip hop, herdeira da tradição jazzística e de sua "comunidade mimética",[53] essa dimensão coletiva da expressão se manifesta de maneira particularmente insistente, e cada protagonista – artista, público – possui a íntima consciência desse pertencimento coletivo. Se a produção sonora de uma música ou a escrita de um rap aparecem como práticas mais frequentemente solitárias, fazer rap implica, entretanto, se posicionar (moral, estética e socialmente) em um quadro coletivo e de integrar dinamicamente esse quadro. Na verdade, no hip hop, a evolução das performances repousam não mais sobre os princípios morais ou estéticos colocados a priori, mas em um consenso empiricamente partilhado por cada membro da comunidade, e continuamente renovado, como por efeito de uma criação contínua.

Quando os atores do hip hop proclamam de maneira recorrente que eles "representam", essa declaração não significa, *stricto sensu*, que eles falam em nome de, ou no lugar de quem quer que seja. Isso significa, sobretudo que o conjunto da coletividade hip hop se exprime por intermédio de suas produções e de suas performances.[54] Cada ator da cultura hip hop não é

---

51 Gilles Deleuze et Félix Guattari, *Kafka,Éditions* de Minuit p. 31.

52 Ibid.

53 Sobre a comunidade mimética e seus laços com a improvisação, cf. Christian Béthune, *Le jazz et l'Occident*, 2008, Paris, Klincksieck (II, 1).

54 Mais que simplesmente « representar», na boca de um MC americano, « *para representar*» significa, a princípio, « produzir uma performance notável» cf. Randy Kearse, *Street Talk*,

apenas autor de suas apresentações, como também constitui uma ocasião na qual a coletividade inteira possa se manifestar, se encontrar e aparecer precisamente enquanto minoria.

Não é de se espantar que a cultura hip hop seja abundante em estereótipos; esses lugares comuns são consequência da dimensão coletiva de expressão. Por sua natureza anônima, o estereótipo não vale pela personalidade de seu autor, ou pela originalidade de seu conteúdo, mas pela pertinência de seu uso. O que interessa no estereótipo, é a maneira pela qual ele é colocado em ação no fluxo de uma performance, é o espírito a propósito do qual ele é solicitado. De natureza interlocutória, o estereótipo no ato de sua formulação, assinala uma intuição comum do instante. Enquanto lugar comum, ele permite ao todo, e a cada um, se identificar a uma memória coletiva, se projetar e se reconhecer. O que predomina do ponto de vista poético é, portanto, a maneira pela qual um estereótipo consegue engajar uma conivência. Eminentemente plástico, o estereótipo se adapta aos contextos variados; ele se aparenta nisso a um esquema, no qual cada um pode se atribuir adaptando-o, modulando-o aos seus próprios fins. Constatar a frequência dos estereótipos não significa, entretanto, que a cultura hip hop, em geral, e o rap em particular, sejam desprovidos de inovações ou de originalidade – certas invenções musicais ou linguageiras se revelam de fato surpreendentes – porém as inovações encontram-se num mesmo pacote. De qualquer maneira, solicitar um estereótipo para lhe atribuir uma significação inédita constitui em si uma forma de inovação. Com o hip hop, mesmo os traços mais pessoais ou os mais inventivos parecem proceder de uma gênese coletiva, assumindo deliberadamente um caminho próprio. Cada um pode assim, dispor, segundo seu desejo, da condição de se mostrar à altura do material solicitado no uso particular que ele propõe. O jogo constante com os estereótipos, erigidos em esquemas coletivos de criação e de invenção, é um esquema recorrente na cultura afro-americana. Mas, o que pode ser com a prática revolucionária de *sampling* que a cultura hip hop se enraíza de maneira mais radical em uma forma coletiva de expressão.

2006, Fort Lee (NJ), Barricade Books p. 466. Em outros termos, no hip hop próprio, formulado em linguagem de ego exacerbado, a excelência é reivindicada, mais frequentemente, numa perspectiva coletiva.

Para os adeptos das artes maiores, estetas da grande forma encarnada nas obras — por exemplo os chefes de obra — por definição intocáveis, a prática do *sampling* (que consiste em sobrepor sobre um material elaborado por outro, os elementos de suas próprias produções) constitui um tipo de escândalo. Verdadeira mágica tecnológica o *sampling*, sendo que suas manipulações envolverão três transgressões imperdoáveis. A princípio, ele desloca a sacrossanta unidade das obras que ele desmembra para se apropriar das parcelas, em seguida, ele põe em questão a autoridade moral do criador, tanto na forma, quanto no conteúdo de seu trabalho;[55] acusa-se, enfim, o *sampling* de não se importar com a propriedade intelectual e de expropriar os autores (e aqueles que teriam direito) das retribuições legítimas que emanam de suas criações. Considerado como um verdadeiro roubo, no sentido intelectual, ético e financeiro, o *sampling*, portanto, não poderia pretender à universalidade de princípio, da qual reclamam a moral e a estética, o que condena a priori as realizações que se consagram a esse gênero de manipulação técnica a permanecerem como forma menores de expressão.

O *sampling* instaura, em primeiro lugar, um processo sistemático de desterritorialização e de reterritorialização. Na verdade, aquele que pratica a técnica desterritorializa as obras, desmembrando-as sem remorso, para elaborar suas próprias produções. Porém, paralelamente, ao priorizar os *breaks*[56] em relação a uma obra já constituída, ele inventa novos territórios, e descobre as "linhas de fuga", as quais até então, ninguém suspeitava existir:

> Um *break* somente existe quando um DJ tenha escutado o trecho que contém um ritmo ou uma percussão, e tenha identificado de que maneira o *sampling* pode utilizar em uma composição articulada à composição original, mas completamente diferente dela.[57]

---

55 O fragmento ressaltado pode sofrer toda uma série de manipulações tecnológicas suscetíveis de torná-lo irreconhecível (*flipping*).

56 Joseph G. Schloss definiu o break nesses termos: « não importa qual o tipo de música (habitualmente quatro faixas) podem ser mixadas e repetidas)» *Making beats The art of Sample-Based Hip Hop*, 2004, Middletown, Wesleyan University Press (p. 36).

57 Richard L. Schur, *Parodies of Ownership*, 2009, University Of Michigan Press p. 47.

Para produzir *samplings* dignos deste nome é importante ir procurar nas prateleiras dos velhos sebos de música, a fim de exumar os antigos vinis, há tanto tempo esgotados nas grandes lojas, e assim descobrir no fundo de uma faixa, num título esquecido, alguns trechos que surpreenderão todo mundo. Nessa prospecção assídua, os produtores re-socializam os discos fora de circulação e dão uma segunda vida às músicas enterradas há muito tempo pelo húmus da indústria cultural.

Por meio dos *samplings*, descobre-se uma dimensão latente, quase inesgotável que multiplica o sentido das obras e as toma como se fossem estrangeiras a elas mesmas, transformando-as assim, em um bem comum. Ao tornar a obra um bem comum, inclui-se tudo o que nela está envolvido, não somente no campo da estética, mas também todo aspecto jurídico referente às questões dos direitos de autoria. Essa imersão do hip hop em um processo de enunciação coletiva vem sintetizar as características da cultura menor anunciadas pela abordagem linguística e o imediato político, próprios dessa forma de expressão.

# CAPÍTULO 2
O potencial crítico das culturas juvenis urbanas

Rodrigo Duarte

Quando se aborda o tema das culturas juvenis urbanas, com sua comunicação mais imediata e compleição estética mais simples, é comum a comparação com a chamada cultura erudita — comparação em que se destaca o aspecto mais espontâneo e dinâmico daquelas em contraposição a um suposto excesso de formalismo dessa, assim como sua presumida estaticidade. A própria formulação nesses termos já contém algo de equívoco, pois, assim como há uma pluralidade de fenômenos culturais "populares" urbanos, as manifestações mais elaboradas e complexas, denominadas "eruditas", também não constituem algo unitário, apresentando-se, sobretudo hoje, sob a égide de uma enorme multiplicidade.

Antes de abordar as questões relacionadas a essa multiplicidade e também a certo devir no âmbito da "cultura erudita", me parece importante esclarecer algo frequentemente esquecido na consideração de ambos os supramencionados modelos de cultura: a crítica à cultura de massas empreendida por Horkheimer & Adorno, na *Dialética do esclarecimento*, a partir do início dos anos 1940 e continuada posteriormente por Adorno até o final da década de 1960 — um dos mais "demonizados" modos de valorização da arte mais complexa — não era apenas o resultado da repulsa de dois intelectuais, formados na melhor tradição cultural europeia, pelas manifestações de puro entretenimento inconsequente, que eles encontraram nos Estados Unidos da América, ao fugir da tirania nazista em meados dos anos 1930. Muito mais do que isso, o enaltecimento do que eles consideravam *arte propriamente dita* e sua comparação com as mercadorias culturais são elementos nucleares da crítica à indústria cultural por eles estabelecida. Crítica, aliás, totalmente necessária, tendo em vista o caráter essencialmente manipulador desse tipo de cultura de massas.

Tal modelo de crítica à indústria cultural pode ser compreendido a partir das relações entre elementos universais e particulares, tanto na sociedade quanto nos construtos estéticos. No âmbito social, a totalidade opressora, chamada pelos autores de "mundo administrado", constitui uma universalidade massacrante que não deixa qualquer espaço para o particular, promovendo o que os autores chamam de "falsa identidade entre universal e particular".[1] Na prática, isso significa que esquemas gerais de percepção da realidade e de condizente comportamento são impostos por um sistema que tende a abarcar toda a realidade, gerando apenas uma aparência de particularidade, manifesta pelo fato de que as pessoas singulares acreditam estar escolhendo aquilo que lhes é, na verdade, imposto: "os extremos que se tocam passaram à identidade opaca: o universal pode substituir o particular e vice-versa".[2] Desse modo, sob a aparência enganosa de respeito ao particular, a indústria cultural é uma universalidade opressiva que segue atuando e se desenvolvendo, plenamente "legitimada" pelas massas urbanas expropriadas de um referencial de cultura, uma vez que já perderam sua ligação às culturas populares ancestrais – de origem rural – e nunca puderam adquirir os pressupostos para o acesso às culturas mais elaboradas.[3] Segundo Horkheimer & Adorno, essa

---

1   Theodor W. Adorno, Dialektik der Aufklärung: Kulturindustrie. Aufklärung als Massenbetrug. In: *Gesammelte Schriften3*, Frankfurt am Main, Surhkamp, p. 142

2   *Ibidem*, p. 151.

3   Cf. Clement Greenberg, em "Avant-Garde and Kitsch": "Os camponeses que se estabeleceram nas cidades, formando o proletariado e a pequena burguesia, aprenderam a ler e escrever por razões de eficiência, mas não conquistaram o ócio e o conforto necessários para o desfrute da cultura tradicional da cidade. Contudo, como as novas massas urbanas tinham perdido o gosto pela cultura popular, ambientada no campo e, ao mesmo tempo, descoberto uma nova capacidade de tédio, passam a exigir da sociedade um tipo de cultura adequado a seu próprio consumo. Para satisfazer a demanda do novo mercado, criou-se uma nova mercadoria: a cul-

prevalência absoluta do universal sobre o particular, típica da indústria cultural, manifesta-se também no modo de ser de seus construtos estéticos: sua totalidade impede os elementos particulares de se manifestar, tornando-os como que engrenagens num mecanismo, cujo funcionamento se repete *ad nauseam*.

Quando falam de obras de arte propriamente ditas em geral, Horkheimer & Adorno as compreendem como construtos estéticos oriundos da classe burguesa, i.e., da classe dominante no período concorrencial – liberal – do capitalismo. Se se fosse lhes aplicar, portanto, o mesmo modelo das relações entre o universal e o particular usado para descrever, de modo genérico, o funcionamento da indústria cultural, as obras de arte seriam marcadas pelo signo da particularidade, já que se originam no seio de uma classe particular, que, não por acaso, se consolidou como classe dominante no auge do capitalismo liberal. No entanto, tendo em vista uma dialética entre universal e particular que se desenvolve no interior das obras de arte (i.e., no tocante ao seu aspecto formal), segundo a qual os elementos particulares se afirmam perante a totalidade do construto, elas adquirem a propriedade de, mesmo sendo originadas num âmbito social particular – a burguesia – anunciarem a possibilidade de uma universalidade não opressiva, na qual todos os momentos particulares poderiam ser contemplados. Essa dialética interna à obra de arte tem como contrapartida externa o fato de que, em sua concepção burguesa, ela é liberta dos ditames da reprodução da vida material, o que, para Horkheimer & Adorno, reforça o seu caráter de universalização do particular:

> A pureza da arte burguesa, que se hipostasiou como reino da liberdade em oposição à praxis material, foi, desde o início, comprada com a exclusão da classe mais baixa, a cujo objetivo, a universalidade verdadeira, a arte se mantém fiel exatamente por meio da liberdade com relação aos propósitos da falsa universalidade. A arte séria se negou àqueles a quem a precariedade e a pressão da existência torna a seriedade ridícula e que devem ficar

tura de *Ersatz* [substituição/rd], o kitsch, destinada aos que, insensíveis aos valores da cultura genuína, estão contudo ávidos pela diversão que só algum tipo de cultura pode oferecer" (In: *The Collected Essays and Criticism. Volume 1: Perceptions and Judgements, 1939-1944.* Chicago/Londres, The University of Chicago Press, 1988, p. 12) felizes, se podem usar o tempo em que não estão nas engrenagens para se deixar conduzir.⁴

A "universalidade verdadeira" encapsulada nessa arte representaria, portanto, a possibilidade da emancipação de toda a humanidade (e não apenas da classe em que ela se origina – a burguesia) da sua pré-história de dominação e opressão e poderia dar início à história propriamente dita, ainda que, factualmente, a "pressão da existência" dificulte o acesso das camadas pobres (e miseráveis) a esse tipo de cultura. Desse modo, para Horkheimer & Adorno, a arte culta, identificada pelos seus críticos como discricionária e elitista é, antes, um baluarte da *possibilidade* de uma práxis radicalmente diferente e libertadora.

Tendo em vista o acima exposto, pode-se agora considerar a supramencionada diversidade e – para usar uma expressão cara a Adorno – "não identidade" da arte culta consigo mesma. Especialmente sob esse último aspecto, deve-se levar em conta que, assim como o capitalismo mudou, deixando de ser concorrencial e passando a ser oligopolista – ou monopolista, como se convencionou chamar –, a arte burguesa também entrou em colapso em finais do século XIX e inícios do XX, dando lugar a modelos de criação, que, se por um lado, levavam adiante a herança "utópica" das expressões convencionais – sua *promesse du bonheur* –, por outro, se distanciavam de seus aspectos mais estáticos e formalísticos. Essas rupturas ocorridas em todos os *métiers* artísticos sem exceção devem ter levado os autores da *Dialética do esclarecimento* a considerar a possibilidade de que a grande arte burguesa que colapsara na virada do século, não respondendo mais às solicitações anteriores de estabelecer a correta relação entre elementos universais e particulares, também já não pudesse servir, por si só, de parâmetro para a crítica à cultura de massas.

É na obra de Theodor Adorno que essa consideração começou a tomar forma, sobretudo a partir da *Filosofia da nova música*, cuja finalização é imediatamente posterior à publicação, em 1947, da *Dialética do esclarecimento*. Nela o filósofo distingue três tipos principais de obra de arte, sendo que o primeiro é a "obra fechada": a obra tradicional, especialmente da arte burguesa; o segun-

---

4   Dialektik der Aufklärung, *op. cit.*, p. 157.

do tipo é o que ele chama de obra "mecânica", que poderia ser identificado às mercadorias culturais; ao terceiro tipo, denominado por ele "obra fragmentária", Adorno credita a possibilidade ativa de conhecimento da realidade. Interessa-nos especialmente observar que, exatamente a partir da discussão com Walter Benjamin sobre a reprodutibilidade técnica dos construtos estéticos, no final dos anos 1930, Adorno veio a estabelecer posteriormente a vinculação ideológica de cada um dos tipos:

> O conceito de Benjamin de obra de arte "aurática" coincide grandemente com o de obra fechada. A aura é o recobrimento ininterrupto das partes com o todo, o qual constitui a obra de arte fechada. A teoria de Benjamin destaca o modo de aparecimento histórico-filosófico do estado de coisas que fundamentou esteticamente o conceito de obra de arte fechada. Mas ele permite consequências que a filosofia da história não tira sem mais. O que, de fato, na obra de arte aurática ou fechada se encontra em decadência, depende da relação de sua própria decadência com o conhecimento. Se ela permanece cega e inconsciente, então ela cai na arte de massa da reprodução técnica. Que nessa, em toda parte, assombrem os retalhos da aura, não é mero destino externo, mas expressão da cega intransigência dos construtos que certamente resulta de seu aprisionamento nas relações atuais de dominação. Enquanto cognoscente, porém, a obra de arte se torna crítica e fragmentária. Em relação ao que, hoje, as obras de arte têm chance de sobreviver, estão de acordo Schönberg e Picasso, Joyce e Kafka, também Proust. E isso permite talvez novamente uma especulação histórico-filosófica. A obra de arte fechada é a burguesa, a mecânica faz parte do fascismo, a fragmentária significa, no seio da perfeita negatividade, a utopia.[5]

Se por um lado, Adorno na *Filosofia da nova música* percebe que a "obra fragmentária" herda da "obra fechada", após o colapso dessa, a incumbência de

---

5   Theodor W. Adorno, Philosophie der neuen Musik. In: *Gesammelte Schriften 12*, Frankfurt am Main, Surhkamp, 1985, p. 118-120.

vislumbrar a realização da utopia, é nessa mesma obra que o filósofo, ao desenvolver um certo conceito crítico, acaba, inadvertidamente, criando um empecilho à construção de um modelo de obra que realmente substituísse o anterior. Tal conceito é o de "pseudomorfose",[6] termo tomado emprestado da mineralogia, o qual significa na estética de Adorno a tomada de empréstimo de uma característica fundamental de um *métier* artístico por outro. O caso exemplar seria a composição de Stravinsky, que, pelo menos no período analisado por Adorno, teria feito empréstimos à pintura e à dança – artes sobretudo espaciais – para sua música. O aspecto crítico desse conceito reside no fato de que, uma vez que a música é uma arte eminentemente temporal, a abdicação dessa característica em favor da espacialidade (da pintura e da dança) é indício de um processo de reificação alojado no núcleo de uma das produções artísticas mais significativas do século XX. Isso pode ser explicado pelo fato de que Adorno sempre atribuiu à música mais elaborada um grande poder desalienador, exatamente por sua temporalidade específica ser conatural à capacidade de autorreflexão do sujeito crítico, capaz de deslindar as estratégias de manipulação do capitalismo tardio. Mas a insistência na denúncia da pseudomorfose pode ter uma consequência, talvez não imediatamente vista por Adorno, que é a tendência a engessar a concepção de modernidade nas artes, mesmo que tenha sido um esteio para o reconhecimento – e a defesa – do potencial crítico da "alta" cultura. Talvez nessa insistência esteja a origem do preconceito existente até hoje contra o filósofo de Frankfurt e as frequentes acusações de "elitismo" a ele dirigidas.

É interessante observar que o mesmo Clement Greenberg que pode ter inspirado Adorno na crítica à cultura de massas com o seu texto "Vanguarda e Kitsch" introduziu, mais ou menos na mesma época em que Adorno iniciou a redação da *Filosofia da nova música*, a noção que o acompanhará nas fases posteriores de sua carreira, a saber, a de "pureza" de um âmbito artístico. Segundo ele, "a pureza na arte consiste na aceitação – a aceitação voluntária das limitações do meio de cada arte específica. Para provar que seu conceito é mais do que uma tendência do gosto, os pintores apontam a arte oriental,

---

6   Sobre esse conceito, ver Rodrigo Duarte, "Sobre o conceito de pseudomorfose em Adorno", *Artefilosofia*, Ouro Preto, n. 7, p. 31-40, out. 2009.

a arte primitiva e a das crianças como exemplos da universalidade, naturalidade e objetividade de seu ideal de pureza".[7] Tal concepção de Greenberg é, a meu ver, muito aparentada com a crítica que Adorno faz à pseudomorfose, já que, para aquele, a transgressão do que é mais característico num *métier* artístico é indício de um processo de dominação de uma expressão sobre as outras, a qual, por sua vez, sugere a existência de um cenário de confusão no âmbito da cultura. Diferentemente de Adorno, no entanto, para Greenberg, a pintura é o *métier* que mais sofreu com o predomínio da literatura na Europa, a partir do século XVIII, na medida em que aquilo que melhor a caracteriza como arte, sua "planaridade" (*flatness*), teria sido sacrificado à narratividade da literatura, gerando uma confusão entre "temas" (*subject matters*) e "conteúdos" (algo mais ligado à forma das obras: aquilo sobre o que artista de fato trabalha quando as produz), confusão essa que só teria começado a se desfazer com as vanguardas artísticas das artes pictóricas do início do século XX.

Tais correntes constituíram o que se convencionou chamar de "modernismo" nas artes, movimento do qual Greenberg, com sua teoria sobre a pureza dos meios expressivos, se tornou um grande porta-voz. É claro que Greenberg sofreu críticas de elitismo *high brow*, semelhantes às dirigidas a Adorno, sendo que a maioria delas não tinha qualquer interesse propriamente filosófico. A exceção quanto a esse último tópico é a crítica a Greenberg feita por Arthur Danto, a qual se embasa numa sofisticada reflexão histórico-filosófica. Esta se inicia com o espanto que a *pop art* lhe causou no início da década de 1960, o que ocasionou a convicção de que algo de muito sério ocorrera no mundo da arte: as artes plásticas, que haviam partido, em tempos ancestrais, de uma concepção mimética, de imitação da realidade exterior, atingiram nessa época o ponto em que – como o fez Andy Wahrol – era possível ao artista expor como obras suas objetos diretamente extraídos do cotidiano consumista do Ocidente, tais como latas de sopas *Campbell* ou caixas de esponja de aço Brillo. Na década de 1980, Danto conectou a reflexão que ini-

---

7 Clement Greenberg, "Towards a Newer Laocoon", In: *The Collected Essays and Criticism. Volume 1: Perceptions and Judgements, 1939-1944*. Chicago/Londres, The University of Chicago Press, 1988, p. 26.

ciara vinte anos antes com a tese hegeliana sobre o fim da arte,[8] procurando mostrar que essa arte em que objetos ordinários poderiam ser "transfigurados" em obras de arte era, na verdade, "pós-histórica", na medida em que se encontrava para além do desenvolvimento propriamente histórico, que, nas artes visuais, consistia no progresso da "equivalência ótica" das obras, i.e., na semelhança cada vez maior da representação para com o objeto representado, tal como percebido pela experiência visual direta.

Já que Danto, casualmente, veio a se tornar um crítico de arte, ele teve que se ver com a obra do maior crítico de arte norte-americano de todos os tempos, exatamente o referido Clement Greenberg e, nesse processo, sobretudo no seu livro *Após o fim da arte*, aquele criticou a concepção de modernismo desse, principalmente no que tange à continuidade, assumida por ele, do aspecto "progressivo" do desenvolvimento de suas manifestações artísticas individuais. Mas essa crítica se acirra, na medida em que Danto associa o ponto de vista de Greenberg sobre a "pureza" do meio artístico a ideologias discricionárias e racistas:

> A história do modernismo é a história da purgação, ou limpeza genérica, do afastamento da arte de qualquer coisa que lhe fosse inessencial. É difícil não ouvir os ecos políticos dessas noções de pureza e de purgação, qualquer que fosse realmente a própria posição política de Greenberg. Esses ecos ainda esbarram retrospectiva e prospectivamente através dos campos atormentados do combate nacionalista e a noção de limpeza étnica tornou-se um imperativo trêmulo dos movimentos separatistas mundo afora. Não é surpreendente, mas simplesmente chocante reconhecer que o análogo político do modernismo em arte foi o totalitarismo, com suas ideias de pureza racial e seu programa de expulsar qualquer contaminante percebido.[9]

---

8   Cf. Arthur Danto, "The end of art", in: *The philosophical disenfranchisement of art*. New York, Columbia University Press, 1986, p. 83 et seq.

9   Arthur Danto, *After the End of Art. Contemporary Art and the Pale of History*. Princeton, Princeton University Press, 1997, p. 70.

Se, por um lado, parece claro que, aqui, Danto comete uma generalização indébita, já que há concepções de modernismo artístico sem a noção de "pureza" de Greenberg, por outro lado, é evidente que essa pesada crítica que lhe é dirigida é totalmente coerente com a ideia do "fim da arte", tal como a entende Danto, e o cenário artístico "pós-histórico" dela advindo. Uma das principais características desse cenário, Danto tinha vislumbrado ainda na década de 1980, a saber, o seu "pluralismo", descrito com uma bem humorada referência ao trecho *Ideologia alemã*, em que é abordado a situação humana após o fim da divisão do trabalho: "Bem, como Marx poderia dizer, você pode ser um abstracionista de manhã, um foto-realista à tarde, um minimalista mínimo à noitinha. Ou você pode cortar bonecas de papel ou fazer ou que mais lhe aprouver. A idade do pluralismo está sobre nós. Já não é mais importante tanto o que você faz, o que é o significado do pluralismo".[10]

Tendo em vista que esse cenário "pós-histórico", o qual parece coincidir com o que se constata empiricamente no mundo da arte atual, implica na convivência – até mesmo na "promiscuidade" – de diversos gêneros e *métiers* artísticos, poder-se-ia perguntar se a crítica de Danto a Greenberg atingiria em cheio também a concepção de pseudomorfose de Adorno, e – em caso afirmativo – se o modelo adorniano de crítica da cultura (inclusive da de massas) estaria totalmente superado. Não me parece ser esse de modo algum o caso, pois, abrir mão do valor conferido à arte erudita, é jogar fora o bebê junto com a água do banho. Significa também abrir mão do teor crítico associado a essa ideia, o qual é arma poderosa na identificação do poder manipulador da indústria cultural; é, no fundo, se lançar numa posição resignada, quando não adesista.

Além disso, há que se registrar que, como se viu acima, no mesmo instante em que elabora a concepção de "pseudomorfose", Adorno começa a trabalhar a ideia de obras de arte fragmentárias, em oposição às obras fechadas – auráticas – da burguesia triunfante. É muito provável que essa noção de obra fragmentária seja antecessora do conceito de "arte desartificada",[11] desenvolvi-

---

10   Arthur Danto, "The End of Art", *op. cit.*, p. 114-5.

11   Sobre esse conceito, ver Rodrigo Duarte, "A desartificação da arte segundo Adorno: antecedentes e ressonâncias", *Artefilosofia*, Ouro Preto, n. 2, p. 19-34, jan. 2007

do sobretudo na *Teoria estética*, o qual caracterizará a arte contemporânea mais radical. A reflexão de Adorno sobre as possibilidades de concretizar plenamente a desertificação da arte deveria implicar num decréscimo de importância da "pseudomorfose" na sua filosofia da arte, e, de fato, nas quase seiscentas páginas da *Teoria estética* esse termo só aparece seis vezes e, mesmo assim, não com o sentido consagrado na *Filosofia da nova música*, de incorporação da espacialidade das artes visuais à musica (ou algo que o valha), mas apenas quanto ao perigo de a arte em geral emular a ciência.

Levando-se em conta, entretanto, que a *Teoria estética* é uma obra inacabada, de publicação póstuma, fica difícil determinar até que ponto Adorno estava disposto a eliminar totalmente de seu arsenal crítico o conceito de pseudomorfose no sentido originário, aparentado com a noção de "pureza do meio" de Greenberg. Mas esse abandono se apresenta claramente num ensaio do mesmo período de redação da *Teoria estética*, denominado "A arte e as artes". Nele, Adorno descreve, com naturalidade e até mesmo aprovação, um cenário em que os diversos *métiers* artísticos não apenas fazem empréstimos a seus congêneres mais ou menos afastados no "panteão das artes", mas às vezes invadem campos expressivos antes totalmente estranhos aos seus próprios, tendendo a produzir novos modos de expressão a partir da "imbricação" (*Verfransung*) de elementos oriundos de artes diferentes.

> Mas a tendência à imbricação constitui-se em algo mais do que uma insinuação ou aquela síntese suspeita, cujos rastros assustam pela referência à obra de arte total; os happenings gostariam de ser obras de arte total apenas no sentido de serem obras totais de anti-arte. (...) Quase nunca seria muito difícil reconhecer na maioria dos fenômenos de imbricação motivações imanentes como essas. Se eu não estou enganado, aqueles que espacializam a pintura, procuram por um equivalente para o princípio organizador da forma, que foi perdido juntamente com a perspectiva espacial. Novidades musicais que desprezaram seletivamente nas provisões tradicionais o que é antevisto como sendo música, foram causadas, de modo análogo, pela perda da dimensão harmônica de profundidade e os tipos formais que dela fazem parte.

Aquilo que derruba os marcos fronteiriços dos gêneros, é movido por forças históricas que vigiavam dentro das fronteiras e finalmente as ultrapassaram.[12]

Chama a atenção o fato de que esse quadro descrito por Adorno, não como algo perverso, mas justificável a partir de tendências históricas nas artes, coincide em grande parte com o cenário "pós-histórico" das artes, descrito por Danto. Isso resgata a estética adorniana para a consideração de fenômenos artísticos ainda muito inacessíveis a camadas mais amplas da população, mas não para a abordagem daqueles relacionados com culturas juvenis urbanas mais tributárias de fenômenos considerados "populares" (embora não o sejam no sentido estrito do termo). A transição de um tipo de arte que Adorno chamaria de "desartificada" para fenômenos típicos dessas culturas parece não ser problema para a filosofia da arte de Danto, tanto é que, ao analisar a obra "Fountain" de Marcel Duchamp, ele compara a inscrição "R. Mutt 1917", no seu famoso urinol invertido, com as assinaturas de notórios grafiteiros norte-americanos:

> A diferença entre nome e assinatura pode ter chocado o mundo da arte de seu tempo como mais estranha do que o faria hoje, quando um dos principais loci de graffiti, além dos trens de metrô, são os banheiros masculinos, e é uma convenção dessa forma de arte que seus executantes ocultem sua identidade sob noms de crayon especiais, emplastados em maneiras – não menos em formas – que se distinguem muito pouco "R. Mutt 1917" de "Taki 191" ou "Zorbo 219", a não ser pelo dígito a mais.[13]

Mas, em se tratando da estética Adorno propriamente dita, a passagem da arte desartificada talvez nem seja possível se nos prendemos à letra do seu ponto de vista, o que não nos impede de, fiéis ao seu espírito, procurar estender os limites de sua filosofia da cultura. Foi o que pretendi fazer ao criar o conceito

---

12 Theodor Adorno, "Die Kunst und die Künste". In: *Gesammelte Schriten 10.1. Kulturkritik und gesellschaft I, Prismen, Ohne Leitbild*. Frankurt am Main, Suhrkamp Verlag, 1996, p. 433.

13 Arthur Danto, "The Appreciation and Interpretation of Works of Art", in: *The philosophical disenfranchisement of art*. New York, Columbia University Press, 1986, p. 32.

de construto estético-social,[14] cujos traços principais serão delineados aqui como parte final de minha exposição.

O primeiro deles diz respeito ao fato de que, para Adorno, a cultura popular autêntica nada tem de condenável, tendo inclusive, juntamente com a cultura erudita, sido vitimada pela exploração econômica e ideológica da indústria cultural. Sua maior simplicidade formal se constituiu, no entanto, com um fator de fragilidade da cultura popular diante da indústria cultural, sendo que ela parece estar com os dias contados, já que ainda não desapareceu completamente. Essa poderia ser a razão pela qual, para Adorno, a cultura popular "de raiz" não ocupa um lugar equivalente ao da erudita, no que tange à supramencionada capacidade de indicar a possibilidade da emancipação humana. Que a cultura erudita tenha, a duras penas, sobrevivido até hoje à descaracterização imposta pela indústria cultural vem a ser um motivo de esperança na possibilidade de uma práxis reconciliada. Considerando-se a incapacidade de a arte popular legítima sobreviver aos ataques da indústria cultural, a pergunta que se coloca é, então, se haveria algum modelo de cultura livre da inacessibilidade da arte erudita, conservando a negatividade que lhe permite consistir, simbolicamente numa alternativa ao "mundo administrado". Um candidato a esse papel são os fenômenos culturais oriundos de classes subalternas, existindo à margem do fluxo principal da cultura de massa e, em muitos casos, com um forte conteúdo de oposição explícita ao capitalismo tardio.

Tal candidatura talvez não fosse sufragada por Adorno, pois o privilégio conferido por ele às obras de arte tem como fundamento o fato de nelas se encontrar encapsulado um núcleo de profunda oposição ao *status quo*, o qual, ao não ser facilmente atingido pela linguagem da cultura de massas, é preservado e torna esses construtos estéticos – a partir de seu próprio interior – mais resistentes aos ataques e à cooptação pela indústria cultural. Fenômenos como o *Hip hop*, não possuindo esse núcleo duro com linguagem resistente à espoliação pelos poderes constituídos, demonstraria uma fragilidade semelhante àquela que a cultura popular tradicional já apresentara e pode ser absorvido e instrumentalizado pela indústria cultural.

---

14 Rodrigo Duarte, "Sobre o construto estético-social". *Revista Sofia*, v. XI, n° 17 e 18 – 2007, p. 239-263.

Desse modo, torna-se evidente que, para Adorno, as produções estéticas de um movimento como o Hip Hop, apesar de seus aportes críticos tanto ao capitalismo quanto à discriminação racial e social, provavelmente não atingiriam o patamar formal mínimo para alcançar a negatividade interna requerida para a resistência às investidas da indústria cultural.

Não é menos evidente, por outro lado, o aspecto de negatividade do Hip hop mais ideológico, que vive à margem da – e até mesmo opondo-se à – cultura de massas, apresentando-se não apenas com um discurso de profunda oposição ao existente, mas também com uma postura estética abrangente, composta pelos chamados "quatro elementos" (incluindo os âmbitos poético – o rap –, sonoro – os DJs –, plástico – o grafitti – e corpóreo-expressivo – o break). Além disso, o Hip Hop é um movimento que, apesar de ter surgido nos guetos negros de Nova York, é hoje a cultura estético-crítica de muitos milhões de jovens discriminados (negros, árabes ou simplesmente socialmente excluídos) em dezenas de países. Esse fato é importante se se considera que o atual estágio da indústria cultural é tributário da fase globalizada, pós-queda-do-muro-de-Berlim, do capitalismo monopolista e uma cultura que se entende como de oposição a esse estado de coisas deveria ser, ela própria, tanto quanto possível, também de caráter global.

Uma vez que considero arriscado simplesmente abrir mão do critério adorniano da negatividade de origem estética presente apenas nos fenômenos culturais mais complexos, proponho que se considere a presença, no Hip hop, de uma negatividade de caráter misto, i.e., não apenas estética, já que os critérios formais estariam aqui dificilmente de todo observados, mas *também* ético-política. Uma vez que a adesão dos jovens a esse movimento pressupõe o cultivo de um certo tipo de linguagem expressiva – sonora, visual, cênica, discursiva ou corpórea –, a negatividade, em vez de se traduzir exclusivamente num imperativo ético-político, de transformação radical do existente, oscila continuamente entre esse e um posicionamento estético.

Antes de encerrar, é importante enfatizar que, assumir uma posição como essa não significa abrir mão do esquema proposto na *Dialética do esclarecimento*, e desenvolvido posteriormente por Adorno, dos dois modelos de cultura autêntica – a erudita e a popular – explorados pela indústria cultural, mas apenas acrescentar-lhe a ideia de um modelo de cultura semiautônoma, i.e., esteticamente dependente de fórmulas já conhecidas – sem o imperativo do novo associado à complexidade formal da arte erudita –, mas política e ideologicamente independente do discurso predominante do capitalismo tardio. Exatamente por isso, considerando-se o advento de situações novas, não previsíveis à época de redação da *Dialética do esclarecimento*, propus a complementação da crítica de Horkheimer e Adorno com o conceito de "construto estético-social", que pode, aliás, ser aplicado não apenas ao Hip Hop, mas a outros movimentos ético-políticos, críticos ao *status quo*, também calcados em expressão fortemente estética. Cumpre lembrar também que o conceito de "construto estético-social" deve ser reservado apenas a fenômenos muito peculiares do cenário cultural contemporâneo, sob pena de ele se banalizar, tornando-se assim mais uma vítima da indústria cultural, como o foi, no passado, a arte popular autêntica.

CAPÍTULO 3
"Marginalidades conectivas" do Hip Hop na Diáspora Africana: os casos de Cuba e do Brasil

Halifu Osumare
Tradução de Vinicius Puttini e Mônica do Amaral

A cultura jovem global do hip hop é a manifestação mais recente da história de exportação da produção cultural negra norte-americana dos EUA, começando com a arte dos menestréis do século 19,[1] que teve continuidade com a era do *Rock and Roll* dos anos 50 de influência afro-americana, a música *Soul* dos anos 60 e a revolução cultural *Black Power*, até o movimento hip hop dos dias atuais. O que mudou foi a velocidade com que a música negra e a dança são comercializadas e o alcance global que elas exercem. Através do *Facebook*, do *YouTube* e da tecnologia de telefonia celular internacional, a cultura popular negra norte-americana é compartilhada em minutos. A estética do hip hop, mergulhada na polirritmia, na cultura do canto responsório,[2] na oralidade como estratégia de convívio social e na incorporação vital de todos estes elementos, é particularmente revisada e apreciada pelos jovens negros brasileiros, caribenhos, africanos

---

1   Notas do Tradutor: os menestréis, neste caso, eram atores bufões, a maior parte, negros, e brancos com maquiagem negra no rosto, que representavam o que se acreditava, entre o sec. XVII e XIX, ser o modo de vida dos negros no pós-guerra civil: maneirismos, canções, com tonalidade autodepreciativa.

2   O *canto responsório* é encontrado no Brasil no catolicismo (em especial, no catolicismo popular) e nas manifestações afro-brasileiras, do mesmo modo que se o encontra nas igrejas protestantes do sul dos EUA, cuja base musical é africana, como no *ring shout* e no blues.

e subsaarianos, em razão das conexões culturais e contribuições em trânsito da estética negra em si mesma.

As conexões culturais e sociopolíticas da diáspora africana, referindo-se a questões específicas de marginalidade social e denunciadas pelos jovens do hip hop em cada lugar, são tema deste ensaio. Para demonstrar estas ressonâncias sociais através das fronteiras dos países por meio do hip hop, sustento que a mesma crítica social sobre as desigualdades sociais existentes estende-se desde as favelas brasileiras, os pobres bairros afro-cubanos aos guetos urbanos dos EUA e tem sido uma parte significativa da história da diáspora africana. O resultado é que a cultura negra norte-americana exportada continua a ser vista nas narrativas sociais de "negritude", que se multiplicam multidimensionalmente na arena internacional, mesclando-se com outras questões nacionais de marginalidade social, particularmente no que se refere à diáspora africana nas Américas.

Ao se pesquisar a difusão internacional de uma cultura, é essencial que se pesquise um processo interativo, dialógico, que conecte locais separados às pessoas reais. O estudioso de música popular, Tony Mitchell, usa o termo "glocal", de Roland Robertson (1995), para capturar as relações entre as dimensões global e local e afirma que:

> ... cada um é, em muitos aspectos, definido pelo outro e eles frequentemente se interseccionam, ao invés de serem opostos polarizados.[3]

No extremo do paradigma local-global, é a política econômica internacional, com os mecanismos inventados por empresas multinacionais, que atua como fornecedora de cultura pop. Por exemplo, nos Estados Unidos há a Time-Warner, Microsoft, Viacom, BMG, EMI, e no Brasil há a MTV Brasil (agora do Grupo Abril), Nickelodeon Brazil, BH1 Brazil e outras. Em cada país, estas corporações multinacionais de cultura popular criam desejos virtualizados que nós definimos como cultura global pós-moderna. No outro extremo da problemática local-global, existem ambientes independentes de intercâmbio de informa-

---

3 Tony Mitchell, "Another Root: Hip hop Outside the USA, ed. *Global Noise: Rap and Hip hop Outside the USA* (Middletown, CN: Wesleyan University Press, 2001), 11.

ção no hip hop, de estética, de prazer e de perspectivas sociopolíticas no âmbito da produção independente local. O intercâmbio local-global é verdadeiramente complexo e está em contínua metamorfose. A Cultura Hip Hop tornou-se um elo para as subculturas jovens, agora conhecida como Nação Hip Hop Global,[4] o que tem proporcionado aos jovens das mais diversas comunidades a possibilidade de compartilhar um sentimento comum de conexão cultural. Ainda o fato de que a geração global do hip hop tem crescido com a MTV e com vídeos musicais não explica completamente a rede das identificações de diferentes regiões com o hip hop no plano internacional e sua adaptação às questões e estéticas locais.[5] Abaixo, uma pesquisa de algumas desigualdades sociais que servem primariamente como exemplos de motivação para a longevidade do hip hop e sua particular multiplicação em regiões relacionadas à diáspora africana.

Enquanto que a maioria dos adultos com mais de quarenta anos de idade têm suas impressões do hip hop como hipersexualizado, de consumo fácil e como música comercializada em vídeos da MTV, BET e da VH-1, existe igualmente um hip hop multifacetado e poderoso, ligado ao movimento independente do hip hop e que geralmente tende a promover um rap com maior consciência social, oriundo do rap "político" e "consciente" do final da década de oitenta e começo dos anos 90. Grupos e artistas, como *Public Enemy, Brand Nubian, Poor Righteous Teachers*, a *Queen Latifah* jovem, e agora o inativo *A Tribe Called Quest* popularizaram o movimento muçulmano de negros norte-americanos conhecido como *quasi-Nation of Islam* e promoveram sondagens afrocêntricas, entrelaçadas com alusões que espalham globalmente críticas sociopolíticas sobre a América do Norte. Por exemplo, o vídeo de 1991 de Queen Latifah combinou os seus talentos com os da *rapper* negra britânica Monie Love para

---

4   Uma antologia que investiga várias percepções da *Global Hip Hop Nation* (GHHN) está em H. Samy Alim, Awad Ibrahim, e Alastair Pennycook, eds. *Global Linguistic Flows: Hip Hop Culutres, Youth Identities, and the Politics of Language*. New York: Routledge, 2009.

5   Esta era do rap político não está isenta de suas próprias contradições. Para uma pesquisa extensiva de tais contradições, a partir de uma perspectiva de um afro-americano de gerações mais velhas, veja Ernest Allen, Jr.'s "Making the Strong Survive: The Contours and Contradictions of Message Rap," William Eric Perkins, ed., *Droppin' Science: Critical Essays on Rap Music and Hip hop Culture* (Philadelphia: Temple University Press, 1996), 158-191.

promover uma forte denúncia do sexismo e da marginalização social dos negros de um modo geral, e especificamente do *apartheid* sul-africano.[6]

Os MC's da atualidade que não fazem parte do *top* dos canais de vídeo musicais dos EUA ou das listas dos Quarenta Top das rádios comerciais, como The Roots, Lauryn Hill, Dead Prez, The Coup, Bahamadiya, Talib Kweli, Common, Mos Def, Lupe Fiasco, e outros, continuam hoje a promover o impulso socialmente consciente e a tomada de poder com o hip hop. Por meio da expansão das turnês internacionais, artistas como estes motivam os jovens internacionalmente a explorar seus próprios problemas de marginalização, fazendo uso de alusões em forma de rimas, em camadas e metáforas nuançadas.

MARGINALIDADES CONECTIVAS GLOBAIS NO HIP HOP

Mas como exatamente jovens de outras nações, que muitas vezes falam outros idiomas que não o inglês, decodificam e reinventam a cultura urbana do hip hop afro-americano e latino que emana dos EUA?

A resposta está parcialmente no processo que denomino *Marginalidades Conectivas do Hip hop*, que articulei inicialmente no livro *The africanist Aesthetic in Global Hip Hop: Power Moves* (2007). Estes ecos são conhecidos internacionalmente pela juventude com cultura de expressão negra, primeiramente gerada no Bronx, Compton e Centro Sul de Los Angeles, em East Oakland e Marin City, no norte da Califórnia. Internacionalmente, regiões semelhantes onde o rap, o break e o grafitti cedo estabeleceram suas fortalezas e abrigaram as classes pobres trabalhadoras dos projetos habitacionais nos *banlieues* (periferia) na França, em cidades como Paris e Marselha, nos projetos habitacionais em Poznan, Polônia, nas áreas pobres devastadas pela guerra na Bósnia e na Croácia, nos clubes do bairro Roppongi,[7] em Tóquio, onde homens

---

6   "Ladies First" foi gravada no álbum de estreia de Latifah's, *All Hail the Queen* (Tommy Boy Music, 1989). A Universidade Estadual de Louisiana, Departamentos de Estudos de Inglês e Mulheres, utilizou o vídeo como exemplo afirmativo de cantoras pop.

7   NT: Rappongi é um bairro em Tóquio onde se concentra a maior parte dos estrangeiros; muitos africanos trabalham no bairro com entretenimento e com hip hop e há casais multiétnicos.

negros trabalhadores se reúnem em casas noturnas de propriedade de esposas japonesas de expatriados africanos; na África e na diáspora, nas *shantytowns* sul-africanas como Soweto, nas comunidades das encostas nas favelas de grandes cidades brasileiras como o Rio de Janeiro e São Paulo e no pobre bairro afro-cubano *Cojimar*, em Havana.

Ainda assim, *classe* é apenas uma das quatro maiores marginalidades conectivas, que parece unificar a geração hip hop internacionalmente. Conexões ou ecos podem tomar a forma de cultura (Jamaica e Cuba), classe (árabes do Norte da África que vivem na França), opressão histórica (nativos americanos que vivem nas Américas do Norte e do Sul), ou simplesmente a construção discursiva de uma juventude com status periférico (Japão). Joe Austin e Michael Nevin Williard, editores *de Generation of Youth* (1998), lembram-nos que o termo juventude pode tornar-se "uma metáfora para a mudança social percebida e suas consequências projetadas, como um lugar permanente para ansiedades sociais".[8] O rap se torna um estilo musical jovem rebelde que desafia, face a face, o *status quo* adulto onde quer que se expresse no mundo.

Opressão histórica, como outra marginalidade conectiva, pode ser vista no rap do grupo *Sudden Rush*, um dos grupos politicamente mais atuantes do Havaí. Este grupo de MC's, baseado em Big Island, *rapeia* sobre os fatos históricos dos havaianos nativos e da opressão dos afro-americanos e americanos nativos, com fortes mensagens a propósito da soberania havaiana. O Sudden Rush questiona a hegemonia política do *haole*, ou estrangeiro branco, plutocracia no Pacífico Sul, que levou à derrubada da monarquia havaiana como parte dos últimos quinhentos anos de deslocamento geral das pessoas negras. Opressão histórica é a subjugação a longo prazo de um povo que tem sido identificado com as classes desprivilegiadas por gerações. A Figura 1 mostra um diagrama sobre a relativa justaposição destes domínios sócio-históricos que frequentemente se sobrepõem e informam sobre a multiplicação mundial do hip hop.

---

8   Joe Austin e Michael Nevin Willard, "Introduction: Angels of History, Demons of Culture," Joe Austin and Michael Nevin Willard, eds., *Generations of Youth: Youth Cultures and History in Twentieth-Century America* (New York: New York University Press, 1998), 1.

Figura 1

Diagrama de Conexões de Marginalidades no Hip Hop

[Diagrama com círculos concêntricos: JUVENTUDE / opressão histórica / CLASSE / CULTURA / Cultura Hip Hop / Estética Africanista / CULTURAS AFRO AMERICANAS & LATINAS]

© Halifu Osumare, 1999

Dentro do que chamamos de marginalidades conectivas, *a particularidade* serve para aprofundar nosso entendimento de esforços específicos de pessoas por reconhecimento e igualdade. Murray Forman argumenta exatamente sobre este ponto em *The Hood Comes First* (2002):

> O "onde" da experiência tem uma forte influência sobre os significados sociais derivados das experiências deles mesmos, justamente por que nossas mobilidades e ações abrem espaços no relevo cultural, então, do mesmo modo, o espaço socialmente produzido traz significado às nossas ações.[9]

---

9   Murray Forman, *The 'Hood Comes First" Race, Space, and Pace in Rap and Hip hop* (Middletown, CN: Wesleyan University Press, 2002), 23.

Logo, o conceito de uma experiência espacial particular com marginalidades que se desdobram — *minha favela, barrio, hood* — é central no hip hop do ponto de vista global. Manifestações locais de marginalidade que fazem eco a outras evidências particularizadas de injustiça social em uma parte completamente diferente do mundo demonstram padrões de hierarquias nacionais que estão ligadas pelo sistema neoliberal de política econômica mundial.[10]

A cultura hip hop, como extensão da cultura popular afro-americana e latina, então, torna-se um significante global para diversas formas de marginalização. Em cada caso, a "negritude", com seu significado em cada lugar, encontra-se implicada enquanto um sinal global. Junto com a estética da música de batidas de registros graves de percussão, digitalizadas ou ao vivo, as mensagens em rap do hip hop criaram um fenômeno de cultura mundial que estamos apenas começando a compreender profundamente.

HIP HOP E A DIÁSPORA

Na África e em sua diáspora, o hip hop não é apenas um sinal para ser apropriado e adaptado para propósitos nativos, mas também há uma parcela que provém de uma raiz estética, o que permite à cultura hip hop na África e na diáspora iluminar conexões da marginalidade na *cultura*. A estética da música e da dança africanas, difundida globalmente pelo tráfico escravagista transatlântico, é a base central para a formação do que Paul Gilroy (1993) denomina *experiência atlântica negra*. Esta estética africanista serviu como fundamento para a assim chamada cultura popular, a cultura vernácula nas Américas. Quando deciframos as origens do hip hop contemporâneo no Sul do Bronx, em Nova Iorque, descobrimos que práticas expressivas da diáspora foram a pedra angular de fundação para recriar a subcultura jovem mais do que a cultura monolítica afro-americana.

> ...a história do hip hop é a apreciação de que estas pessoas criativas podem ser divididas pelo menos em cinco diferentes culturas com influência africana: primeiro, negros falantes de inglês de

---

10 Robert Farris Thompson, "Hip hop 101," *Droppin' Science: Critical Essays on Rap Music and Hip hop Culture*, ed. William Eric Perkins (Philadelphia: Temple University Press, 1996) 214-15.

Barbados...a mãe de Afrika Bambaata e suas duas irmãs eram de Barbados, como também era a família de outro proeminente DJ do Bronx, Grandmaster Flash. Segundo, os jamaicanos negros...dentre os quais personagens famosos como DJ Kool Herc..., originariamente de Kingstom...Terceiro, milhares de negros de Cuba...foi simplesmente natural para os tambores de congo afro-cubanos se tornarem um dos instrumentos de percussão favoritos nas primeiras improvisações do break...Quarto, há milhares e milhares de *boricua*[11] – porto-riquenhos ...Quinto, finalmente, há norte-americanos negros que tinham como música o jazz, o soul e o funk.[12]

Verdadeiramente, a cultura hip hip se origina a partir de um ámalgama de culturas africanas que vieram da diáspora – ela se reflete na vida urbana dos EUA, particularmente em Nova York. Concomitantemente, o processo de criolização no Caribe e em muitas partes da América do Sul foi e é um reflexo deste fértil cruzamento cultural expresso na música e na dança da região.

É muito fácil construir afinidades do hip hop com o inglês falado na Jamaica devido à presença do *dancehall*, uma cultura com um sistema de som próprio que influenciou especificamente o início do hip hop como uma cultura de *deejay*. O jamaicano Kool DJ Herc é tido como pioneiro, ao trazer sua cultura para os parques e clubes do Bronx no início dos anos setenta, transitando do *dub* ao *reggae*, ao *funk* americano e à *soul music*, que eram mais familiares ao público norte-americano negro. Vinte anos mais tarde, era o hip hop que explodia com toda força na era do mercado de massa. As mesmas sensibilidades culturais apareceram na colaboração entre o *emcee* do Bronx KRS-One e o artista jamaicano de *dub* Shabba Ranks em sua faixa seminal "The Jam" (Shabba Ranks, *As Raw*

---

11 NT: o termo *boricua* era usado pelos Taínos, a população indígena local à época da colonização, para designar estrangeiros, "comedores de caranguejo". Porto-riquenhos residentes na Ilha se autodenominam *boricuas*: porto-riquenhos mestiços, com ancestrais europeus, africanos e nativos americanos.

12 Para pesquisas mais aprofundadas do sistema culturall do som da Jamaica em relação ao hip hop, veja S. H. Fernando, Jr.'s *The New Beats: Exploring the Music, Culture, and Attitudes of Hip hop* (New York: Doubleday, 1994), em particular o capítulo denominado "Rap's Raggamuffin Roots."

as Ever, Epic Records, 1991). Os dois artistas fizeram a associação explícita entre a oralidade rítmica do hip hop e as rimas cadenciadas do *dub* jamaicano. O movimento contemporâneo do rapso de Trinidad e Tobago, por exemplo, facilmente funde o rap norte-americano com ritmos *calypso* (ritmo híbrido afro-europeu de Trinidad e Tobago). Associações semelhantes existem com países caribenhos e sul-americanos, nos quais o primeiro idioma não é o inglês. Jovens, cuja primeira língua é o espanhol, o francês ou o português, também estão produzindo um hip hop com versos rimados metafóricos de camadas múltiplas, com batidas de *beat box* mescladas aos ritmos de sabor latino. Em seguida, proponho elencar estudiosos e jornalistas que estão pesquisando intensamente sobre o hip hop de Cuba, que fala o espanhol e do Brasil, que fala o português.

RAPEROS AMBIVALENTES DE CUBA

Em Cuba, *Orishas*, um dos poucos grupos de rap que tem sido capaz de atravessar as intricadas políticas da revolução cultural de Castro, é um indicativo da dinâmica da cultura hip hop no país. *Orishas* estreou na cena internacional da música pop em 2000. Como explica o jornalista Rodrigo Salazar sobre dois dos rappers do *Orishas*, Yotuel e Ruzzo, "eles ousaram criar poéticas sobre as condições na Cuba atual, primeiro em batidas do clã como Wu-Tang e, eventualmente, em ritmos cubanos de rumba com um fluxo de rap suave".[13] O nome artístico que eles escolheram, o termo em yorubá para as deidades que estão no centro da religião Afro-cubana, a *Santeria* dos *orishas* (do mesmo modo que no Candomblé brasileiro, os orixás), se refere à cultura cubana nativa, fazendo uso, em sua base de criação musical, do rap norte-americano. Contudo, eventualmente, eles se depararam com uma Cuba sufocante para o seu desenvolvimento artístico. Embora tenha sido concedida a permissão da imigração cubana para que o grupo Orishas deixasse o país em excursões ocasionais, as tensões contínuas com o governo sobre a duração do tempo que se tomava para que fossem emitidos vistos de saída e os consequentes compromissos perdidos no exterior resultaram em sua transferência para a Europa.

---

13 Rodrigo Salazar, "Cuba Libre," *The Source*, March 2001, 203.

O eventual exílio cria outro tipo de luta para os artistas cubanos, que se torna uma peculiaridade da situação do candidato a mestre de cerimônias do hip hop cubano, tentando se juntar ao circuito internacional de música. Salazar captura o dilema pungente quando ele afirma que:

> Ao contrário de seus contemporâneos norte-americanos, cujo parco background econômico criou a cultura da *grana alta*, a luta dos Orishas é o exílio. Cada canção é tingida com aquela sensação de deslocamento. Canções como 'A Lo Cubano' e 'Madre', uma carta a uma mãe preocupada com seu filho que vive no exterior, captam essa sensação de melancolia.[14]

A melancolia do *Orishas* por causa de seu status de *ex patriota* ecoa um tema presente ao longo da experiência da diáspora africana. O deslocamento devido ao exílio político é uma reminiscência de exílio forçado como resultado da escravidão e da saudade de Mãe África em dimensões metafóricas diferentes, correndo ao longo da história das Américas. "A Lo Cubano" (Para O cubano) representa a idealização do melhor do que significa ser cubano, ao que agora eles terão que se apegar, por serem forçados a viver fora de sua pátria amada em prol de sua liberdade artística.

A tensão que existe entre o governo cubano e alguns dos seus cidadãos exilados chegaram a um crescente durante a crise EUA-Cuba em 2000, sob a forma da batalha pela custódia da família do adolescente Elian Gonzalez em Miami. Uma charge de abril no jornal San Francisco representou a essência da tensão entre a revolução socialista de Castro, a hegemonia de uma cultura popular mundial americana e a mercantilização capitalista. A Figura 2 mostra Elian recém-chegado à Cuba, usando uma camiseta da Nike e com a língua para fora, alegremente cantando "WHAAAAASUUUP". Espantado, em posição de "alça de açucareiro", Castro reage desafiadoramente, respondendo "mande-o de volta". A cultura mercantilizada do hip hop dos EUA, expressão de materialismo desenfreado, que atrai a juventude pobre dos muitos negros e latinos nos guetos dos Estados Unidos, agora tornou-se global e está em tensão com as realidades dos

---

14   *Idem.*

países pobres do Caribe e da América do Sul. No desenho, a moda atlética de alto preço promovida por muitos atletas e rappers negros e pela cerveja Buddweiser, portanto, uma campanha de muitos milhões de dólares, apropriando-se mais uma vez de outra gíria de comunidades negras, "What's up?", tornam-se um significante global do capitalismo americano tardio e seu enraizamento na cultura pop na era pós-moderna.

Figura 2

San Francisco Chronicle **Cartoon (2001); Walt Handelsman. Autorizado pelo autor.**

Muitos governos, cansados dos efeitos da penetrante cultura popular dos EUA em seus jovens e, finalmente, do seu estilo de vida nacional, tomaram medidas para rejeitar ou retardar a invasão da música e da dança norte-americanas da mídia. Eles sabem muito bem que a cultura popular anda de mãos dadas com a fetichização dos bens de consumo e do materialismo superficial.

A estudiosa de hip hop, Tricia Rose, explica parte da objeção de governos à "cultura popular americana" e, especificamente, ao hip hop:

A capacidade do Rap para chamar a atenção da nação, para atrair multidões ao redor do mundo, em lugares onde o inglês é raramente falado, com os elementos de poder social do rap, é fascinante. Infelizmente, alguns desses poderes estão associados ao imperialismo norte-americano cultural, do qual os rappers norte-americanos se beneficiam desproporcionalmente ao redor do mundo, com exposição facilitada pela força de marketing [americano] da indústria musical.[15]

Música americana popular, promovida pelos mencionados grandes conglomerados norte-americanos transnacionais de música, estabeleceu o padrão mundial. Embora o hip hop independente, com seus intrépidos adeptos locais, que tentam contrariar esta dominação global de música dos EUA, músicos americanos, e particularmente *emcees*, dominam a cena internacional da música popular.

Por causa de tentativas estridentes do governo cubano, ou para protelar a influência comercial norte-americana do hip hop ou para controlá-la, por exemplo, levando os grupos de rap ao abrigo do Ministério da Cultura, inicialmente uma diversidade de hip hop cubano se desenvolveu como um movimento independente. Contrabandeado em CDs e fitas, e com o uso de antenas ilegais no topo dos telhados, que recebem estações comerciais de rádio de Miami, criou-se o antídoto para as duas estações governamentais de rádio que tocavam apenas música latina e discursos de Fidel Castro. Os primeiros cubanos do hip hop aficionados podem muito bem terem sido influenciados não só pelos rappers negros norte-americanos, mas também por rappers cubanos americanos, como DJ Laz (Lazaro Mendez), que "rapeava" em espanhol em cima de ritmos *merengue* que eram ouvidos nas rádios de Miami. Em muitos aspectos, o cenário do início do hip hop cubano é uma reminiscência dos primeiros dias do Bronx: quando os jovens pobres iam tocar em postes elétricos públicos norte-americanos da empresa *Con Edison*, para executar seus sistemas de som ao ar livre, ou quando vendiam fitas mixadas piratas de hip hop sobre os porta-malas abertos de carros para se promoverem dentro de uma economia independente. Internacionalmente, a po-

---

15 Tricia Rose, *Black Noise: Rap Music and Black Culture in Contemporary America* (Hanover, CN: Wesleyan University Press, 1994), 19.

breza — seja sob o capitalismo, seja sob o socialismo — pode motivar os jovens pobres a dar voz às suas contranarrativas em formas alternativas de cultura popular como o hip hop, situadas no contexto da marginalização socioeconômica.

O controle do Movimento Hip Hop de Cuba inicialmente incidiu sobre mais de 250 posses de rap, algumas das quais apareceram no Club Las Vegas no centro de Havana ou no Club La Mona de funk nos fundos de uma casa cultural na Havana central. De acordo com a então bolsista de jornalismo, Annelise Wunderlich, que pesquisou em campo na condição de estudante de graduação em Cuba, um dos principais produtores de rap é Pablo Herrera, originariamente produtor do *Orishas*. "Ele produziu e foi empresário de *Amenaza*, que levou o primeiro prêmio em um dos festivais de quatro anos de idade do balanço hip hop em Havana...e Herrera também trabalhou com os grupos de rap femininos *Instincto* e *Sexto Sentido*".[16] Sua concepção da cena independente do hip hop de Havana é que seja congruente com os ideais revolucionários de Cuba. Empregado diretamente pelo Ministério da Cultura, Herrera obviamente abraça diretamente a linha do partido quando ele define o hip hop como "o empoderamento da juventude como lança de batalha para uma sociedade mais consciente...[perceber o hip hop como uma força revolucionária que] está servindo ao país, não sendo uma ferramenta antagonista".[17] Dado o flagrante consumismo do rap nos EUA, a representação de Herrera do rap, como promoção dos ideais da revolução, não é sem mérito. Depois de chegar a Nova York e interagir com a comunidade, ele faz uma avaliação realista do hip hop cubano em relação à dimensão comercial do negócio do rap:

> Eu não quero ver Cuba ir pelo ralo com o consumismo e nossa comunidade hip hop ser comprada por grandes gravadoras, como essas que tem os EUA, em Cuba. Quero ser uma voz importante para o mundo do hip hop, da mesma forma que Cuba passou a representar para os esquerdistas progressistas, aqueles que querem

---

16   Annelise Wunderlich, "Underground Revolution, *ColorLines*, Fall 2001, 37.
17   Shawnee Smith, "Words and Deed," *Billboard*, 2. n. p. Online. Internet, http://afrocubaweb.com/rap/pabloherrera.htm.

uma vida comunitária com desenvolvimento humano real, justo, socialmente consciente.[18]

Herrera levanta pontos críticos sobre o caminho que o hip hop norte-americano tomou e a diluição do seu potencial crítico progressivo ao longo do tempo.

Um grupo de rap produzido por Herrera que desfruta de certa sanção governamental é o *Anonimo Consejo,* formado por *raperos* afro-cubanos, Kokino e Yosmel. Em entrevista à Wunderlich, eles discutiram o seu papel como modelos revolucionários que inclui latino-americanos, negros norte-americanos e africanos.

> Ao lado de Che Guevarra e José Martí, Yosmel e Kokino também admiram Malcom X, Mumia Abu Jamal, Nelson Mandela e outros ícones negros. Eles estavam entre os milhares de cubanos que foram ouvir o filho de Mumia falar em um protesto anti-imperialista o ano passado.[19]

Revolucionários de todo o mundo, de todas as nacionalidades, estão lado a lado e compartilham a visão social de *emcees* negros cubanos. Afro-cubanos do hip hop aficionados relatam uma crescente consciência de sua identidade africana, bem como uma percepção da diferença racial em Cuba que os liga a rappers negros norte-americanos. Wunderlich relata que após Yosmel e Kokino apresentarem um rap sobre a polícia e a temática racial, eles foram presos e jogados na cadeia. Do mesmo modo que muitos rappers internacionais, eles mantêm fidelidade no campo estético e na cultura do hip hop, que transcende as nações. A dupla de rap escreve: "O meu país é o meu texto, e minha bandeira é o papel onde escrevo".[20] O sociólogo Sujatha Fernandes analisa a vida cubana contemporânea dos jovens na era do hiphop: "As pessoas comuns compartilham determinados idiomas, símbolos e estruturas discursivas para descrever e perceber a mudança em suas realidades e para o mundo fazer sentido e seu lugar nele".

---

18 Smith, "Words and Deed," 3.

19 Wunderlich, "Underground Revolution, p. 37.

20 Wunderlich, "Underground Revolution, p. 35.

Fernandes coloca os rappers Yosmel e Kokino como parte do "novo modo de incorporação" em Cuba:

> O crescente abismo entre a retórica do socialismo e a realidade da vida cotidiana produziu uma crise ideológica para o estado cubano do mesmo tipo que se revelou prejudicial para os regimes socialistas na antiga União Soviética e no Leste Europeu. Contudo, o surgimento de novos modos de incorporação na sociedade cubana permitiu ao estado gerir a crise como tentativa de reconstruir sua legitimidade cultural.[21]

Anonimo Consejo, como um grupo afro-cubano, reconhece que a cor da pele, apesar dos melhores esforços do governo, ainda pode ser um delimitador de diferença de classe e da delinquência que se vê em Cuba. Yosmel pungentemente revela a diferença entre cultura e diferença racializada constatada, quando ele simplesmente diz: "Quando eu me sinto africano, eu não me sinto negro".[22] Aqui *negro* está associado com a degradação e status social marginal que faz parte da construção da raça em si, mesmo em Cuba. Por outro lado, o sentimento de Yosmel de ser "africano" dá um empoderamento à corrente cultural pré-escravidão ao qual a estética do hip hop está ligada.

Embora reconhecendo as desigualdades existentes, a consciência política dos *raperos* negros cubanos é, ademais, intensificada pela revolução socialista de Cuba. Eles sempre foram atraídos pelo hip hop independente mais conscientemente político dos EUA, que enfatiza o racismo, a escravidão e o materialismo capitalista, bem como a divulgação da história e da cultura negras. Esta conexão entre os jovens do hip hop cubano e do hip hop independente dos EUA representa uma importante marginalidade conectiva dentro do hip hop mundial. A ressonância conectiva de Cuba, portanto, não se refere apenas à estética negra ou à *cultura*, mas também está baseada na *opressão histórica* dos afrodescendentes nas Américas. No período pós-revolução cubana, isso se

---

21 Sujatha Fernandes, *Cuba Represent! Cuban Arts, State Power, and the Making of New Revolutionary Cultures*. Durham, NC: Duke University Press, 2006, 23.

22 Wunderlich, "Underground Revolution, 37.

traduz no tratamento contínuo diferenciado dispensado aos cubanos negros, mesmo que o atual regime procure eliminar o racismo assumido abertamente no período pré-revolucionário

Simultaneamente, uma ressonância geracional conecta negros do hip hop em Cuba e dos EUA. Em um estudo sociológico realizado sobre raça na Cuba contemporânea, Fuente e Glasco detectaram uma diferença entre os jovens e os mais velhos, quando confrontados à questão do lugar dos negros na era pós--revolução. Os sociólogos postulam que os afro-cubanos, em geral, sentem que estão em melhor situação desde a Revolução cubana de 1959; no entanto, "... os negros mais jovens não relacionam a queda do regime socialista com o fim da igualdade racial, tanto quanto os negros mais velhos fazem. Para os negros mais jovens, possivelmente a desigualdade racial se manterá, mesmo que a revolução caia".[23] O abismo geracional entre os cubanos negros foi demonstrada por uma maioria de jovens cubanos negros que participaram de um motim de 1994 em uma praça de Havana.

> Aqueles que se revoltaram no Malecón foram descritos como jovens negros e mulatos, e nossa pesquisa mostra que, de fato, os negros mais jovens compartilham uma visão mais crítica da revolução e do seu impacto sobre o racismo do que os negros mais velhos... O que está em jogo aqui é uma geração ao invés de uma questão racial.[24]

Fernandes reforça esta análise uma década mais tarde e a coloca no contexto do hip hop afro-cubano militante:

> Alguns cubanos negros mais velhos não podem se relacionar com a assertividade militante da identidade negra do rap cubano, contudo, ela se torna cada vez mais relevante para a juven-

---

23 Alejandro de la Fuente e Laurence Glasco, "Are Blacks 'Getting Out of Control'? Racial Attitudes, Revolution, and Political Transition in Cuba," Miguel Angel Centeno e Mauricio Font, eds., *Toward a New Cuba: Legacies of a Revolution* (Boulder, CO: Lynne Rienner Publishers, 1997), 63.

24 Fuente e Glasco, "Are Blacks 'Getting Out of Control'?," 69.

tude de Cuba, que não viveram o começo do triunfo do período revolucionário e são os mais atingidos pela falência das instituições estabelecidas na revolução que queriam tornar possível a igualdade racial.[25]

Jovens afro-cubanos, com a consciência política aguçada pela revolução socialista que, ao mesmo tempo, se envolvem com o hip hop independente de consciência racial dos EUA, caminham com dificuldade ao lado das autoridades cubanas. Como Wunderlich aponta, líderes do hip hop cubano cresceram em CDs como os do grupo *Public Enemy*, *Fear of a Black Planet*, de 1989. Na faixa seminal do Public Enemy "Fight the Power", letras como "Porque eu sou negro e tenho orgulho / Eu estou pronto e fortalecido / A maioria dos meus heróis não aparece em nenhum selo "ajudam a promover o sentido da diferença racial em uma época da história da ilha que estava tentando minimizar o racismo ao mesmo tempo que valorizava a cultura afro-cubana. Wunderlich registra os sentimentos de Yosmel sobre Public Enemy: "Suas canções falavam comigo de uma maneira nova. Não havia nada em Cuba que soasse como aquilo".[26]

Com a base do grupo em Nova York, *August Hip Hop Collective*, e outros grupos ativistas por todo o país, a ala da cultura hip hop que exercita a consciência social da cultura hip hop continuam atuando numa instância mais ativista. O Black August Hip hop construiu uma conexão direta com Cuba, ao mesmo tempo com tentativas de promover a construção de consciência dos movimentos hip hop globalmente em outros locais, como a África do Sul. Membros-chave do coletivo são reconhecidos artistas do rap, como Dead Prez e do ex-Black Star (Mos Def *emcees* e Talib Kweli), que viajam por Cuba desde 1998. Em seu site, o Black August Hip Hop Collective coloca o quanto eles se esforçam

...para apoiar o desenvolvimento global da cultura hip hop, facilitando o intercâmbio entre as comunidades internacionais, onde o hip hop é uma parte vital da cultura jovem, e promovendo a cons-

---

25 Fernandes, *Cuba Represent!*, 89.
26 Wunderlich, "Underground Revolution," 35.

cientização sobre as questões sociais e políticas que afetam essas comunidades jovens. Nosso objetivo é unir cultura e política e lhes permitir que evoluam naturalmente para uma consciência única do hip hop que informa a nossa luta coletiva por um mundo mais justo, equitativo e humano.[27]

A organização pauta a sua criação voltando à "década de 1970, no sistema prisional da Califórnia, por homens e mulheres do Movimento de Libertação Negra New Afrikan". Este ramo ativista político da cultura hip hop dos EUA, nunca promovido pela indústria fonográfica considerada importante, esforça-se para dar continuidade à tradição política da comunidade, apresentando aspectos da construção do Partido dos Panteras Negras, por meio da arte. O resultado foi um evento duplo urbano de hip hop em agosto: O *Black August Hip hop Benefit* em New York City, cujos rendimentos deram origem a uma biblioteca de hip hop em Havana e o Festival Nacional de Rap Cubano, em Havana.

Esta conexão entre Cuba e o renascimento do hip hop do movimento negro revolucionário dos EUA presente no hip hop contemporâneo é oriunda de uma ligação histórica com alguns negros ativistas políticos do final dos anos 60 e início dos 70, que fugiram dos EUA quando acusados de crimes contra o Estado e receberam asilo em Cuba. Assata Shakur, madrinha do falecido rapper Tupac Shakur, está exilada em Cuba desde 1986, quando ela escapou da prisão enquanto cumpria uma sentença de prisão perpétua imposta em 1973, em um julgamento bastante disputado. Nehanda Abiodun é outra exilada política dos EUA em Cuba deste período e que tem se mantido particularmente em relação estreita com a comunidade hip hop em Havana, orientando os jovens do hip hop cubano a pensar criticamente.

Wunderlich notou que Abiodun mantém"sessões informais sobre a história americana africana, poesia e política mundial" com jovens cubanos.[28] Como resultado, o rapper afro-cubano Yosmel vê a presença da "marginalidade conec-

---

27 "AfroCubaWeb: Black August 2000," n. p., Online. Internet, http://afrocubaweb.com/ rap/blackaugust00.html.

28 Wunderlich, "Underground Revolution, 36.

tiva" nas rimas de Black Star: "Foi incrível ouvir rappers de outros países preocupados com os mesmos problemas que eu tinha".[29] Assim, ao absorver a reunião dos *emcees* cubanos no mesmo show com alguns dos melhores artistas independentes dos EUA graças ao Black August Collective, valida a consciência deles do Pan-africanismo em crescimento.

Emcees cubanos estão, muitas vezes, presos aos seus conflitos de lealdade. Passando pelo próprio processo do socialismo que acontece dentro de uma sociedade revolucionária que, por sua vez, ensina a desafiar o *status quo*, mas que, ao mesmo tempo, retira a ênfase na diferença racial em uma região caribenha historicamente baseada em classe social e cor da pele, tudo isso resultou em *rapero*s jovens afro-cubanos ambivalentes. Eles lutam para expressar suas preocupações geracionais através do hip hop de menor divulgação no movimento contra-hegemônico. Contudo, o seu desafio para enfrentar o racismo e os problemas de classe continua no seu próprio país e pode ter um grande impacto em uma sociedade controlada, onde a liberdade de expressão política e artística não é incentivada. No entanto, o movimento hip hop cubano não se desencoraja, pois continua a fazer associações estéticas, cultural e políticas com os seus irmãos negros e latinos nos EUA através da música.

FAVELAS BRASILEIRAS E A MARGINALIDADE CONECTIVA

Influenciado pelo recente movimento do hip hop norte-americano, o surgimento do hip hop no Brasil data de meados dos anos 80. A primeira onda da cultura global do hip hop se iniciou com a gravação do grupo Sugarhill Gang's "Rappers Delight" em 1979 e continuou no começo dos anos 80 com filmes de Hollywood sobre o break, como também filmes e documentários independentes de hip hop, como Wild Style (1982) e Style Wars (1983). A cultura hip hop surgiu nos EUA na esteira do Movimento de Direitos Civis, do Black Power e dos movimentos de Arte Negra, com a geração do hip hop herdando as marginalidades duais persistentes refletidas no sul do Bronx na cidade de Nova York: ambos, pobreza e racismo, produtos da negligência pós-

---

29   *Idem.*

-industrial dos anos 70, reificação e sucateamento dos poucos serviços sociais nos bairros latinos e negros.³⁰ A juventude do hip hop usou sua nova e vibrante cultura de rua para elevar sua voz marginalizada na era das discotecas de Nova York, frequentadas pelos ricos — a então considerada "beautiful people" das regiões centrais.

Tanto a revolução cultural, quanto social nos EUA desde o Movimento de Direitos Civis inspiraram a juventude brasileira, e esta inspiração alimentou seus próprios movimentos político-culturais que surgiram no Brasil em meados dos anos 80 até a atual geração do hip hop. O fenômeno do hip hop no Brasil é essencialmente um movimento social organizado pelos jovens afro-brasileiros como resposta ao abandono social, à pobreza e ao racismo. Assim como em Cuba, jovens brasileiros, particularmente aqueles com ascendência predominantemente africana, imediatamente perceberam as conexões de suas necessidades sociopolíticas com as dos negros na América do Norte. A imediata identificação torna-se compreensível em razão das categorias — raça e classe — do Brasil, que definem a *persona* do país. Embora tido como uma democracia racial, o Brasil está longe disto. A estudiosa da diáspora africana Cheryl Sterling apresenta o contexto da situação racial e social do Brasil:

> O Brasil é uma das dez maiores economias do mundo, com uma das mais injustas distribuições de renda. Os índices de desenvolvimento humano ficam comprometidos quando vistos do ponto de vista das classes pobres e trabalhadora, considerando-se que o Brasil apresenta severa falta de políticas sociais e de infraestrutura para melhorar suas grandes disjunções. O que se torna perigoso é que há uma camuflagem no imaginário nacional de que esta situação tem que ser tratada de acordo com a perspectiva de classe, muito mais do que racial. Contudo, a população afro-brasileira representa 33,7% dos 53 milhões de brasileiros pobres, ou 63% da população em geral, e eles são desproporcionalmente atingidos por

---

30   Para uma descrição detalhada de Nova York no período pós industrial em relação ao hip hop, veja Rose, *Black Noise*, particularmente p. 27-34.

estas condições sub-humanas. Além disso, eles são os alvos mais prováveis da violência sancionada pelo Estado.[31]

Quando estudiosos norte-americanos analisam estes dados sociais segundo a ótica racial, em oposição a estudos puramente de base classista, Sterling registra uma reação defensiva por parte dos burocratas e analistas brasileiros:

> O mito da democracia racial prega que tais tópicos são de base classista mais do que raciais e sugerir que a sociedade é racialmente demarcada [assim chamada] evidencia o racismo próprio de quem usa esta denominação. Usar termos codificados racialmente como segregação ou exclusão social e aplicá-los ao Brasil é geralmente considerado uma transposição das políticas de bases raciais nos Estados Unidos para aquela sociedade.[32]

A resposta dos afro-brasileiros a estas criticadas conexões norte-americanas espalharam uma nova consciência política e cultural no país, a qual, por sua vez, estabeleceu as bases para que o hip hop plantasse a sua raiz. Niyi Afolabi, estudioso nigeriano da cultura brasileira coloca que:

> O surgimento do hip hop no Brasil data de meados dos anos 80, influenciado pelo hip hop norte-americano dos anos 70, e certamente com a repercussão do movimento de direitos civis dos anos 60, com figuras heróicas como Martin Luther King, Malcom X e mesmo os "Black Panthers". Um movimento paralelo ao Movimento dos Direitos Civis dos EUA é o *Movimento Negro Unificado*, responsável por protestos civis, programas educacionais, a partir do qual muitos grupos carnavalescos com inclinações culturais e ide-

---

31 Cheryl A. Sterling, "Black Power, Black *Bailes* and Hip Hop." Artigo apresentado na *6th Biennial Conference of the Association of the Study of the Worldwide African Diaspora* (ASWAD), Pittsburg, PA, November 5, 2011, 1. Este artigo para a conferência será parte do Capítulo 2 de *Sterling's African Roots, Brazilian Rites: Cultural and National Identity in Brazil*. New York: Palgrave Macmillan, 2012.

32 *Idem.*

ológicas como o Ile-Aye e o Olodum se desenvolveram em meados dos anos 70.[33][34]

A confluência entre o Movimento Negro unificado e o surgimento de Blocos Afro durante o carnaval preparou o palco para a próxima geração adotar o hip hop como uma crescente cultura global popular que pôde dar continuidade ao trabalho de chamar a atenção às "marginalidades conectivas" de cultura e de classe, no contexto sócio-político e racial. Sterling, inspirando-se em Lipsitz, analisa a confluência entre raça e hip hop em termos de espaço urbano: "De acordo com o antropólogo Jesus Félix, o racismo é mais forte em São Paulo, cujas formas de segregação social operam para impelir os afro-brasileiros a criar seus próprios espaços de lazer e prazer".[35]

Durante uma viagem em 2012 ao Brasil, visitei um dos primeiros "espaços para lazer e prazer" que estabeleceram o hip hop em São Paulo: a Casa do Hip Hop, fundado pelo afro-brasileiro King Nino Brown.[36] Diretamente inspirado pela Soul Music de James Brown e pelo Movimento Black Power em que ela se inseria (veja a Figura 3). Em 1994, ele fez contato com Africa Bambaata da Nação Universal Zulu e, em 2002, formou a Nação Zulu Brasil

---

33 Niyi Afolabi, "Brazilian New Wave: Hip hop and the Politics of Intervention." Trabalho apresentado no encontro anual da *Modern Language Association*, Washington D.C., December 2000, 2. Para pesquisas mais aprofundadas do trabalho de Afolabi sobre os vários movimentos artísticos relacionados às políticas afirmativas no Brasil veja *Afro-Brazilians: Cultural Production in a Racial Democracy*. Rochester, NY: University of Rochester Press, 2009.

34 Nota dos organizadores: a Frente Negra Brasileira foi fundada em 16 de setembro de 1931 e durou até 1937. Tornou-se partido político em 1936. Foi a mais importante entidade de afrodescendentes na primeira metade do século, no campo sociopolítico. Para Nino Brown, que fundou a Zulu Nation Brasil, o hip hop começa com as reuniões de dançarinos de *break* no centro de São Paulo, na Estação São Bento do Metrô.

35 Sterling, "Black Power, Black *Bailes* and Hip Hop," 2.

36 Eu gostaria de agradecer à Dra. Mônica do Amaral, Professora livre docente da Universidade de São Paulo, pela oportunidade de apresentar uma versão deste Ensaio no " I Colóquio Internacional de Culturas Jovens: Brasil, Afro-América – Encontros e Desencontros" em São Paulo, de 10 a 13 de abril de2012. A visita à Casa do Hip Hop aconteceu concomitante ao colóquio organizado pela professora.

como um primeiro local para ensinar todos os elementos da cultura do hip hop, e também para educar jovens sobre a resistência negra por todas as Américas. A história de Nino Brown e a Nação Zulu do Brasil, localizada em sua Casa do Hip Hop na periferia de Diadema, Grande São Paulo, é um exemplo de como o hip hop tem atravessado fronteiras para conectar jovens da diáspora africana, cultural e politicamente. Apostilas elaboradas pela Casa do Hip Hop são usadas em aulas dirigidas a jovens para a conscientização dos mesmos acerca da conexão de líderes antiescravocratas com os líderes negros da libertação dos EUA e da África.

A apostila da Nação Zulu do Brasil conecta o trabalho de Martin Luther King Jr ao trabalho da Nação do Islã de Malcom X e ao pan-africanismo de Kwame Nkrumah, de Gana, e conecta todos eles com o grande libertador de escravos, Zumbi, que fundou o Quilombo dos Palmares no século XVI. Como um militar estrategista, ele estabeleceu um dos maiores quilombos das Américas, que serviu para dar continuidade à luta pela liberdade dos negros que aconteceu nos Estados Unidos e na África. Logo, um centro comunitário de hip hop – a Casa do Hip Hop – converte-se em transmissora da história negra e outra conexão com a "pedagogia do oprimido". Como o educador e filósofo brasileiro Paulo Freire ficou famoso ao dizer:

> A educação funciona como um instrumento que é utilizado para facilitar a integração da geração mais jovem no interior da lógica do sistema atual e trazer conformidade ou se torna a prática da liberdade, o meio pelo qual homens e mulheres lidam de forma crítica e criativa com a realidade e descobrem como participar na transformação de seu mundo.[37]

---

37 Paulo Freire, *Pedagogy of the Oppressed.* 30th Anniversary Edition. New York: Continuum, 2000.

Figura 3

Nino Brown, fundador da Nação Zulu do Brasil na Casa do hip Hop, em frente ao mural de James Brown, sua inspiração cultural original (foto da autora).

De fato, a agenda de Paulo Freire em prol da justiça social e sua ênfase na natureza política da educação tem continuidade através de esforços conscientes de líderes comunitários brasileiros como King Nino Brown.

Sterling, baseando-se em Lipsitz, pode ser adequado à interpretação do trabalho comunitário de hip hop de Brown em termos de raça e espaço, no pobre subúrbio de Diadema, fora da rica São Paulo: "Em centros urbanos como São Paulo e Rio, a demografia racial tem, decididamente, um componente espacial em que 'a experiência vivida de raça tem um componente de dimensão espacial, e a experiência vivida de espaço tem uma dimensão racial'. Estas geografias racializadas são consideradas os espaços do marginal:

a periferia, os subúrbios, as favelas, cada um com um espaço codificado diferente em cada cidade".[38]

Artistas brasileiros de rap representam claramente as marginalidades conectivas de classe e cultura com os afro-americanos e os latinos nos EUA. De acordo com Afolabi, "as temáticas mais importantes dos artistas brasileiros de hip hop variam desde a brutalidade policial, pobreza, vida na periferia, crime, autoestima, vingança, transformação, sobrevivência, morte, luz e sombra, até a "correção" da imagem negativa de afro-brasileiros...o rap brasileiro deve ser visto como um fenômeno nacional que veio para ficar e não vai passar como uma fase da 'delinquência' juvenil". Aqui, Afolabi se refere às altas taxas brasileiras de crimes e de crianças abandonadas nas ruas, realidade que se distingue da realidade de Cuba socialista, onde a juventude do hip hop pode ser pobre, mas tem necessidades básicas supridas, como abrigo, educação e saúde, garantidos pelo governo.[39] O rap brasileiro, do mesmo modo que suas contrapartidas independentes dos EUA e de Cuba, como nota Afolabi, tem um importante papel contra-hegemônico, referindo-se diretamente a tópicos como o crime, violência, permanência das desigualdades sociais, e retratos negativos de afro-brasileiros. Por exemplo, de acordo com o etnógrafo brasileiro Jennifer Roth Gordon, os artistas brasileiros de rap dão

> ...voz a centenas de favelas e subúrbios que muitas vezes permanecem sem nomes nos mapas das agendas políticas brasileiras. MVBill (MV é sigla para "Mensageiro da Verdade") começa sua canção "Como sobreviver na Favela" com uma lista de favelas do Rio...Como MVBill gosta de dizer "Nós somos marginalizados, mas não somos marginais".[40]

---

38 Veja também George Lipsitz, *Dangerous Crossroads: Popular Music, Postmodernism, and the Poetics of Place*. New York: Verso, 1994, 12.

39 Afolabi, "Brazilian New Wave," 3-4.

40 Jennifer Roth Gordon, "Hip hop Brasileiro: Brazilian Youth and Alternative Black Consciousness Movements, Stanford Univesity's *Black Arts Quarterly* 7 (2000), n. 1, 9.

> Os jovens brasileiros em geral usam o hip hop para lançar luz à marginalidade de classe que socioeconomicamente os desconecta da riqueza do país, enquanto que os hip hoppers afro-brasileiros simultaneamente demonstram sua marginalidade cultural com a música negra norte-americana e a cultura que serve como o coração da identidade da nação.[41]

Jennifer Roth Gordon enfatiza a delimitação crucial para os rappers brasileiros em relação ao que é comercial versus o rap independente ou consciente. Ainda assim, há diferenças particulares entre o hip hop brasileiro e norte-americano. Diferentemente da preponderância de imagens pândegas de gangsteres, bandidos e gigolôs negros dos rappers do hip hop americano comercial retratados na MTV e na BET, os *emcees* brasileiros tentam combater "as imagens negativas constantemente projetadas na televisão nacional sobre afro-brasileiros como usuários de drogas, gangsteres e criminosos, com imagens positivas de produtores de cultura, empresários respeitáveis e intelectuais de música".[42]

> Eles identificam o grupo americano de rap Public Enemy como a sua fonte primária de inspiração, mas expressam sentimentos fortes contra o atual (que eles pensam ser comercializado) estado do rap nos EUA. O DJ de MVBill, DJTR, critica não apenas estrelas do rap americano como 2Pac, Notorious B.I.G e Coolio, mas também rappers brasileiros que obtêm sua inspiração desses modelos 'equivocados'.

Uma vez que o rap comercialmente orientado é o mais exportado dos Estados Unidos, em oposição à produção de música rap mais politicamente consciente dos EUA, culturas nativas de hip hop global, como a do Brasil, podem muito bem ser a fonte principal de continuidade do ativismo contra-hegemônico que inspirara originariamente os fundamentos desta subcultura jovem.

Várias gerações de grupos de rap brasileiro e *emcees* solo se destacaram na cena nacional – desde Thaide dos anos 80, aos Racionais MC's dos anos

---

41 Afolabi, "Brazilian New Wave," 4.

42 Gordon, "Hip hop Brasileiro, 9.

90, a Emicida em 2000 – usaram e usam sua nova plataforma para articular conexões culturais com a cultura negra norte-americana. Thaide, um dos primeiros *rappers* brasileiros dos anos 80, junto com seu *deejay*, DJ Hum, localiza o desenvolvimento histórico do rap brasileiro dentro do *continuum* cultural do Samba-Rock à Soul Music brasileira dos anos 70 do país, assim como contempla a religião do Candomblé. No seu rap *Senhor Tempo Bom* ele diz "No passado, samba-rock e Black Power era a Alma, o Soul. Assim como o hip hop, era nossa música...eu também sei que cometi muitos erros, porém, nunca me separei de minhas raízes".[43] A invocação de Thaide ao movimento e seu uso da Soul Music dos anos 60 constituem uma ressonância cultural entre as culturas negras norte-americana e afro-brasileira. Mais adiante na mesma letra, ele se refere à religião afro-brasileira, à capoeira e ao samba como representantes de um legado africano no Brasil.

Sua fusão da música e da dança sagradas e profanas afro-brasileiras e afro-americanas mapeia uma memória cultural e histórica do Atlântico negro, e traz o significado das raízes ancestrais aos jovens afro-brasileiros. As letras de Thaide sintetizam sucintamente a conexão entre as marginalidades da cultura que proliferam através da diáspora. Embora poderosamente influente, o hip hop tem ficado à margem, por se ver subjugado ao quadro de leis e ao consenso geral pejorativo que se formou em torno dele como "arte baixa" das classes pobres.

Os Racionais MC's (Os Racionais) é um dos grupos de rap mais populares, que surgiu nos anos 90 e ganharam "o prestigiado Brazilian MTV awards no verão de 1998".[44] Seu terceiro CD, Sobrevivendo ao Inferno, produzido com seu selo próprio, Cosa Nostra, vendeu mais do que meio milhão de cópias, um grande feito para os padrões brasileiros. Cada um dos quatro membros do grupo vem do anel das favelas que circundam São Paulo, chamado de Periferia. Eles são considerados pelas principais correntes do hip hop brasileiro como um grupo renegado que enfatiza a consciência sobre a raça e a desigualdade social em um

---

43   Afolabi, "Brazilian New Wave," 7.

44   Gordon, "Hip hop Brasileiro, 9.

país que promove a imagem superficial de democracia racial.[45] Mesmo com o sucesso comercial no Brasil, de acordo com Gordon, eles continuam a ser a voz das favelas, criticando outros rappers negros que vendem a cultura "branca" e tentam se encaixar no estilo de vida da classe média brasileira branca. O título de uma das canções dos Racionais MC's, "Qual mentira vou acreditar", já diz tudo. Do mesmo modo que em Cuba, onde os discursos evitam temas raciais por causa dos ideais da revolução e devido à mistura racial, no Brasil a retórica prevalece em contraposição à realidade sobrepondo questões de raça e classe.

    Gordon aponta que discursos raciais de artistas de rap brasileiro como os Racionais MC's são julgados dentro de um "...contexto de 'democracia racial' onde qualquer discussão de raça tem sido considerado 'não-brasileiro', [e assim] os rappers brasileiros rompem o desejado silêncio que circunda os tópicos sobre raça".[46]

Emicida, nascido em uma família pobre em São Paulo, ganhou o prêmio da MTV Brasil "Artista do Ano" em 2011, e fez turnê nos EUA, apresentando-se no Festival de Música de Coachella, próximo a Riverside, na Califórnia. Alguns *emcees* brasileiros contemporâneos mais jovens como Emicida estão usando suas habilidades de rima para falar sobre tópicos sociais do Brasil em uma maior escala internacional. A cultura do hip hop no Brasil é um indicativo de todas as marginalidades conectivas, incluindo classe, raça, opressão histórica e a conexão com os jovens do hip hop norte-americano, e o contexto dos guetos pobres de onde ela primeiramente surgiu. O reconhecimento das marginalidades conectivas do hip hop promove vigilância, particularmente no nível do hip hop independente, em direção à busca da verdade que transcende fronteiras. Um grande evento ao qual assisti no centro de São Paulo, em 12 de abril de 2012, tinha seu tema escrito em uma placa sobre o palco: "Nós nunca enganamos ninguém". Onde quer que a cultura hip hop viaje ela mantém o princípio "Mantendo-se real", que conduz os jovens a expor as hipocrisias sociais, processo pelo qual se provê uma educação alternativa à atual geração da Nação Global do Hip Hop.

---

45   Para uma excelente crítica da retórica brasileira da democracia racial veja Elisa Larkin Nascimento, *The Sorcery of Color: Identity, Race, and Gender in Brazil*. Philadelphia: Temple University Press, 2007.

46   Gordon, "Hip hop Brasileiro," 9.

CONCLUSÕES

Ao contrário da típica visão do norte-americano mais velho que vê o rap contemporâneo de seu país como altamente comercializado para o mercado de massa – com foco nas "popozudas" e na "grana alta" da indústria multibilionária do rap dos EUA – o hip hop global primeiramente promove uma saída alternativa para a marginalidade social galopante associada à pobreza e às desigualdades para ainda muitas pessoas, em muitas partes do mundo. A cultura do hip hop, particularmente quando vista de uma perspectiva global, preserva a epistemologia subversiva que afirma as conexões, cultural e política, através dos Estados-Nações. Esta conexão da marginalidade reflete a percepção dos jovens do hip hop quanto à existência das desigualdades globais. A linguagem política corporal é por certo um componente que permite conexões entre o hip hop norte-americano e as comunidades da diáspora no Brasil, com sua inspiração nos movimentos culturais e políticos negros norte-americanos, e em Cuba, com sua específica conexão com o underground U.S. Black August Collective.

Hip hoppers jovens na diáspora africana, enquanto descendentes da história racializada por todas as Américas, dão voz articuladamente às suas autopercepções e ressonâncias de marginalidade no terreno da contestação. Hoje, vozes negras se atrevem a dar entrada à cacofonia da representação de identidades na política da diáspora e clamam por espaço para suas *quebradas* particularizadas.

A centralidade do *guetocentrismo* – um foco sobre a representação social e sobre a cultura nos bairros pobres – no hip hop garante globalmente uma mudança de como pensar a hierarquia social do mundo. Neste processo, esta mudança cria possibilidades como o conceito de Ulf Hannerz de novas "constelações simbólicas" da pós-modernidade a serem realizadas.[47] Como disse o rapper da velha guarda Run (Joseph Simmons) do Run DMC: "É tudo uma questão de alma, de sabor, de quem tem o sentimento puro da atitude rebelde neles".[48]

No hip hop, este é o maior critério para a participação na estética africanista coletivamente, tanto é assim que o hip hop se tornou internacional. O

---

47 Ulf Hannerz, *Transnational Connections: Culture, People, Places* (London: Routledge, 1996), 21.

48 Citado em *Mandalit del Barco*, "Rap's Latino Sabor," Perkins, ed., *Droppin' Science*, 67.

envolvimento do mercado fonográfico norte americano, uma ironia do destino, está simultaneamente implicado em seu potencial de subcultura pop globalmente democratizante.

Além das "marginalidades conectivas" oriundas da opressão histórica, condição de classe e rebelião social, os jovens artistas de hip hop na diáspora africana adicionaram uma dimensão de conexão cultural esteticamente que celebra vários ritmos de base africana que circulam pelo mundo, mesmo quando criticam suas respectivas condições sociais. O hip hop, situado na diáspora africana, dá continuidade a um poderoso legado de acesso à estética africanista através da música, dança e do canto falado para revelar e criticar as contínuas desigualdades socioeconômicas do mundo. Ao fazê-lo, a juventude no Brasil e em Cuba formam cruciais conexões culturais e de classe com os jovens negros e latinos dos Estados Unidos, bem como com o hip hop de todas etnias. Descendentes africanos em Cuba e no Brasil compartilham com os EUA a contínua marginalização social associada à temática de classes. Afro-brasileiros e afro-cubanos, através de seu rap e de seu grafitti, desmascaram discursos oficiais do governo que declaram de modo insincero haver democracia racial em seus países, quando as experiências vividas por eles contradizem esta construção. Jovens cubanos negros revelam a permanência do racismo a despeito da revolução, enquanto que *emcees* brasileiros expõem a verdade da hierarquia de cor que coincide com a de classe em subúrbios pobres e favelas do Rio e de São Paulo.

Mesmo que estas conexões e suas potencialidades tenham sido exploradas por gerações anteriores, os *hip hoppers* jovens herdaram o século XXI com sua interdependência e tecnologia como jamais aconteceu no passado. O tráfico da cultura negra tem existido desde o tráfico de escravos no Atlântico, mas agora a juventude de hoje promove, em ritmo acelerado, uma conscientização que continua a invocar as práticas culturais do passado da África negra, fazendo da diáspora um solo fértil para novas soluções de velhos problemas com a cultura do hip hop.

CAPÍTULO 4
O Hip hop e suas Conexões com a Diáspora Africana

William E. Smith
Tradução de Renata Câmara Spinelli

INTRODUÇÃO

Este artigo procura demonstrar as conexões musicais entre as primeiras formas musicais dos afrodescendentes americanos tais como expressas pelo *blues*, pelo *spirituals* e pelo *jazz* e relacioná-las à música *hip hop*. Isto nos proporcionará uma compreensão mais clara dos aspectos unificadores destas criações culturais pelas comunidades afro-americanas.

O *hip hop* é semelhante a uma colagem que apresenta "amostragens" de elementos de várias culturas, sintetizando-os numa criação completamente inovadora. Seja o MC[1] que cita as propagandas do Tide,[2] o b-boy que utiliza as artes marciais brasileiras,[3] o artista de grafite que se apropria do Bart Simpson, ou ainda o DJ que "recorta" um trecho do Flash Gordon,[4] o *hip hop* é um amálgama da cultura moderna naquilo que há de melhor em sua criatividade.

---

1 Nota do Tradutor: MC é o mestre de cerimônias do rap (cantor).
2 N.T.: "Tide" é um sabão em pó para roupas, americano.
3 N.T.: o autor está se referindo à capoeira.
4 N.T.: herói de uma história em quadrinhos americana

De modo similar, há séculos, os primeiros africanos que vieram para a costa das Américas como escravos encontraram novos modos de se adaptarem a um ambiente completamente diferente. Eles utilizavam códigos de comunicação da diáspora para lidarem com os inúmeros desafios que enfrentavam. Os primeiros afro-americanos usavam o *double-entendre*, ou o duplo-sentido, para esconder mensagens que estavam codificadas para serem passadas de um a outro. Canções como *Wade in the Water*[5] contava sobre as táticas para tentar esconder seu cheiro dos cachorros enquanto escapavam para conquistar a liberdade. Elementos como a "chamada e resposta" [*call and response*], o *Signifying* e a improvisação foram essenciais aos afro-americanos e ainda o são à cultura hip hop que, de forma consistente, vem se redefinindo.

Este artigo procura demonstrar a intricada rede de conectividade entre os vários gêneros da música afro-americana com o hip hop. Na realidade, não há separação entre estes gêneros e o hip hop em razão de sua estrutura cultural similar. Foram as percepções equivocadas desenvolvidas ao longo das gerações que separaram os estilos nas mentes dos ouvintes.

Um dos atuais enganos de compreensão que vem persistindo ao longo das gerações é a diferença estabelecida entre o hip hop e o *jazz*, os quais têm "histórias de criação" muito parecidas e compartilham elementos chaves do estilo afro-americano.

Em um contexto mais amplo, estes elementos principais do jazz (*sampling/quotation*, chamada e resposta [*call and response*], *Signifying*, suingue, improvisação, *blues*) demonstram, também, serem elementos fundamentais da música hip hop.

A seguir apresentam-se em maiores detalhes os traços comuns entre o *hip hop* e a diáspora a partir dos elementos listados abaixo:

Suingue

Improvisação

Blue Note

Duplo sentido [Double Entendre or Double Meaning]

Chamada e Resposta [Call and Response]

Signifying

Sampling/Quotation

---

5   N.T.: Avance pelas Águas

CANÇÕES DE TRABALHO [*WORK SONGS*][6]
CHAMADA E RESPOSTA [*CALL AND RESPONSE*][7]

As "canções de trabalho" [*Work Songs*] e os "gritos no campo" [*Field Hollers*][8] foram versões dos primeiros afro-americanos das práticas de trabalho dos africanos. Elas ajudavam a regular o ritmo da tarefa durante a execução do trabalho e criavam um movimento unificado. Também colaboravam para que o tempo dos trabalhadores passasse mais rápido já que os ajudavam a manter a mente distante do repetitivo trabalho cotidiano. Um dos elementos principais das canções de trabalho se constituía da chamada e resposta. Um trabalhador chamava e outros, no campo, respondiam. Isto servia para dar a todos a noção de onde cada um estava no campo e também ajudava a manter o ritmo do trabalho compassado.

---

6   Nota do Tradutor: Uma "Canção de Trabalho" [*Work Song* (ingl)] é um trecho de música ligado à execução de um trabalho específico, seja cantando-o durante a condução da tarefa (normalmente para coordenar o ritmo) ou uma canção cuja letra está ligada uma tarefa ou atividade, podendo ser uma narrativa, descrição ou canção de protesto. (Disponível em http://en.wikipedia.org/wiki/Work_song. Acesso em 30 jul. 2012. Tradução livre).

7   N.T.: "Chamada e Resposta" ou "Pergunta e Resposta" [*Call and Response*] é uma forma de interação verbal e não verbal entre o locutor e o ouvinte, na qual todas as frases ("chamadas") são pontuadas pelas expressões do ouvinte ("respostas"). Na música, a chamada e resposta é uma sucessão de duas frases distintas normalmente tocadas por diferentes músicos, quando a segunda sentença é ouvida como um comentário ou uma resposta direta à primeira. (Disponível em http://en.wikipedia.org/wiki/Call_and_response. Acesso em 30 jul. 2012. Tradução livre). Poderíamos dizer que se assemelha ao *Canto Responsorial* que, segundo Houaiss, é um "tipo de canto com alternância de um solista e de um coro ('conjunto de cantores')". *In* HOUAISS, Antonio e VILLAR, Mauro de Salles. *Dicionário Houaiss da Língua Portuguesa*. Rio de Janeiro: Objetiva, 2001, p. 604.

8   N.T.: "Gritos no Campo" [*Field Hollers*] é uma forma improvisada de canção cantada por trabalhadores do sul dos Estados Unidos para acompanhar seu trabalho. Foi descrita por Frederick Law Olmstead in 1853 como um 'grito musical alto e longo, que sobe e desce se quebrando em um falsetto'. (Disponível em http://en.wikipedia.org/wiki/Field_holler. Acesso em 30 jul. 2012. Tradução livre).

SPIRITUALS[9] / GOSPEL[10] – DUPLO SENTIDO [DOUBLE ENTENDRE][11]

Os *Spirituals* eram usados não somente para a elevação espiritual e construção do espírito comunitário, mas também como forma de resistência. Mensagens em código eram colocadas nas letras e nos títulos dos *Spirituals* para informarem à comunidade vários planos de ação, como por exemplo: "Haverá um Encontro no Grande Campo da Terra Prometida" "Sigam a cuia de beber água", "Avance pelas águas", "Movam-se silenciosamente em direção a Jesus".[12]

Aqui também se encontra a característica do sincretismo, quando se desenvolveu a mistura de rituais e crenças africanas com os rituais e crenças cristãos de origem europeia:

Xangô – deidade do trovão e da luz, suas cores eram o vermelho e o branco. Era venerado como Santa Bárbara, cujas cores eram o vermelho e o branco.

Oxum – deidade da fertilidade, dos rios, da beleza, venerada como Maria.

Iemanjá – deidade do mar, mãe das riquezas – também venerada como Maria.

---

9   Nota do Tradutor: Negro Spirituals (ou somente *Spirituals*): Canto religioso dos negros norte-americanos, em língua inglesa, que nasceu da fusão de certos elementos da tradição musical africana (escalas pentatônicas e hexatônicas, síncopes etc.) com a inspiração cristã. In FERREIRA, A.B.de H. *Novo Aurélio Século XXI: O Dicionário da Língua Portuguesa*, Rio de Janeiro: Nova Fronteira, 1999, 3ª. Ed., p. 1400.

10 N.T.: Música Gospel: Música de cunho religioso dos negros norte-americanos, que surgiu na década de 1920 a partir do negro spiritual cantado em igrejas evangélicas do Sul dos E.U.A. In FERREIRA, A.B.de H. *Novo Aurélio Século XXI: O Dicionário da Língua Portuguesa*, Rio de Janeiro: Nova Fronteira, 1999, 3ª. Ed., p. 1384.

11 N.T.: "Duplo sentido" [*double-entendre ou double-meaning*] é uma figura de linguagem na qual uma sentença é falada com a intenção de ser compreendida de duas maneiras. Frequentemente, o primeiro significado (mais óbvio) é direto ao ponto, enquanto o segundo significado é menos explícito, usualmente picante ou irônico. (Disponível em http://en.wikipedia.org/wiki/Double_entendre. Acesso em 30 jul. 2012. Tradução livre). E também: Segundo Henry Louis Gates Jr, que concorda com o autor, o duplo significado das letras dos cantos era outra estratégia dos escravos norte-americanos para disfarçar sua religiosidade e intenções de fuga na letra.

12 N.T.: Tradução livre de: *There's a Great Camp Meeting in the Promised Land, Follow the Drinking Gourd, Wade in the Water, Steal Away to Jesus.*

Exu Eleguá – deidade das encruzilhadas, vermelho e preto, venerado como Jesus criança.

BLUES[13] – SIGNIFYING[14]

No *Blues* um elemento cultural importante largamente utilizado é conhecido como *Signifying*. *Signifying*, conforme descrito por Roger Abrahams, significa "direcionamento através de vias indiretas".

Roger Abrahams argumenta que a linguagem dos negros é marcada pelo "direcionamento através de vias indiretas", e define *Signify* como "significar, incitar, implorar, gabar-se por meios verbais e gestuais indiretos. Um linguajar de implicação" (Abrahams. *1962 in Gates*. 1988,75).

A raiz da palavra remete a "sinalizar" [*sign*] e significa apontar para algo. *Signifying* pode ser compreendido como a utilização de palavras, signos, símbolos ou gestos para produzir um significado. O *Signifying* utiliza-se de insinuação sexual, metáfora e analogia para explicitar uma ideia ou recontar um evento. Em muitas canções de blues os cantores também se gabam e se vangloriam sobre como eles são bons em muitas coisas e frequentemente utilizam uma analogia "para deixar bem claro como as coisas realmente são e não mais serem esquecidas". Esta técnica é uma parte importante do hip hop também.

---

13 Nota do Tradutor: Blues: gênero de canção do folclore negro norte-americano, de cunho melancólico e ritmo sincopado, em compasso binário ou quaternário e andamento moderado [é produto da individualização e secularização do *spiritual.*]. *In* HOUAISS, Antonio e VILLAR, Mauro de Salles. *Dicionário Houaiss da Língua Portuguesa*. Rio de Janeiro: Objetiva, 2001, p. 470.

14 N.T.: *Signifying* é uma prática da cultura afro-americana que envolve uma estratégia verbal de indirecionamento (disfarce) explorando a diferença entre os sentidos denotativo e figurativo das palavras. (Disponível em <http://en.wikipedia.org/wiki/Signifyin'>. Acesso em 30 jul. 2012. Tradução livre). É uma provocação de boa índole usada em especial pelos negros urbanos americanos por meio de brincadeiras indiretas e inteligentes e frequentemente com colocações absurdas. (Disponível em: <http://www.merriam-webster.com/dictionary/signifying. Acesso em 30 jul. 2012. Tradução livre). *Signifyin[g]*, segundo o próprio autor em seu *Glossary of Terms* no livro "Hip Hop as Performance and Ritual – Biography & Ethnography in Underground Hip Hop", é o "uso de jogo de palavras ou linguística para ganhar poder em uma situação, geralmente através de insultos ou colocações criativas." (Smith, 2005, p. 235)

Na canção abaixo, que tomamos como exemplo de *Signifying*, Peetie Wheatstraw fala sobre como é popular entre as moças. Ao fim da canção, ele também se intitula como "O Grande Xerife do Inferno". A analogia sugere que ele é um homem perigoso e não se deve mexer com ele.

O ARROUBO DE PEETIE WHEATSTRAW[15]

Todas as mulheres em frenesi
Por causa do Peetie Wheatstraw no pedaço
Todas as mulheres em frenesi
Por causa do Peetie Wheatstraw no pedaço
Ele tem tantas mulheres
Elas vão passar de mão em mão

Não conte a todas as garotas
O que o Peetie Wheatstraw vai fazer
Iu-hu, bem, o que o Peetie Wheatstraw vai fazer
Isso pode causar suspeita
Agora, e sabemos que elas vão provocá-lo, também
(piano)

Agora, toque um pouco mais, vamos ver como as mulheres são feitas de bobas

---

15 Peetie Wheatstraw Stomp: *Women all ravin' / About Peetie Wheatstraw in this land / Women all ravin' / About Peetie Wheatstraw in this land / He got so many women / They're goin' from hand to hand / Don't tell all the girls / What that Peetie Wheatstraw can do / Woo-hoo-well, that Peetie Wheatstraw can do / That will cause suspicion/ Now an you know they will try him, too / (piano) / 'Now play a little bit more, let's see how women clown' / If you wanna see the women an men clown / If you wanna see the women an men clown / Just let that Peetie Wheatstraw, come into your town / (piano) / I am Peetie Wheatstraw / The High Sheriff From Hell / I am Peetie Wheatstraw / The High Sheriff From Hell / The way I strut my stuff / Woo-well now, you never can tell. / (piano) / 'Now do your stuff, Peetie' / (piano to end)*. Extraído de: *Peetie Wheatstraw Essentials Album*. Allegro Classic Blues/Decca, 1937.

Se você quiser ver as mulheres e os homens como bobos
Se você quiser ver as mulheres e os homens como bobos
É só deixar o Peetie Wheatstraw entrar na sua cidade
(piano)

Eu sou Peetie Wheatstraw
O Grande Xerife do Inferno
Eu sou Peetie Wheatstraw
O Grande Xerife do Inferno
O jeito que eu enfio minhas esporas
Iuh, bem, não dá nem pra dizer
(piano)

'Agora prove a que veio, Peetie'

(piano até o fim)

BLUE NOTE[16]

As escalas pentatônicas (escalas de cinco notas) são a base para os elementos melódicos em muitas culturas africanas e vieram junto com os africanos para a América quando foram escravizados e atravessaram o Atlântico. Estas escalas foram assumindo um aspecto diferenciado na medida em que os africanos foram lentamente assimilando a vida americana. Observa-se que uma nota foi adicionada à escala para torná-la uma escala de seis notas. Esta nota se tornou um som importante da expressão musical afro-americana e evoca um sentimento de la-

---

16   Nota do Tradutor: Blue Note: nota baixada de um semitom em relação à primeira nota de uma *escala maior* (geralmente a 3ª. ou a 7ª. nota da escala, diminuindo a distância entre esses sons), de que resulta o tom melancólico característico da música cuja origem são os escravos negros nos E.U.A. (spirituals, *blues*). *In* HOUAISS, Antonio e VILLAR, Mauro de Salles. *Dicionário Houaiss da Língua Portuguesa.* Rio de Janeiro: Objetiva, 2001, p. 470.

mentação. Esta é a mesma nota que na antiga música clássica europeia chamou--se de "intervalo do diabo", o trítono.

SUINGUE [SWING][17]

A sensação do suingue é percebida no jazz nas batidas 2 e 4, no tempo usual de 4/4, que é o que as pessoas conhecem como um ritmo "pra-cima" [up-beat]. Ela contrasta com a sensação da marcha que enfatiza as batidas 1 e 3. O ritmo no jazz enfatiza ou acentua o compasso (2 e 4), o que cria um efeito de solavanco na música. Se desmembrarmos um dos ritmos africanos mais largamente utilizados, a hemiólia,[18] poderemos ver que ela contém uma batida rítmica tanto de 3/4 quanto de 4/4. Ambas são sobrepostas uma à outra e criam uma sensação de ressalto. É a mesma sensação de ressalto que se sente no jazz. Isto mostra o resultado da mistura de um ritmo africano com a marcha europeia. O hip hop enfatiza as mesmas segunda e quarta batidas, mas isto é conhecido como contratempo [backbeat]. Este contratempo teve origem na Igreja Negra [Black church] a partir da música gospel e por fim chegou ao R&B [Rhythm and Blues][19] e ao Funk. Ele traçou o seu caminho até o hip hop através do funk e da música de James Brown.

---

17 N.T.: "Suingue" [swing]: elemento rítmico do jazz, de pulsação sincopada, e que caracteriza esse tipo de música. 2. Estilo de jazz surgido na década de 1930, de andamento moderado, ritmo insistente e vivaz, e que era geralmente apresentado por grandes conjuntos instrumentais. In FERREIRA, A.B.de H. Novo Aurélio Século XXI: O Dicionário da Língua Portuguesa, Rio de Janeiro: Nova Fronteira, 1999, 3ª. Ed., p. 1514.

18 N.T.: "Hemiólia": relação entre duas quantidades em que uma contém a outra uma vez e meia. In HOUAISS, Antonio e VILLAR, Mauro de Salles. Dicionário Houaiss da Língua Portuguesa. Rio de Janeiro: Objetiva, 2001, p. 470. Também: Hemiola é um termo da musicologia que descreve um padrão rítmico onde dois compassos ternários são articulados como se houvesse três compassos binários. Disponível em: http://pt.wikipedia.org/wiki/Hem%C3%ADola. Acesso em 30 jul. 2012.

19 Nota do Tradutor: Rhythm and Blues: Gênero de música popular de origem norte-americana, surgido por volta da década de 1940, de ritmo acentuado e estrutura harmônica elementar, com elementos incorporados do blues e do folclore negro norte-americano. In HOUAISS, Antonio e VILLAR, Mauro de Salles. Dicionário Houaiss da Língua Portuguesa. Rio de Janeiro: Objetiva, 2001, p. 2455. E também: Rhythm and Blues ou R&B: Desde a década de 1990, o termo R&B contemporâneo é utilizado principalmente para se referir a um subgênero com influências de soul e funk na música pop (Disponível em: http://pt.wikipedia.org/wiki/Rhythm_and_blues. Acesso em 30 jul. 2012.)

IMPROVISAÇÃO[20]

A improvisação é um elemento chave da diáspora africana, mas é mais largamente enfatizada na cultura afro-americana a partir do jazz. Os afro-americanos abraçaram o individualismo que recheia a cultura americana e começaram a executar experimentações com os elementos básicos da música (ritmo, harmonia, melodia, timbre, textura, forma). O solista se tornou a figura principal no jazz devido a ícones como Louis Armstrong, Charlie Parker, Miles Davis e John Coltrane, que aumentaram a importância do improviso.

A improvisação no hip hop é conhecida como "estilo livre" [*freestyle*][21] e é um importante elemento da cultura, embora não seja largamente praticada atualmente. No período inicial de formação do hip hop, criar rimas espirituosas para alguém que estivesse *beat-boxing*[22] (criando ritmos com a boca), ou para um círculo de pessoas batendo palmas, era uma ocorrência comum.

---

20   N.T.: "Improvisação" [*Improvisation*]: apresentação musical em que o artista cria em plena execução da peça. "Improviso": conjunto de modificações momentâneas introduzidas pelo intérprete numa composição no momento da execução. *In* HOUAISS, Antonio e VILLAR, Mauro de Salles. *Dicionário Houaiss da Língua Portuguesa*. Rio de Janeiro: Objetiva, 2001, p. 1586.

21   N.T.: Segundo o autor em seu *Glossary of slang* em seu livro "Hip Hop as Performance and Ritual – Biography and Ethnography in Underground Hip Hop", *Freestyle* significa "rimar a partir do que vem à cabeça. Improvisar poesia dentro de um ritmo." (Smith, 2005, p. 232). *Freestyle* também se refere a um nome em inglês que significa estilo livre, é um gênero musical nascido nos Estados Unidos em 1980. A principal característica desse tipo de música é a mistura de outros estilos como Club, Dance Music, Blues, House Music, entre outros. (Disponível em: http://pt.wikipedia.org/wiki/Freestyle_(g%C3%AAnero_musical). Acesso em 30 jul. 2012).

Freestyle rap (literalmente *rap livre*) é um subgênero da música rap e freestyle. Caracteriza-se principalmente por letras improvisadas do *rapper*, expressando o que sente sobre determinado assunto, mas mantendo um *flow* (fluidez) certo. As "batalhas de MCs" são uma das principais atrações do gênero. Dois rappers fazem freestyle, geralmente atacando um ao outro, e o público decide o vencedor (Disponível em: http://pt.wikipedia.org/wiki/Freestyle_rap. Acesso em 30 jul. 2012).

22   N.T.: O termo *beatbox* (que em inglês significa literalmente "caixa de batida") refere-se à percussão vocal do hip hop. Consiste na arte de reproduzir sons de bateria com a voz, boca e cavidade nasal. Também envolve o canto, imitação vocal de efeitos de DJs, simulação de cornetas, cordas e outros instrumentos musicais, além de outros efeitos sonoros (Disponível em: http://pt.wikipedia.org/wiki/Beatbox. Acesso em 30 jul. 2012)

***FUNK*²³ / *SOUL*²⁴**

O desenvolvimento da música gospel, do rock and roll em seu princípio e, por fim, do funk, mudou a batida rítmica da música afro-americana para o que hoje se conhece por "funk". James Brown foi o defensor pioneiro e de algum modo o criador do novo som com seu conceito de "um". Este conceito musical concentra a força rítmica na primeira batida da medida no tempo de 4/4: UM – dois – três – quatro, UM – dois – três – quatro. A sensação da batida ainda perdura em todos os tempos, mas o padrão rítmico se conecta ao tempo forte [*downbeat*].

SAMPLING E QUOTATION NO HIP HOP E NO JAZZ

Sampling e *quotation* são elementos chaves em todas as músicas da diáspora africana e assumem um caráter exclusivo nas formas musicais afro-americanas, como o jazz e o hip hop. Assim esclarece o extrato abaixo, de *Hip Hop as Performance and Ritual* (Smith, 2005, p. 13-15):

> *Sampling* e *quotation* também se apresentam em ambos os gêneros musicais. O *Sampling* acontece quando um artista apresenta um extrato de uma ideia, seja musical ou textual, e o usa criativamente num contexto completamente diferente. Um caso ilustrativo é o solo de Dexter Gordon em "Three O'Clock in the Morning", no álbum Blue Note "Go" (1960). Quase ao fim da música, ele executa um solo de um último refrão antes de tocar a melodia para encerrar a peça. No início de sua reentrada ele toca uma *Quotation* [quote] nota por nota de "Take me Out To The Ball Game" (Gordon, 1960). Isto é algo que Dexter Gordon fazia frequentemente em sua

---

23 Nota do Tradutor: *Funk*: gênero de música popular dançante, de compasso quaternário, de origem norte-americana, ligado ao *soul*. In FERREIRA, A.B.de H. *Novo Aurélio Século XXI: O Dicionário da Língua Portuguesa*, Rio de Janeiro: Nova Fronteira, 1999, 3ª. Ed., p. 954.

24 N.T.: *Soul*: tipo de música negra americana que se originou no início dos anos 1950 a partir da fusão do *rhythm and blues* e da *música gospel*, e cujas principais características são o fervor dos coros e a improvisação. In FERREIRA, A.B.de H. *Novo Aurélio Século XXI: O Dicionário da Língua Portuguesa*, Rio de Janeiro: Nova Fronteira, 1999, 3ª. Ed., p. 1888.

execução, fazendo uso de um modo cômico e inteligente para mostrar seu domínio da estrutura musical. A capacidade de emendar pedaços de músicas completamente diferentes em outra música mostra quanta liberdade e conforto o improvisador pode sentir em relação à estrutura e ao ritmo do que está tocando.

Os artistas de *hip hop* fazem recortes (e colagem) de músicas da mesma maneira, não somente sobre a melodia de fundo, mas sobre suas próprias rimas também. Um artista de *hip hop* como o Biggie Smalls menciona o hit de sucesso do The Crystals, "Da Do Run, Run" superpondo sua própria letra e dizer: "Your crew run, run, run."

E ainda, citando Toop (1984, p. 18), Smith (2005) adiciona exemplos:

> A beleza da decomposição dos hits encontra-se em deslocar a familiaridade. Isto deve dar a mesma emoção que os visitantes do Minton's Playhouse[25] devem ter sentido nos anos de 1940 ao ouvir Charlie Parker apresentar retalhos de melodias como as de "I Got Rhythm'. Parker escreveu muitas melodias deste modo, é claro, incluindo "Ornithology", um *bebop*[26] padrão baseado nos acordes de 'How High The Moon'. Quando Babs Gonzalez adicionou palavras (similar ao que Eddie Jefferson e King Pleasure fizeram com 'Parker's Mood' e muitas outras melodias e solos de *jazz*), ele estava criando um dos antecedentes do rap fundados no Harlem – letras de *jazz* superpostas a uma versão deslocada de uma melodia popular à época (Smith *apud* Toop, 2005, p. 18).

---

25 Nota do Tradutor: *Minton's Playhouse* foi um bar e clube de *jazz* localizado no primeiro andar do Cecil Hotel, no Harlem e (...) foi fundado pelo saxofonista tenor Henry Minton em 1938. Está fechado atualmente. (Disponível em: http://en.wikipedia.org/wiki/Minton's_Playhouse. Acesso em 06 set. 2012. Tradução livre.)

26 N.T.: *Bebop*: estilo de *jazz* desenvolvido na década de 1940, com harmonias dissonantes. *In* HOUAISS, Antonio e VILLAR, Mauro de Salles. *Dicionário Houaiss da Língua Portuguesa*. Rio de Janeiro: Objetiva, 2001, p. 422.

CONCLUSÃO

Para entender as conexões entre o hip hop e a diáspora, temos que olhar para os elementos que evoluíram através da cultura afro-americana. A noção de indivíduo homenageado ou celebridade se tornou uma característica proeminente na vida e arte americanas com a emergência de estrelas como Louis Armstrong e Duke Ellington. Os conceitos rítmicos do suingue utilizaram ritmos africanos mesclados às marchas europeias para criar uma sensação de balanço; os padrões de linguagem coloridos fizeram uso do *double-entendre* [duplo sentido] e do *Signifying* para esconder o que queriam dizer dos senhores de escravo e formar uma comunidade entre os escravizados. Todos estes aspectos e outros mais colaboraram para formatar o hip hop como a música espirituosa e criativa que encontramos hoje.

Também reconhecemos que as comunidades da diáspora tiveram um forte impacto na cultura afro-americana e assim contribuíram para a criação do hip hop. Na verdade, muitos dos criadores da cultura hip hop vieram do Caribe, como Kool Herc, DJ Grandmaster Flash, Crazy Legs etc e foi o *ethos* e o espírito da América, junto a essas influências, que ajudaram a modelar o hip hop no que ele se tornou: uma celebração do indivíduo com o suporte de uma comunidade buscando criar identidade através de uma expressão artística autêntica.

REFERÊNCIAS BIBLIOGRÁFICAS

ABRAHAMS, Roger. "Toward a Black Rhetoric: Being a Survey of Afro-American Communication Styles and Role-Relationships". In: *Texas Working Papers in Sociolinguistics*. Austin: University of Texas, 1970.

GATES, Henry Louis Jr. *The Signifying Monkey: A Theory of African-American Literary Criticism*. Oxford: Oxford University Press, 1988.

MAULTSBY, Portia. "Africanisms in African American Music in Holloway". In: Joseph E. (ed.), *Africanisms in American Culture. Blacks in the Diaspora*. Bloomington: Indiana University Press, 1990.

PEETIE WHEATSTRAW STOMP. In: *Peetie Wheatstraw Essentials*. Allegro Classic Blues/ Decca, 1937.

ROSE, Tricia. *Black Noise Rap Music and Black Culture in Contemporary America*. Hanover, NH: Wesleyan University Press, 1994.

SOUTHERN, Eileen. *The Music of Black Americans: A History*. New York: W. W. Norton & Company Inc., 1971.

SMITH, William. *Hip Hop as Performance and Ritual*. Washington, DC: CLS Publications, 2005.

TOOP, David. *The Rap Attack: African Jive to New York Hip hop*. Boston Mass: South End Press, 1984.

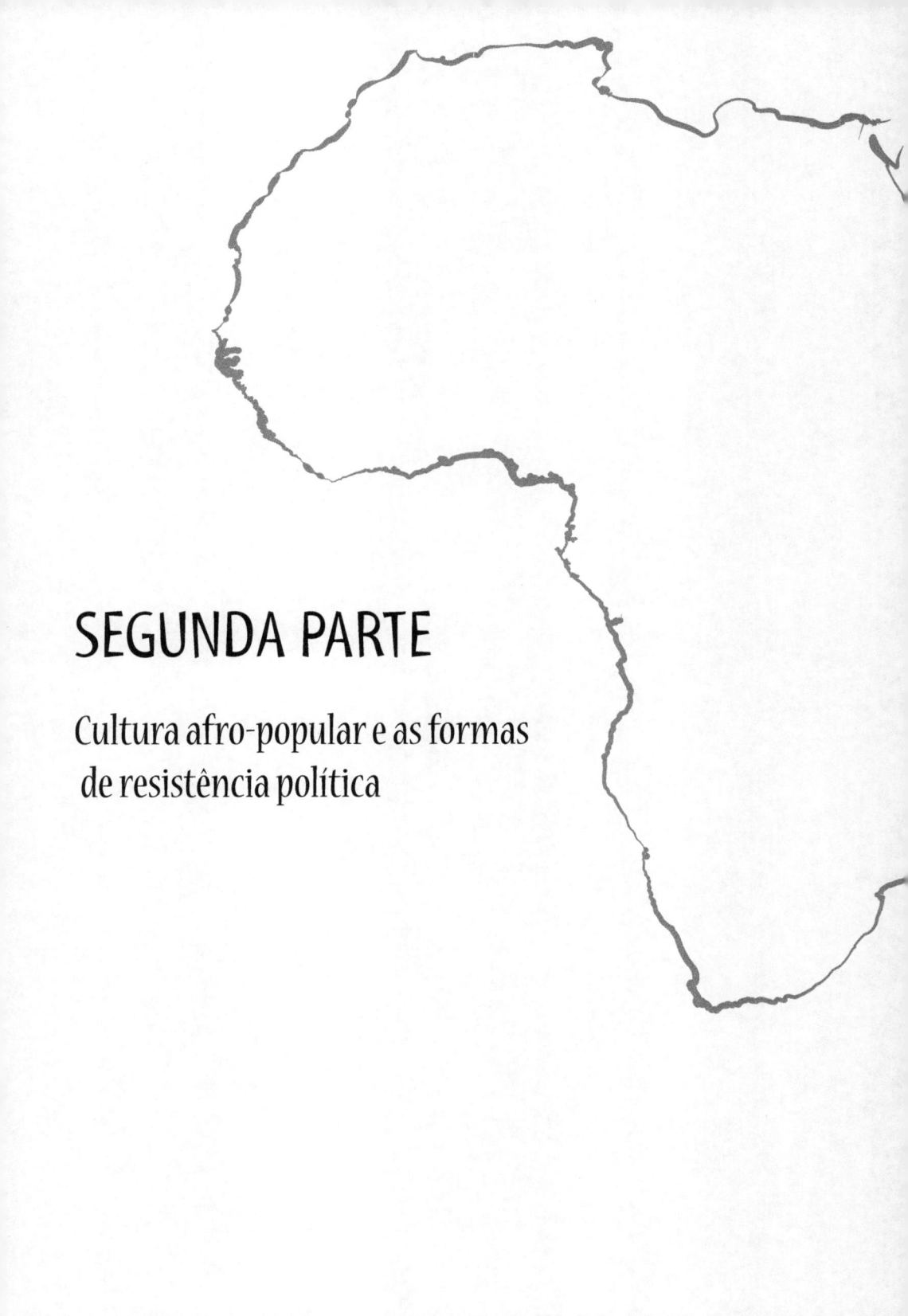

SEGUNDA PARTE

Cultura afro-popular e as formas
de resistência política

A segunda parte, *Cultura afro popular e as formas de resistência política*, busca discutir as maneiras como o hip hop tem sido desenvolvido nos contextos de marginalidade no mundo contemporâneo, tratando justamente da dimensão política de resistência que a cultura afro-americana adquire no embate entre cultura e movimento político, nas representações históricas locais, ou ainda como forma de organização empreendedora. Aqui a voz dos movimentos sociais se faz ouvir com a contribuição de Nino Brown, fundador e diretor por mais de 15 anos da Casa do Hip hop em Diadema e representante da Zulu Nation no Brasil, que escreve em co-autoria com Márcia Leão, efetivando um processo de construção conjunta de conhecimento em parceria com os estudos acadêmicos, iniciativa que tem sido fundamental para a preservação da história do movimento hip hop em São Paulo. São ainda fundamentais para esse debate os trabalhos de João Batista de Jesus Félix, com sua experiência em pesquisa junto ao movimento negro, bailes black e hip hop, bem como a de Lourdes Carril, com extensa contribuição para os estudos das comunidades quilombolas e da permanência de seu imaginário nos ideais libertários de transformação social sustentados pelo movimento hip hop cultivados nas periferias das metrópoles brasileiras. Finalmente, as reflexões de Martha Diaz, diretora e fundadora do Centro Educacional H2ED, um centro de pesquisa e difusão do hip hop no campo da educação, associado à NYU, sugerem um esforço semelhante ao de Nino Brown e Márcia Leão, ao trazer para as escolas públicas a contribuição dos artistas do movimento hip hop como exemplo de empreendedorismo social.

CAPÍTULO 5
Arte e cidadania: hip hop e educação[1]

Márcia Aparecida da Silva Leão
Joaquim de Oliveira Ferreira
(King Nino Brown)

Os dedos não são iguais.
Provérbio nagô

No Brasil, a luta pela construção da cidadania passou ao largo de uma definição étnica,[2] e com isso acabou excluindo todo indivíduo identificado como afrodescendente ou afro-brasileiro.[3] Sob o manto de uma falsa democracia racial, o negro foi sendo deixado de lado, tornando-se um "sobrevivente" nas periferias, sem oportunidades, obrigado a negociar sua identidade frente aos estigmas sociais a ele auferidos. Para provar sua capacidade intelectual e expressar suas habilidades, muitos negros buscaram numa ação coletiva, a solução para resolver ou amenizar a discriminação racial existente. Embora diversas tentativas tenham sido empreendidas, duas tiveram grande destaque, uma vez que, além de lutarem pela cidadania do negro, também se transformaram em instrumento político. Foram: a Frente Negra Brasileira (FNB), criada em 1931, e o Teatro

---

[1] Texto apresentado em Colóquio Internacional sobre Culturas Jovens, realizado entre 10 a 13 de abril de 2012, sob a coordenação da Prof.ª Mônica do Amaral.

[2] Uma leitura sobre o cotidiano dos afro-brasileiros pode ser vista em: Santos, Hélio. *A Busca de um caminho para o Brasil, a trilha do círculo vicioso*. São Paulo: Senac, 2001, p. 452-453.

[3] Os critérios fenotípicos foram responsáveis por esta classificação.

Experimental do Negro (TEN), inaugurado em 1944. Na história de luta dos afrodescendentes surgiram muitas entidades voltadas a defender o negro de qualquer injustiça social; ademais, o que fez dar certo o objetivo dos dois movimentos foi a necessidade de impor à sociedade a verdadeira face do negro, sua identidade, capacidades e habilidades. Para tanto, o estimulo à arte (música, dança, composição, canto, representação) foi fundamental. O intuito dessas atividades foi desenvolver a criatividade do afro-brasileiro, e por meio delas, fazê-lo expressar seu posicionamento perante o racismo e a desigualdade no Brasil. Atualmente, certos comportamentos dos jovens de periferias e de regiões de classe média têm chamado a atenção: o modo de vestir, o vocabulário, o cabelo e a música mergulham a todos numa atmosfera comunicativa que nenhum outro grupo consegue penetrar. É o momento dos grupos se apresentarem em "batalhas" para exibir a arte em forma de pintura, dança, canto e discotecagem, com destaque para o movimento *Hip Hop* cujo objetivo principal de certa maneira reascende as bandeiras da FNB e o TEN.

Trocando a militância por uma manifestação musical de contestação, os *rappers* começam a criar letras que contam o cotidiano do afro-brasileiro na periferia, aos quais se unem os dançarinos de break e os grafiteiros que mudam a paisagem da cidade. Desse modo, em resposta ao intenso crescimento urbano de muitas metrópoles, nasceu a chamada cultura de rua, ou cultura *Hip Hop*. Uma cultura popular urbana por meio da qual se expressa o talento dos jovens de periferia. Sem que se dessem conta, estes jovens passaram a desenvolver habilidades formais exigidas no fazer pedagógico, tais como a observação, a análise crítica, a produção e, principalmente, a expressividade intelectual manifestada pela arte.

Analisemos mais de perto os quatro elementos do hip hop:

a. B. *boys* ou *breaking boys*, são os garotos que dançam saltando, mexendo os quadris no ritmo da música, criando uma *performance* própria. Realizam verdadeiras técnicas de dança. O ritmo da música dá aos movimentos a velocidade de que precisam para realizar uma impressionante expressão corporal. Os participantes do projeto cultural *Hip Hop* têm aulas de dança e anatomia para conhecer todas as possibilidades de movimentos que o corpo pode executar. A maioria dos dançarinos cria e desenha em seus movimentos coreografias desafiadoras. Os participantes são na maioria descendentes afros e combinam as batidas fortes da música tocada pelo *DJ* com os movimentos longos e circulatórios, deixando no imaginário de quem assiste a impressão de agressividade. Há nestes movimentos muita familiaridade com a capoeira e com o jongo, expressões culturais afro-brasileiras. A comparação com a dança dos *b. boys* inevitavelmente aparece porque existem movimentos coreografados, realizados em roda, assim como no ponto do jongo e no *break*. São giros e saltos muito parecidos executados durante as batidas fortes da música, quando o desafio surge mediante as mais divertidas e diferentes posturas de seus participantes. Cada dançarino, isolado ou em grupo, invoca o desafiante a realizar uma *performance* igual ou melhor do que a dele (s).[4]

Figura 1
B. boys

Fonte: desconhecida

Figura 2
Jongo

Fonte: desconhecida

Como se pode observar nas figuras acima, tanto o *b. boy* quanto o jongueiro aparecem na imagem como se estivessem lançando o corpo embalado por um ritmo, acompanhado de movimentos circulatórios, com os pés ou com as mãos. Esses movimentos são o ponto máximo da dança, que suscitam muita emoção e

---

4   O (s) foi acrescentado ao final do parágrafo porque, em muitas danças, o participante está em grupo e dificilmente se apresenta isolado.

expectativas no público assistente, o qual se expressa muitas vezes em forma de gritos, palmas e incentivos verbais à medida que a criatividade do dançarino o surpreende. Comenta-se, inclusive, em todos os locais em que essa cultura está sendo apreciada, que o estilo break e os movimentos do corpo tiveram influência do *soul*, de James Brown, dos Estados Unidos, e como consequência, do *soul* de Toni Tornado, no Brasil. A expansão dessa cultura hoje tem atingido também o universo feminino, em especial com o surgimento das *b. girls*, que vêm desenvolvendo excelentes trabalhos na mídia e fora dela. Embora tenham se demonstrado exímias dançarinas, ainda não se misturaram com o b. boys em uma batalha, dado que alguns movimentos masculinos são bem mais agressivos (fortes) do que os femininos. Cabe assinalar que muitas jovens, dançarinas de *break*, conseguem tirar o seu sustento com shows e apresentações na mídia.

b. DJ ou disc-jóquei é o responsável pelo som, que trabalha com a música ritmada. Ele o faz por meio de mixagens, ou seja, mistura informações de diferentes recursos sonoros recorrendo a um dispositivo eletrônico; também promove o *cutting*, que consiste em fragmentar e desestruturar frases musicais; ou ainda, o *sampling*, que consiste em utilizar o *sampleur (ou mixer)* (um aparelho ou computador capaz de registrar qualquer som em forma numérica e, depois, por meio de um sequenciador, recompô-lo), por meio dos quais introduz uma sequência melódica no interior de um trecho musical já gravado, podendo não apenas reuni-los, como modificá-los através da informática.

Recorre a diversos estilos e gêneros musicais para fazer a base do rap, enriquecendo assim o próprio universo musical. O *DJ* deve ser eclético, ouvir e pesquisar muitos estilos musicais. Executa movimentos de vai e vem com o disco de vinil (*scratching*), gerando um efeito eletrônico bastante aceito e estimulante para os dançarinos e ouvintes do *break* e mesmo para quem está assistindo.

O trabalho de um *Dj* representa a arte de "brincar" com a música, criar novos sons e ritmos em um estilo musical que esteja em moda ou não. Atualmente é a profissão mais cara e a mais cobiçada no mercado de trabalho ligado à música. Tocar ou brincar com os sons tem servido como uma espécie de terapia para indivíduos de muitas faixas etárias. Usando as mãos e também a criatividade, muitos disc-jóqueis elaboram manobras e *performances* interessantes, e o que parecia uma simples execução de música em *CD* ou *long play* (LP), carinhosamente chamado pelos *DJs* de "bolachão", converte-se em um verdadeiro espetáculo sonoro, arrancando aplausos e gritos emocionados dos ouvintes. *Dj* Zocrinho (16 anos), ex-participante do projeto *Hip Hop*, em Diadema, hoje ganha seu próprio sustento fazendo festas e eventos culturais. Ele relata o seguinte:

> Todo *DJ* antes de fazer uma mixagem, aprende três princípios do som: 1 – o bumbo que é a batida mais forte da música, 2 – a caixa é a batida intermediária, vem no contratempo do bumbo e 3 – o timbal, que é um tipo de chocalho que completa o som. Esses três princípios dão ao *DJ* a condição de controlar e contar, pelas batidas, o tempo e o ritmo da música. Para mixar, o *DJ* necessita de uma aparelhagem que lhe dê a condição para realizar os efeitos eletrônicos, portanto, precisa de um *mixer*, dois tocadiscos ou *CDJs* (tocador de cd), um amplificador e duas ou mais caixas. No *mixer* existe um tipo de alavanca – "chave" que permite passar de uma música para outra. Esse efeito é conhecido como *crosstader*. É o efeito que mistura as músicas, dando ao *DJ* a possibilidade de usar sua criatividade para brincar com as músicas e fazer montagens.[5]

A imagem abaixo apresenta um *DJ* marcando a dança dos *b. boys* com as batidas eletrônicas, e a segunda imagem, relativa a uma roda de jongo, mostra os tocadores de tambor, no Rio de Janeiro (Escola de Jongo da Serrinha). No jongo, a dança é motivada pelos tambores, pela puíta (instrumento hoje conhecido como cuíca) e guaiás ou chocalhos. Observe-se que, como relatou o *Dj* Zócrinho, para um *DJ*, o bumbo, a caixa e o timbal são indispensáveis. Fazendo ecoar, desse modo, na produção musical do hip hop, a herança dos negros escravos das fazendas, pois ambos necessitam de marcação e de batidas fortes na música.

---

5   O *Dj* zócrinho começou sua oficina na Casa do *Hip Hop* em fevereiro de 2004, gratuitamente, e o curso teve duração de 6 meses, com direito a seguir com as oficinas para aprimoramentos. Todo o recurso do curso foi assegurado pela Prefeitura de Diadema, em parceria com o projeto.

Foto 1
DJ

Foto 2
Tocadores de
Tambores no Jongo
da Serrinha, RJ

Não se pode esquecer que o papel dos músicos, tanto no caso do *DJ*, quanto no caso dos tocadores de tambores, é o de animar a roda e os desafiantes, e ainda com a responsabilidade de ampliar a roda dos participantes por meio das batidas da música, que resultará num espetáculo belíssimo de dança e de movimentos muito interessantes, de acordo com os estudiosos da antropologia social.[6]

c. O MC mestre de cerimônias é aquele que fica animando a festa e não deixa os participantes desanimarem, portanto, tem que ser criativo e comunicativo. Entre uma música e outra chama a atenção da plateia incitando-a a participar com palavras de incentivos. Mas o papel principal do MC é a capacidade de criar letras previamente compostas ou improvisadas nas rodas de *rappers*. O improviso em geral é no intuito de desafiar outro MC a compor, inspirando-se em cenas do cotidiano ou mesmo contando sua própria história, cuja prática passou a se conhecida como *free style* (capacidade de rimar no improviso). O público que assiste às batalhas de MCs ou mesmo de outras manifestações da arte de rua, vai ao delírio a cada desafio e improvisação criativa. Em geral, os participantes preferem assuntos políticos e da atualidade ou então se insultam, só para poder rimar. O MC é acompanhado por outra pessoa que faz o *beat box*, som com a boca imitando instrumentos eletrônicos. No projeto *Hip Hop*, desenvolvido na Casa do Hip hop em Diadema, o MC recebe orientações e acompanhamento de músicos e profissionais da área, conforme noticia o informativo interno da Casa do *Hip Hop*:

---

6   Ciência voltada ao estudo de comportamentos de indivíduos, nos mais diversos grupos, em sua primitividade, funcionalismo e estruturalismo.

O trabalho com os grupos de *rap* já está caminhando aqui na Casa do *Hip Hop*. Mais de vinte grupos inscritos estão frequentando a aula de técnica vocal, aos sábados, com o músico Alexander Pereira. A intenção do projeto é trazer muita informação e técnica para a rapaziada, que até o final do ano estará mostrando suas produções. O projeto conta com a colaboração do MC Thaíde e do pesquisador do movimento, Nino Brown.[7]

Analisando a técnica desenvolvida por um MC pode-se verificar que a ligação com o trabalho do *repente* nordestino é estreita. Na verdade, muitos oficineiros afirmaram que buscam inspiração na didática nordestina para ensinar rima e composição no projeto *Hip Hop*. Independentemente da improvisação, os alunos também têm aulas de literatura, literatura de cordel, principalmente de poesia, e aprendem a metrificar os versos compostos por eles. Promovem-se discussões importantes sobre cidadania e direitos civis, reafirmando a identidade do afro-brasileiro nesse contexto. Os participantes da oficina, de certa forma, desenvolveram grande habilidade para falar, e em muitos casos, jovens que apresentavam uma fala truncada e codificada admitiram que antes desse trabalho tinham enorme dificuldade para se expressar, falar em público e usar um microfone. Atualmente ocorre o oposto. Falam muito bem, sobretudo quando se reúnem periodicamente[8] na Casa do *Hip Hop* para debater algum tema voltado às questões sociais do afro-brasileiro.

Assim como no repente nordestino, em que não há tempo predeterminado para acabar um desafio linguístico entre uma rima e outra, no *free style*, ocorre o mesmo; portanto, quanto maior a desenvoltura criativa para rimar, melhor será a exibição e o espetáculo. O brasileiro aprendeu a desenvolver o projeto *Hip Hop* à sua maneira, afastando-se de certo modo do modelo norte-americano e constituindo uma estética juvenil com a cara do país. Daí a aproximação com

---

7   Informativo do Centro Cultural Canhema – Casa do *Hip Hop* n. 3 – maio, 2000 – 4.000 exemplares.

8   Todo último sábado de cada mês, alunos, professores, profissionais e admiradores da cultura de rua se reúnem na Casa do *Hip Hop*, em Diadema, para exibir seus talentos e trocar informações.

elementos da cultura brasileira. Há sites e matérias de revistas especializadas que explicam o que significa o *Hip Hop* com as características do Brasil, no sentido de reforçar a ideia de que a intenção dos brasileiros está voltada à valorização da arte e à conquista da autoestima do jovem de periferia.

Figura 3
MC

Figura 4
Repentistas

A base para a improvisação do rap embora seja feita por meio de mixagem eletrônica, há também a presença de instrumentos musicais. O próprio microfone é utilizado como extensão do corpo e da voz do rapper, sendo ainda essencial para o beat box (uma batida ritmada feita com as mãos e a boca). Já os repentistas dependem da viola para realizar o desafio. É claro que ambos os estilos precisam também da habilidade verbal e de conhecimentos gerais. O hip hop tomado em seu conjunto retoma desse modo o valor estético do corpo e o associa à oralidade e ao improviso.

Há muitos registros do projeto *Hip Hop* que associam a arte de rua ao movimento dos Estados Unidos e a Afrika Bambaataa. Menciona-se o jeito de andar, a fala, os movimentos, que em sua maioria estão de alguma forma associados ao modelo norte-americano dos *rappers*, criados nos bairros ou guetos onde os afro--americanos aprenderam a reivindicar seus direitos civis. No Brasil, não foi tão diferente, e a população da periferia encontrou na arte de rua a possibilidade de denunciar o abandono do governo, o sofrimento das comunidades, e principalmente a falta de oportunidades para quem nunca teve nada na vida, nem identidade e muito menos autoestima.

d. Nos locais onde o *Hip Hop* acontece sempre há um espaço para o grafite. Da pichação à grafitagem, assim formaram-se grupos de jovens com capacidade criativa de expressar sua arte. O nome grafite é explicado por usarem *spray* para construir um tema, que em geral está ligado a questões raciais e à periferia. Embora o grafite tenha surgido de modo espontâneo como forma de expressão plástica dos jovens pobres que assim ganharam a cidade, ampliando seu território, o seu aprimoramento hoje exige conhecimento em artes plásticas e a visita a inúmeras exposições. Esta arte, no entanto, só teve reconhecimento depois que passou a fazer parte do movimento *Hip Hop*.

A combinação de um tipo de letra e desenhos com cores diversas foi iniciada com a *Phase Two*. O uso do *spray* foi desenvolvido *primeiramente* por Alex Vallauri,[9] considerado mestre do desenho, usando esta técnica. O almanaque Brasil de Cultura Popular assim se refere ao trabalho de Vallauri:

> Criava desenhos com humorada crítica social em São Paulo e acreditam ser ele, o influenciador dos grafiteiros do Brasil todo. Em Nova York, onde viveu, a prefeitura transformou em cartão-postal um de seus grafites, que retratava a ilha de Manhattan. Era gravador profissional, quando vivia em Santos, litoral paulista. Retratou estivadores, prostitutas e outros personagens do porto. Formado em comunicação visual, especializou-se em litografia no Litho Art Center de Estocolmo, na Suécia. Cursou desenho no Pratt Institute, de Nova York. Atraído por temas políticos, em 1970 pintou mulheres com as bocas fechadas por alfinetes: crítica à ditadura.[10]

A arte de Vallauri teve êxito por ter sido ele um personagem estrangeiro, que por ser viajado conquistara conhecimentos de diversas partes do mundo. Daí o fato de perceber no grafite, uma arte popular de rua que deveria ser apreciada por todos. Associada à necessidade de grafitar, havia o intuito de desenhar os problemas urbanos e o modo de vida na periferia. Criou-se um código de ética entre os grafiteiros. A iniciativa elevou o respeito entre grupos a tal ponto, que se tornou estratégia de comerciantes e governos que sofriam com as pichações.

---

9   Nascido na Etiópia em 1949, viveu na Itália, Holanda, Dinamarca, Estados Unidos e Argentina. Chegou ao Brasil em 1965, onde se naturalizou brasileiro.

10 Matéria da revista: *Almanaque Brasil de Cultura Popular*, n. 48, ano 4, março/2003, p. 13.

Contratados por empresários, passaram a grafitar os lugares antes pichados, e esta marca não poderia ser alterada em respeito à assinatura dos grafiteiros. Os pichadores desafiavam-se o tempo todo, rabiscando nos lugares mais inusitados que se poderia imaginar. Nada escapava: fachadas de prédios, portas, paredes, pontes recém-inauguradas, monumentos, e a partir da substituição dos riscos por desenhos houve respeito. A conquista do grafite aconteceu por dois fortes motivos: primeiro porque os grafiteiros marcavam territórios, e quando este espaço era invadido havia acerto de contas entre os grupos;[11] segundo, porque para quem aprendeu a arte dentro do projeto *Hip Hop*, aprendeu que o respeito à cidadania é o preço maior que se tem que pagar para conquistar o respeito do público e de outros artistas. Fica fácil distinguir quando a pintura é um grafite ou uma pichação, como mostram as fotos a seguir. A foto 3 representa uma pichação, manifestação executada nas grandes cidades, enquanto que na foto 4, representando o grafite, há a presença da arte nos traços e na mensagem transmitida.

Foto 3
Pichação

Foto 4
Grafite

Talvez não seja coincidência a semelhança entre algumas artes do movimento *Hip Hop* e outras manifestações nordestinas, como, por exemplo, os desenhos dos cartões e capas dos folhetos de cordel. Afinal, o nordeste foi um lugar do Brasil em que o regime da escravidão foi implantado em larga escala. Lá também se originou boa parte da sociedade brasileira, trabalhadores da roça, da enxada, e que mais tarde procuraram abrigo em São Paulo por intermédio da migra-

---

11   Assim como com qualquer artista, existem traços específicos de cada autor. Portanto, os grupos e apreciadores da arte do grafite reconhecem pela linha, pela cor, pelo traçado, quem são os autores do desenho ou desenhos.

ção. Outra observação a ser feita é que esses migrantes nordestinos, quando no Sudeste, foram viver em cortiços e nas periferias, assim como os afrodescendentes.

Enquanto os repentistas do nordeste denunciavam a injustiças do sertão e depois na cidade grande, o movimento hip hop, embalados pela paisagem urbana economicamente desigual, e através da união dos quatro elementos da arte de rua, vislumbraram oportunidades para melhorar a vida de muitos afro-americanos e afro-brasileiros. Com efeito, o propósito maior do movimento *Hip Hop* é conscientizar sobre a situação do negro, promover a paz entre os jovens e gerar auto-estima para que o indivíduo possa buscar estratégias de sobrevivência econômica sem temer discriminação, mas também que possa construir habilidades e ter a chance de usá-las como modo de vida. O ideário do projeto *Hip Hop* consiste em reunir os quatro elementos da arte de rua a um quinto componente, que é o trabalho de conscientização e luta pelos direitos civis, agregando conhecimento e, sobretudo, promovendo consciência política para reagir intelectualmente à insistente discriminação que existe em nosso país.

O *HIP HOP* EM SÃO PAULO E EM DIADEMA

Não demorou muito para que o trabalho iniciado por Afrika Bambaataa nos Estados Unidos chegasse ao Brasil, especificamente em São Paulo. Na Rua 24 de Maio, no centro da cidade, a dança *break* ganhou espaço e identidade. Este local foi o primeiro ponto de encontro dos *b.boys* brasileiros. Em 1984, estimulados por videoclipes e filmes de *soul, blues* e pelo movimento *black power* americano, Nelson Triunfo[12] e outros jovens que curtiam bailes na noite criaram um grupo denominado *Funk e Cia*. Este grupo apresentou-se em casas noturnas desde 1979. Das casas noturnas para as ruas foi um passo e um desafio, pois a Rua 24 de Maio era onde os vendedores de discos com ritmo *black* se concentravam. No mesmo local também havia grandes salões de cabeleireiros *black*, onde eram feitos os

---

12 Nelson Triunfo, migrante nordestino, adaptou-se facilmente às dificuldades da periferia e associou-se ao movimento *black* dos anos 70, adotando para si o cabelo *black power* e seu modo de vestir, sendo um dos primeiros a desafiar a ordem da cidade dançando *break*. Em 1986, associado à dança iniciou um trabalho de conscientização dos jovens afrodescendentes sobre cidadania e justiça social.

melhores cortes. Enfim, discos, cabelos, roupas e paqueras tinham seu lugar certo entre os jovens afro-brasileiros,[13] que se encontravam no Centro e trocavam informações sobre possíveis bailes e festas. Em meio à exibição de músicas recém-chegadas dos Estados Unidos, Nelson e Cia. iniciavam também a dança *break*. Muitas pessoas a caminho da 24 de Maio, na saída do metrô, Estação São Bento, ligavam o som que carregavam nos ombros[14] e iniciavam a dança. O lugar tornou-se o espaço de maior divulgação do *break*, além dos salões de festas.[15] Na maioria das vezes, eram perseguidos por policiais ou acabavam presos sob acusação de vabundagem, perturbação da ordem ou por serem do movimento *black*. O que os policiais não entendiam é que o grupo estava agradando, gerando mobilização social, e isto abria margem para a socialização daqueles jovens oriundos da periferia de São Paulo que trabalhavam no centro.

É óbvio que o centro funcionava como um ponto estratégico para a apresentação dos *break boys*, pois ali estava concentrada e trabalhando como *office-boys* a maioria dos garotos de diversas periferias da cidade de São Paulo. Estes jovens que passaram a se socializar pelo *funk* e o *break*, trazendo o que viam para seus locais de origem. Assim teve início alguns bailes *black* em muitos municípios, inclusive em Diadema. A cidade na década de 1970 era um dos locais mais temidos de São Paulo. Seu estigma de cidade violenta por abrigar muitos jovens delinquentes e sem perspectivas predomina até hoje. Portanto, a exibição dos grupos nas Ruas 24 de Maio e São Bento influenciou de forma positiva alguns jovens que viam na música negra, no balanço e no ritmo dançante a possibilidade de serem felizes e reconhecidos por sua destreza na dança *break*.

A situação dos jovens de periferia estava cada vez mais ligada à vida no limite imposta pela marginalização social. Ao conversar com jovens afro-brasileiros, fica evidente a revolta contra as injustiças cometidas com eles, principalmen-

---

13   Em: Andrade, *op. cit.*, p. 61.

14   Esta era a característica do *b.boy* norte-americano.

15   Foi na estação do metrô São Bento que o *rapper* Thaíde convidou Dj Hum para participar do movimento *soul* que ali acontecia. Mais tarde, juntos, foram protagonistas de muitas festas das quais o grupo Funk e Cia, de Nelson Triunfo, também participava. Entre as décadas de 1970 e 1980, esses artistas serviram de modelo aos jovens da periferia.

te a repressão vinda dos policiais. O crime desses jovens está na cor, na condição social, na falta de oportunidades. Como uma comunidade, os afrodescendentes ainda estão à margem da economia e politicamente privados dos seus direitos civis. Visando mudar e inverter essa situação com o desejo de participar da coletividade em Diadema e em outros municípios de São Paulo, a união do *rap* (significa *rhythm n' poesy* em inglês) com o grafite, os *Djs* e os trabalhos de *MC* fizeram a diferença.

A história do *Hip Hop* em Diadema vem do início dos anos 1990, mas bem antes a dança *break* já fazia parte do cotidiano dos jovens da cidade. Como sempre garotos, muitas vezes, sem vínculo empregatício, estudantes de escola pública, a maioria vivendo o problema da falta de professores, com inúmeras aulas vagas, eram frequentadores dos chamados bailes *black*, oferecidos nos finais de semana. Durante a semana, quando não havia bailes, ficavam nas ruas reunidos.

Pelas conversas informais e debochadas, muitas vezes embaladas ao som do *funk* e do *rap*,[16] chamavam a atenção fazendo muito barulho, risadas, marcando presença, ou mesmo pichando muros e fachadas com *spray* de tintas. Mas o que estes grupos mais gostavam de fazer era reunir-se para treinar passos de dança e exibir-se nos bailes. Preparavam-se para o que é hoje um princípio das atuais batalhas de *b.boys*. Nos bailes *funk* davam verdadeiros shows nas pistas livres para exibições dos grupos. Este cenário nos Estados Unidos recebeu o nome de *soul trainer*, e aqui no Brasil os jovens começaram a seguir o mesmo modelo, ou seja, todas as pessoas do baile, que estivessem na pista, tinham que abrir espaço para os dançarinos se exibirem. Este estilo de arte e diversão chegou ao país pela chamada *company soul* ainda na década de 1970, extensão da dança de James Brown que seria seguida pelos afrodescendentes nos salões de festas.

Os jovens integravam-se socialmente formando grupos ou duplas e tomavam as pistas com seus passos criativos. Muitos criavam seu próprio grupo, e uniformizados apresentavam-se nos bailes *black* com passos marcados. A maioria apresentava passos ensaiados durante a semana. Quem arrancasse mais aplausos e delírio do público saía vitorioso. Enquanto ocorriam as apresentações, as pessoas

---

16 Seguindo o modelo norte-americano, nos encontros sempre havia algum garoto com rádios ou toca-fitas.

se divertiam batendo palmas ao ritmo da música, e mesmo sem se conhecerem acompanhavam ou criavam outros passos para iniciar uma gigantesca manifestação popular de rua.

Alguns jovens tinham em mãos, antes de entrar na festa, convites ou circulares como os modelos abaixo. Muitas vezes, durante os bailes, representantes de equipes de festas *black* iniciavam a distribuição desse material. Numa época sem Internet, *msn* e *blogs*, esta atitude era sobremaneira eficiente, pois, quem recebia o convite tratava logo de espalhar a notícia sobre o próximo baile. Em razão de muitos afrodescendentes culturarem personalidades como James Brown, Public Enemy, Marvin Gaye, Billy Paul, Aretha Franklin, Dianna Ross, Gladis Knight e até mesmo Michael Jackson, e muitos outros artistas negros norte-americanos na década de 1970, pouco valor se dava à música negra brasileira; ou seja, a garotada ouvia com mais frequência as músicas estrangeiras, mas com o surgimento de artistas brasileiros que cantavam versões destas músicas de fora, aos poucos as preferências foram mudando. É importante lembrar que a música desempenhou um papel fundamental na comunidade afro-brasileira e mesmo ouvindo músicas de outro país a inspiração e influência africana não ficaram de fora. Sob a forma de samba, afoxé e músicas folclóricas a chamada música negra foi se estruturando em ritmos conhecidos como funk, charme (uma espécie de música romântica) e rap.

Figura 5
Evento no Clube dos Estudantes

Figura 6
Evento no Clube dos Estudantes

Figura 7
Evento na Praça da Moça em Diadema

Fonte: Arquivo pessoal de King Nino Brown.

King Nino Brown, um assíduo frequentador dos bailes de São Paulo e Diadema, enxergou longe, ao identificar nos grupos *breaks* e nos garotos as habilidades dos elementos de arte do *Hip Hop*. Começando um trabalho de conscientização, Nino Brown juntamente com outros seguidores, entre eles Marcelinho Back Spin, Sueli Chan e Nelson Triunfo, Levy (secretário do Departamento de Cultura da Prefeitura de Diadema), Mônica, Maria Laudia, coordenadoras do Centro Cultural Canhema, procuraram o órgão competente da Prefeitura a fim de pedir emprestado o espaço dos centros culturais para realizar ensaios, palestras e encontros. Esta aproximação teve início em 1993. Passaram a instalar a partir daí, oficinas culturais e *workshops* específicos, mas desejavam antes de tudo ter um lugar onde pudessem centralizar a filosofia *Hip Hop* e dar ao movimento um teor educativo.

A aproximação do poder público com o movimento aconteceu em 1994. Foram convidados a iniciar as oficinas de *break*, Nelson Triunfo; para as oficinas de *Dj*, nada menos que Dj Hum, hoje famoso no mundo artístico e na mídia; Marcelinho Back Spin orientou as oficinas de *MC* e no grafite, os Gêmeos, que faziam sucesso em São Paulo por transformarem a Avenida Paulista pichada em espaço da arte de rua.

Figura 8
Notícia sobre a Casa do Hip Hop.

Fonte: Arquivo pessoal de King Nino Brown.

O Centro Cultural Canhema (nome do bairro onde se localiza) constituiu-se gradativamente em um ponto de encontro dos adeptos do *Hip Hop* da cidade. Por isto, em 31 de julho de 1999, foi lançado o projeto "Casa do *Hip Hop*", aprofundando ainda mais o espaço e a cultura de rua. Felizmente, essa cultura nascida na periferia tem se fortalecido como alternativa para inúmeros jovens pobres, que quase não têm opções culturais e profissionais. O projeto, em parceria com a Prefeitura de Diadema, tem permitido ao adolescente, quando do término da oficina a que compareceu tornar-se um socioeducador também ou mesmo adquirir uma formação para trabalhar em outros centros culturais da cidade. Vale dizer que o jovem seria contratado pela própria Prefeitura para ser um instrutor daquilo que aprendeu. A proposta era torná-lo um multiplicador do seu aprendizado, comprometendo-se a repassar todo o seu conhecimento a outros jovens, também da periferia, que não tiveram a oportunidade de frequentar as oficinas oferecidas nos centros culturais.

O projeto deu tão certo que o processo multiplicador rompeu fronteiras e chegou a lugares, antes jamais imaginados, criando espaços até de intercâmbio internacional para jovens da periferia, como se pode constatar na publicação seguinte:

Figura 9
Notícia sobre a Casa do *Hip Hop*.

Fonte: Arquivo pessoal de King Nino Brown.

O trabalho envolvendo cultura e cidadania dá ao jovem a possibilidade de criar, trocar e transmitir informações, estabelecendo uma convivência enriquecedora. As noções de respeito, reflexão e educação fazem com que os alunos atuem como formadores de consciência, levando para outros locais a experiência adquirida. Isto tem permitido o surgimento de diversas iniciativas no interior de São Paulo e de outros Estados brasileiros, como Minas Gerais, Rio de Janeiro, Pernambuco, e Rio Grande do Sul, basicamente, o Brasil todo.

A transformação dos jovens tem se evidenciado de modo tão promissor que alguns profissionais da área da educação têm construído um fazer pedagógico da educação formal com base nas ideias do movimento hip hop.[17] Embora nos EUA, a literatura seja relativamente ampla, no Brasil, quando muito, há alguns livros: *Afro-brasileiros, hoje* (Selo Negro, 2000) ou *Ser Negro no Brasil, Hoje* (Ática, 1989), que reservam alguns parágrafos para refletir sobre a cultura *Hip Hop*, mas nenhum capítulo contém uma análise mais complexa, mesmo com toda a expansão dessa cultura nas periferias.

Em Diadema, King Nino Brown, em contato com Afrika Bambaataa, conseguiu trazê-lo ao Brasil em novembro de 2001 e, no ano seguinte, em setembro de 2002, discursou para os jovens e divulgou sua frase mundialmente conhecida que deu origem ao movimento nos Estados Unidos: "Paz, amor, união e diversão". O jovem da periferia aprende com isto a ser consciente e a ter atitude. Na medida em que o hip hop resgata o afrodescendente da violência, ele tem a oportunidade de aprender, valorizar o grupo e a comunidade, e principalmente admitir que a transformação tem que vir dele mesmo, e para isto deve se reconhecer como afrodescendente, deve ter consciência da opressão da sociedade e construir uma identidade. Para destacar a cultura institucionalizada e reafirmar a luta contra o racismo, King Nino Brown fundou no Brasil uma *Zulu Nation*, como a que Bambaataa criou nos Estados Unidos. Ela dá sustentação às *posses* e garante o grito de liberdade dos afro-brasileiros através da auto-identificação. É uma ONG, conhecida como *Zulu Nation Brasil*, cujo representante é King Nino Brown. Ele nos informa a esse respeito o seguinte:

---

17 Experiências da aplicabilidade do *Hip Hop* em escolas de periferias podem ser analisadas nos registros de Andrade, *op. cit.*, e de Takara, Alexandre. *Educação Inclusiva, movimento Hip Hop*. São Paulo: Alpharrabio, 2003.

Em março de 1994 mandei uma carta para *The Universal Zulu Nation*[18] para saber mais a respeito do Hip Hop. Nesta época eu fazia parte da Posse de São Bernardo do Campo; qual foi minha surpresa a Zulu Nation respondeu, mandou uma ficha para preencher com 30 perguntas ao meu respeito, perguntando por que é que eu queria fazer parte da Zulu Nation? Era uma espécie de questionário. Fiquei mantendo esse contato sozinho, pois algumas pessoas não davam muita importância. Em 2000, fui convidado pela Rosana (uma das coordenadoras do Centro Cultural Canhema) e pelo Marcelinho Back Spin para fazer parte do quadro de trabalho da Casa do Hip Hop de Diadema. Fundamos a Zulu Nation Brasil em junho de 2002 e temos um convênio com a Prefeitura de Diadema. Me tornei o primeiro Zulu Nation Brasil.[19]

KING AFRIKA BAMBAATAA NA CASA
DO HIP HOP DE DIADEMA 03/09/2002

---

18 Ong idealizada por Kevin Donovan no bairro do Bronx, em Nova York depois de conhecer o Hip Hop. Como sempre gostou de estudar a história africana, descobriu nos livros o nome de um chefe Zulu do século XIX e adotou o seu nome (Afrika Bambaataa).

19 Apesar de ter ingressado no projeto anos depois da fundação da Casa do *Hip Hop*, King Nino Brown tornou-se um membro importante porque, dada sua aproximação com Afrika Bambaataa, foi um dos responsáveis pela expansão do *Hip Hop* no município de Diadema. Esta cultura, hoje, compõe as inúmeras atividades culturais oferecidas pela Prefeitura.

A Casa do *Hip Hop* foi matéria dos programas Globo Repórter e do Record Repórter, em 2004. As redes de TV mostraram a queda do índice de violência em Diadema por causa do movimento que tirou muitos jovens da rua. Parece irônico que a cultura de rua teve que ser institucionalizada para diminuir a violência. Embora esta não seja uma preocupação especial da mídia, e se naquele momento a moda *black* virou febre entre os jovens de classe média[20] é porque alguns personagens da *black music* romperam a barreira social por terem acesso à elite, e divulgaram o som do *rap*, como é o caso de Marcelo D2, que em suas academias de ginástica e musculação passou a usar essa música para a realização dos exercícios (*fitness*).[21]

Para se ter uma ideia da efervescência em torno da Casa do Hip hop, apresento o título de uma reportagem sobre os rappers da época:

Figura 10

Notícia sobre a Casa do *Hip Hop*.

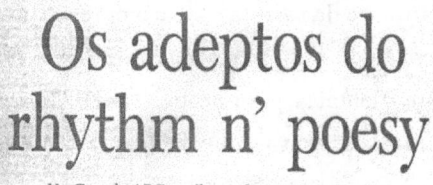

Os adeptos do rhythm n' poesy

No Grande ABC, milhares de jovens conhecidos como rappers cultivam hábitos ligados a um gênero musical que mistura eletrônica e costumes afros

Fonte: Arquivo pessoal de King Nino Brown.

O *rap* tornou-se uma opção, ou mesmo um caminho para diminuir os problemas dos jovens da periferia. Além de ser uma forma de ganhar dinheiro, também constituiu-se em instrumento de denúncia sobre o racismo e a discriminação. Os jovens começaram a compor músicas agressivas, muitas vezes fazendo apologia ao crime e do uso de drogas, já que para o negro "não há saída", como pensam algumas pessoas. E essas letras dividiram a opinião dos jovens. Enquanto

---

20 Como mostra matéria na revista *Época* n. 335, de 18 de outubro de 2004.

21 A mídia revela que na Espanha e em muitos lugares da Europa as academias ficam repletas de atletas motivados pelo ritmo *rap* e pelo estilo *Hip Hop*.

uma parcela considerava que aumentavam suas oportunidades com o *Hip Hop*, e que dentro do movimento estava aprendendo muito mais do que a escola lhe oferece, outra parte buscava no *rap* agressivo um olhar de luta e resistência. Os *rappers* acreditam sem hesitar no chamado ao protesto, gerando fora do movimento *Hip Hop* grupos e gangs violentas. Alguns fazem da escola um local para traficar drogas e resolverem intrigas desses grupos. E é justamente para lutar contra isso que a cultura *Hip Hop* cresceu na Casa de Cultura, em Diadema. O sonho de King Nino Brown, assim como de Afrikaa Bambaataa era o de expandir o sentido educacional do *Hip Hop* e com isto fazer com que os jovens deixassem de se espelhar no movimento *rap* violento e passassem a acreditar na filosofia de combate ao racismo e à violência através de uma forte identidade social.

Com isso, poderemos observar que os jovens da periferia se dividem em dois grupos. Um lado é o educacional, cuja viabilização permite o ingresso dos afrodescendentes na sociedade, ou mesmo dá-lhes condições de reunir forças para se transformarem. De outro lado, temos os jovens confusos e divididos entre seguir o caminho da educação e o caminho da revolta contra a opressão social, num contexto em que as oportunidades são poucas. Ao se depararem com o incentivo ao uso de armas de fogo, drogas e violência para acabar com a discriminação, como descrevem as letras de *rap* mais agressivas, envolvem-se num mundo obscuro sem volta.

Abaixo, mais uma publicação sobre *o Hip Hop.*

Figura 11

Notícia sobre a Casa do *Hip Hop*.

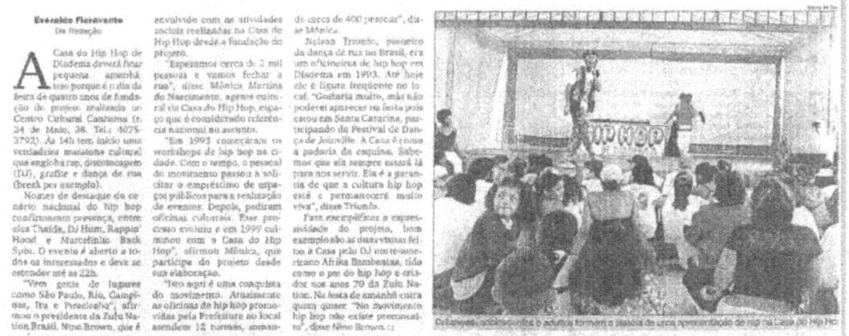

Um porto seguro do hip hop

Casa de Diadema que divulga, debate e ensina manifestações do movimento completa quatro anos

Evéraldo Fioravante
Da Redação

A Casa do Hip Hop de Diadema deverá ficar pequena amanhã. Isso porque é o dia da festa de quatro anos de fundação do projeto realizado no Centro Cultural Canhema (r. 24 de Maio, 38. Tel.: 4075-3792). Às 14h tem início uma verdadeira maratona cultural que engloba rap, discotecagem (DJ), grafite e dança de rua (break por exemplo).

Nomes de destaque do cenário nacional do hip hop confirmaram presença, entre eles Thaíde, DJ Hum, Rappin' Hood e Marcelinho Back Spin. O evento é aberto a todos os interessados e deve se estender até as 22h.

"Vem gente de lugares como São Paulo, Rio, Campinas, Itu e Piracicaba", afirmou o presidente da Zulu Nation Brasil, Nino Brown, que é envolvido com as atividades sociais realizadas na Casa de Hip Hop desde a fundação do projeto.

"Esperamos cerca de 2 mil pessoas e vamos fechar a rua", disse Mônica Martins do Nascimento, agente cultural da Casa do Hip Hop, espaço que é considerado referência nacional no assunto.

"Em 1993 começaram os workshops de hip hop na cidade. Com o tempo, o pessoal do movimento passou a solicitar o empréstimo de espaços públicos para a realização de eventos. Depois, pediram oficinas culturais. Esse processo evoluiu e em 1999 culminou com a Casa do Hip Hop", afirmou Mônica, que participa do projeto desde sua elaboração.

"Isto aqui é uma conquista do movimento. Atualmente as oficinas de hip hop promovidas pela Prefeitura no local atendem 12 turmas, somando cerca de 400 pessoas", disse Mônica.

Nelson Triunfo, pioneiro da dança de rua no Brasil, era um oficineiro de hip hop em Diadema em 1993. Até hoje ele é figura freqüente no local. "Gostaria muito, mas não poderei aparecer na festa pois estou em Santa Catarina, participando do Festival de Dança de Joinville. A Casa é como a padaria da esquina. Sabemos que ela sempre estará lá para nos servir. Ela é a garantia de que a cultura hip hop está e permanecerá muito viva", disse Triunfo.

Para exemplificar a expressividade do projeto, bom exemplo são as duas visitas feitas à Casa pelo DJ norte-americano Afrika Bambaataa, tido como o pai do hip hop e criador nos anos 70 da Zulu Nation. Na festa de amanhã entra quem quiser. "No movimento hip hop não existe preconceito", disse Nino Brown.

Crianças, adolescentes e adultos formam a platéia de uma apresentação de hip na Casa do Hip Ho[illegible]

Fonte: Arquivo pessoal de King Nino Brown.

Vale destacar que a Arte e Cidadania se complementam num universo criativo e com muitas possibilidades de formação e que King Nino Brown, Nelson Triunfo e outros parceiros da Casa do Hip Hop estão há 12 anos sustentando este projeto em Diadema, São Paulo e no mundo, promovendo encontros e novas descobertas.

CAPÍTULO 6
Hip hop: cultura ou movimento

João Batista de Jesus Felix

Nos bailes *black* da década de 1970 existia a prática, entre seus frequentadores, de criar versões nacionais das músicas negras norte-americanas executadas nestes encontros.[1] Algumas das músicas acabaram sendo gravadas em discos e apresentadas nestes mesmos locais. Exemplos de sucesso da época são os cantores Cassiano, Tim Maia, Banda Black Rio e Jorge Ben.[2]

Esse mesmo baile 'importou' o *rap*, na década de 1980, também dos Estados Unidos, no entanto, no que se refere a este ritmo, o processo não ocorreu de maneira semelhante. Alguns frequentadores interessaram-se em compor versões nacionais do estilo musical e, para tanto, procuraram um espaço público onde pudessem ensaiar suas novas composições. A escolha foi a Estação São Bento do Metrô, na zona central da cidade de São Paulo. Posteriormente, em 1988, alguns destes pioneiros decidiram dirigir-se para a Praça Roosevelt tendo a intenção de criar um espaço mais voltado para a discussão sobre o que seria o Hip Hop no Brasil.[3]

---

[1] Nesta mesma década surgiram no Brasil vários cantores nacionais que fizeram grande sucesso cantando em inglês. Temos como exemplo Morris Albert, autor do sucesso Feelings.

[2] No ano de 1989 ele passa a assumir o nome de Jorge Benjor, por conta da Numerologia.

[3] Algumas fontes sobre o Movimento Hip Hop são Andrade, 1996; Silva, 1998; Guimarães, 1998.

A chegada do Hip Hop brasileiro às ruas criou condições para que o movimento passasse a assumir, cada vez mais, uma postura política de confronto em relação às condições de vida dos negros brasileiros. No interior dos bailes a posição política do público era mais de resistência, sem recair, no entanto, num choque mais direto com aqueles que ocupavam o lugar de discriminadores. Portanto, o Hip Hop adotou como nas letras de seus *raps* o tema da luta contra o racismo, o preconceito e a discriminação racial. Além de inspirar boa parte dos *raps*, esses assuntos tornaram-se prioritários nas discussões dos encontros da posse pioneira denominada Sindicato Negro – neste momento podemos afirmar que surge o Movimento Hip Hop. O nome escolhido indica a necessidade de um debate aberto, pois a questão da desigualdade racial, mesmo estando presente nos bailes, era realizada de maneira subliminar.

Assim, ao tomar a questão racial de forma mais direta, esses novos atores sociais sonharam com mais prestígio social. Essas discussões, que se realizaram na posse Sindicato Negro, foram fonte de dissidência dentro da posse, culminando com o surgimento da posse Força Ativa, em 1992. Nesse período, os fundadores da nova entidade não concordavam com o destaque dado ao tema racismo nos encontros da posse Sindicato Negro.

Ao assumir uma postura de oposição ao predomínio da questão racial, no meio do Movimento Hip Hop, a posse Força Ativa estava questionando um tema de grande importância para aquele grupo, então todo ele organizado na posse Sindicato Negro. Afinal, essa nova expressão sociocultural havia surgido no interior de um *lócus* em que ser negro era a "questão central". A primeira geração do Movimento Hip Hop só decidiu assumir com mais força a "negritude" em função dos contínuos ataques desferidos, sem justificativas, pela polícia militar, nos anos de 1988, aos frequentadores da Praça Roosevelt.

A polícia também dava suas batidas nos bailes *black* tendo como base, somente, a suspeita de que muitos marginais frequentavam aquele lugar. Acontece que os próprios proprietários das equipes de baile, além de revistarem todos os seus frequentadores no intuito de evitar que alguém ingressasse armado e causasse problemas legais, também solicitavam que os policiais cobrissem as entradas e as saídas dos seus bailes, muitas vezes remunerando-os paralelamente. Esse tipo de atitude dos empresários negros acabava por diminuir a resistência do público frente às ações da polícia. Isso será apontado como um dos responsáveis pelo distanciamento dos participantes do Movimento Hip Hop dos bailes *black*. Em algumas oportunidades (shows e encontros descontraídos nas Grandes Galerias ou em bares do centro da cidade) pudemos ouvir comentários de *rappers* que afirmavam a não participação nos mais os bailes *black* era devido ao comportamento dos responsáveis pelos encontros, que só pensavam em vender bebida alcoólica para o público e depois tratavam a todos como bandidos.

Alguns dos fundadores da posse Força Ativa, que eram brancos, e não participavam de nenhum baile *black*, entraram em contato com o *rap*, na década de 1980. Gostaram e decidiram também produzir suas próprias músicas, danças e grafites. A base em seus *raps* era o rock e não músicas negras norte-americanas, que estavam em pauta. No início de suas atuações, a posse Força Ativa procurava defender uma posição política em que deveria prevalecer uma visão sociopolítica mais abrangente, mais ampla, cuja questão racial ficasse em segundo ou terceiro plano.

Para os fundadores desta posse, o racismo era um problema existente na sociedade brasileira, mas, na sua perspectiva, a desigualdade social era um flagelo muito mais destacado do que a questão racial.

Além deste dado, a posição da posse Força Ativa reiterava, de alguma maneira, o modelo da democracia racial brasileira (Schwarcz, 1995), interpretação que desde os anos 1930 defende que nossa sociedade é fruto da união de três "raças" – a negra, a branca e a indígena. Autores como Gilberto Freyre e Arthur Ramos não negam a violência e a desigualdade que sempre existiram nas relações raciais no Brasil, como demonstrou Freyre, em sua obra *Casa-Grande e Senzala* (1933). Antes revelaram o que Ricardo Benzaquem chamou, no livro *Guerra e Paz* (1994), de equilíbrio de antagonismos. No Brasil, os dois extremos – violência e convivência, guerra e paz – tendem a se acomodar.[4]

A defesa de algumas posturas da Força Ativa foi sendo repelida de maneira cada vez mais contundente com o passar do tempo. A radicalização contra a posse acabou levando ao encerramento das suas atividades, no bairro de

---

4   Outra fonte é o livro *Preto no Branco*, de Thomas Skidmore, 1976.

Santana, zona norte da capital paulista, em 1992. Foi, porém, reorganizada, posteriormente, na Cidade Tiradentes, localizada no extremo da zona leste paulistana. A posse que ressurge em 1994 é bastante diversa da sua versão anterior, mas apresenta e recupera algumas características da sua primeira fase. A média de idade dos participantes foi uma delas: as pessoas que nela ingressaram, nesse segundo momento, tinham uma média de dezesseis anos de idade, exatamente a mesma idade dos pioneiros do Hip Hop. Esse fato contribuiu significativamente para a regularidade das reuniões realizadas nos primeiros domingos de cada mês. Por serem jovens, essas pessoas não tinham grandes compromissos sociais, o que permitia uma participação maior nas reuniões da entidade. Na maioria dos casos eles eram solteiros, sem filhos e moravam com seus pais. As exceções ficam por conta de Nando Comunista, que já era pai, mas não era casado, e o casal Tito e Rosângela, cujo filho nasceu em novembro de 2003.

A principal mudança foi a incorporação da questão racial como uma de suas bandeiras de luta, decisão que rearticulou a Força Ativa e o restante do Movimento Hip Hop. Outro elemento que permaneceu foi a predileção pela política partidária em detrimento da parte artística do Hip Hop. Com a consolidação da ideia do Hip Hop como um movimento político e não como uma simples expressão cultural, os novos participantes da posse Força Ativa decidiram trocar o termo "posse" por "Núcleo Cultural" (NC).

Na visão do NC Força Ativa, o principal papel do Movimento Hip Hop é participar intensamente do processo de transformação social, o que não será possível caso fique restrito à esfera da cultura. Segundo o raciocínio dos participantes dessa organização social, agindo dessa maneira, o Hip Hop torna-se conservador e reacionário, correndo o sério risco de ser totalmente cooptado pelo *status quo*. Se o Movimento Hip Hop ficar somente na prática do *rap*, do *break* e do grafite, ele terá, quando muito, um papel político secundário. Não passará de mais "uma massa de manobra" das forças que estiverem à frente das atividades políticas, que são os partidos políticos e as organizações do Movimento Social, tais como o Movimento Negro, o Movimento de Mulheres, o Movimento dos Sem Terra etc.

Por não haver um destaque para as questões culturais, nas discussões do Núcleo Cultural Força Ativa, também não existe espaço para a religião; seja ela cristã ou mesmo de matriz africana. Uma das maneiras de o NC Força Ativa reforçar essa sua concepção essencialmente política está nos cartazes e bandeiras que foram afixados nas paredes da sede do grupo e entre eles não há nenhuma alusão a expressões culturais, mas somente à política.

Este lugar, assumido pelo Núcleo Cultural Força Ativa, o aproxima da visão defendida pelo MNU nos anos 1980 (Silva, 1983). A diferença está no fato de que o Núcleo se diz participante – e é reconhecido como tal – do Movimento Hip Hop. Portanto, ao defender sua posição, ele pretende modificar as características do Movimento Hip Hop, que, em sua opinião, é muito mais voltado para a cultura e pouco para a arena política. A intenção do NC Força Ativa é fazer com que o Movimento Hip Hop fique cada vez mais próximo das posições políticas de esquerda.

Por entenderem que o Movimento Hip Hop é mais uma atividade política do que cultural, os participantes do Núcleo Cultural Força Ativa procuram ganhar a vida por meio de outras atividades profissionais, que não apresentam relações com o Movimento Hip Hop. A participação em oficinas, debates, palestras e seminários ligados ao Movimento Hip Hop, para eles, nada mais é do que uma atividade militante, em sua grande maioria feita de maneira amadora.

Para ser coerente com sua posição, o NC Força Ativa aproximou-se do Partido dos Trabalhadores – PT, acabando por apoiar a candidatura de Marta Suplicy para governadora, na campanha de 1998. Voltou a repetir essa posição na campanha de 2000, quando Marta saiu candidata a prefeita da cidade de São Paulo. Eles distribuíam panfletos nas ruas e feiras livres, participaram de comícios na Cidade Tiradentes e em outros bairros da Zona Leste, como *rappers* e *breakers*, ou como simples militantes. Com a vitória do Partido dos Trabalhadores, o Núcleo Cultural Força Ativa passa a ter mais espaços nas escolas municipais da Cidade Tiradentes, para fazer palestras e desenvolver outras atividades. Nenhum dos seus militantes foi nomeado para qualquer cargo na administração municipal. Apesar de terem apoiado explicitamente Marta Suplicy em 2000, o Núcleo manteve uma posição bastante crítica frente à administração dela e na reeleição o grupo já não participou com o mesmo entusiasmo da primeira vez. A opinião deles era de que a Marta havia traído suas expectativas.

Outro fator que reforçou a posição do Núcleo Força Ativa no interior do Movimento Hip Hop está expresso na revista *Caros Amigos Especial*, de junho 2005, que traz a informação de que ocorreu uma grande politização no meio Hip Hop. Nesta edição, temos o relato de que na posse "Negratividade", da cidade de Santo André, alguns de seus militantes filiaram-se ao PC do B. Já a posse "Haussa", de São Bernardo do Campo, passou a ser considerada "fundamentalista do Hip Hop", por assumir "a missão de preservar a origem africana, a cultura Hip Hop, os cinco elementos", segundo as palavras da entrevista de Toni, membro da posse Negratividade. Também contribuiu neste processo o surgimento da posse Zulu Nation, em 2000, que defende a incorporação do conhecimento como o quinto elemento do Movimento Hip Hop, ou seja, "conhecer as origens e a cultura do Hip Hop além da história da África e dos afro-americanos", como afirma Marcelo Buraco, na entrevista para a Revista *Caros Amigos Especial*, de junho de 2005.

Para aqueles que entendem a importância da cultura para o Movimento Hip Hop, o fato de compor letras de músicas com conteúdo de protesto e denúncia, de dançar de maneira mais agressiva e atlética e de confeccionar painéis cujos desenhos, retratam imagens com as mazelas sociais e raciais brasileiras e mundiais, constitui numa grande contribuição ao processo de transformação socioeconômico nacional. Esses participantes do Movimento Hip Hop assumem que a melhor maneira do Hip Hop contribuir na luta para o fim da discriminação, do preconceito racial e do racismo, assim como contra a violência policial e o abandono por parte do Estado (dos bairros periféricos e carentes da Grande São Paulo), é produzindo boas rimas, ótimos passos de dança e criando painéis com temas cada vez mais críticos nos muros e paredes públicas da cidade. Somente dessa maneira o Hip Hop conseguirá atingir o maior número possível de pessoas e, consequentemente, conscientizá-las para que lutem pela superação dos seus problemas sociais. Essas pessoas – Kall, Paniquinho e Franilson, por exemplo – entendem que devem viver do Movimento Hip Hop. A conquista desse pleito não significa cooptação ao sistema capitalista, muito pelo contrário. A maneira que eles têm de melhor contribuir para as mudanças socioeconômicas na sociedade é por meio da prática de suas artes.

Por todos estes motivos, tanto para a posse Aliança Negra como para a posse Conceitos de Ruas, o Movimento Hip Hop é cultura, em sua essência. Para essas organizações é por meio do canto, da dança e do grafite que os participantes do Movimento Hip Hop demonstram suas posições políticas e ideológicas. Para essas posses o fazer político não está reservado somente às pessoas que se especializam nesta área. O Hip Hop mediante suas rimas no *rap*, seus passos no *break* e imagens transmitidas em seus desenhos reproduzidos nos grafites está assumindo uma posição política e fazendo alianças com outras formas de expressão que são, a um só tempo políticas, sociais e culturais.

Essa concepção de Movimento Hip Hop coloca essas posses mais próximas das posições defendidas pelos blocos afros-baianos, que também entendem que a cultura carrega um potencial político transformador. Embora esses dois conjuntos distintos de entidades negras defendam a priorização da questão racial, os blocos-afros são mais adeptos da "negritude", que é um movimento de conscientização e desenvolvimento dos valores culturais e ideológicos voltados para a África. Já o Movimento Hip Hop está mais ligado ao *Black Power*, proposta política surgida no interior do movimento negro norte-americano dos anos 1960 e 1970, cuja principal organização mais representativa foi o partido político revolucionário *Black Panther*.

Na tentativa de fazer valer sua opinião, essas posses procuram participar de comícios políticos, quase sempre os do Partido dos Trabalhadores, organizar festas em praças públicas, apoiar eventos políticos partidários ou de quaisquer outros movimentos populares, assim como realizar palestras, debates ou mesmo cursos sobre a questão racial e política. Essas são as maneiras de essas entidades demonstrarem o seu engajamento político ideológico.

Defender veementemente o papel preponderantemente cultural do Movimento Hip Hop, não significa que, tanto na posse Aliança Negra como na posse Conceitos de Rua, os participantes dessas organizações estejam garantindo a prática das funções de DJ, de MC, de B. Boy e de Grafiteiro. Devido a seus compromissos profissionais e responsabilidades econômicas junto as suas famílias, eles não têm logrado desenvolver essas atividades culturais. Mesmo com essas dificuldades, os participantes das Posses Conceitos de Ruas e Aliança Negra não deixam de continuar considerando o Hip Hop primeiro como cultura e depois como uma atividade política. No entanto, tal posição, de maneira nenhuma, significa uma hierarquia entre estas duas concepções. Ao contrário, para os participantes dessas entidades, a especialidade do Hip Hop é mais cultural, e é dessa maneira que eles podem atuar politicamente.

Atualmente, na posse Aliança Negra os seus participantes só atuam como DJ, como MC, como B. Boy ou mesmo como Grafiteiro nos poucos eventos que eles conseguem realizar na Cidade Tiradentes, ou em oficinas organizadas pelo Estado (seja no âmbito estadual ou municipal), ou em ONGs. A principal delas é a Ação Educativa com a sua "Semana de Cultura Hip Hop".

Na posse Conceitos de Rua a maioria dos seus antigos militantes não faz parte do Movimento Hip Hop, alguns por se verem obrigados a assumir profissões diversas fora do âmbito dos quatros elementos. A exceção fica por conta do grupo de *rap* Z'África Brasil, composto por participantes que ainda assumem a posse.

Kall, atual representante da posse Conceitos de Rua, cursou Ciências Sociais, na PUC. Antes da formação acadêmica havia participado do projeto "Criança Esperança", da Rede Globo de Televisão, no Jardim Ângela, desempenhando a função de oficineiro. Atualmente ele vive na Alemanha. Segundo ele, o seu maior desejo é conseguir gravar um CD com o seu grupo de *rap* de nome "Conclusão", mas até o momento as possibilidades são bastante remotas. Apesar de todos esses percalços, a opinião que prevalece, entre os poucos participantes dessa posse, é a de que o Movimento Hip Hop é cultura. A política deve aparecer com as das atividades desenvolvidas pelos seus quatro elementos. Na Aliança Negra ainda existe a esperança de que eles consigam gravar um CD com a participação dos grupos daquela posse.

Tanto a Aliança Negra quanto a Conceitos de Rua apoiaram a campanha de Marta Suplicy, mas, diferente do Núcleo Força Ativa, essas entidades não estabeleceram compromisso com nenhum candidato a vereador em particular. Como havia acontecido com o NC Força Ativa, não houve aproveitamento de nenhum participante da posse Aliança Negra, nem da posse Conceitos de Rua na administração municipal. Apesar desse fato, essas duas organizações decidiram apoiar a reeleição de Marta Suplicy, sob o argumento de que para o Movimento Hip Hop paulistano era a melhor opção.

O que podemos perceber ao compararmos essas duas posições, é que existe uma contraposição entre aqueles que entendem que política não se faz por meio de metáfora, de símbolos ou retórica, mas somente com práticas voltadas para este fim, e outra que pensa exatamente o contrário, enxergando na cultura as condições de se fazer uma atuação política, mesmo que de maneira menos direta e previsível. O que está em jogo é se a cultura é autônoma ou não, quando o assunto é o poder político. Sendo assim, uma vertente entende que a cultura nada mais é do que uma simples correia de transmissão dos poderes em jogo na sociedade; já outra assume que a cultura é autônoma o suficiente para participar das articulações das relações de poder.

Além dessas três posses, outras surgiram na periferia da cidade de São Paulo e algumas cidades da região do ABCD depois de 1991. Foram elas: Junac, na zona leste, com uma proposta mais voltada para a negritude; Negratividade, em Santo André (apesar do nome este grupo surgiu com uma postura ligada à ideologia marxista e atualmente as suas lideranças estão filiadas ao PC do B); e a Haussa, em São Bernardo do Campo, ligada inicialmente ao Movimento Negro Unificado, mas hoje mais voltada ao islamismo.

"O barato é lôko
E o processo é lento"

Frase de domínio público do movimento Hip Hop

O RAP E OS PARTIDOS POLÍTICOS

Além de serem rappers, o que une o grupo Racionais MC's, NDee Naldinho e Thaide é o fato de todos assumirem uma posição de crítica às desigualdades sociais e raciais brasileiras. Essa condição os aproximou ao Partido dos Trabalhadores (PT) e ao Partido Comunista do Brasil (PCdoB). Tal fato, dentre outros, explica as palestras ministradas por eles durante o governo de Luiza

Erundina (1989 – 1993), nas escolas municipais da cidade de São Paulo. Feliz (2000), em sua pesquisa de mestrado, nos mostra que aproximadamente 80% dos frequentadores dos bailes *black* da Chic Show e da Zimbabwe tinham preferência por esse mesmo partido. Esse tipo de exemplo demonstra que no campo político partidário existe afinidade entre a opção desses rappers e dos públicos frequentadores dos bailes black. Muito provavelmente tal situação no município de São Paulo serviu como um freio, ou impeditivo, para que surgisse qualquer proposta de criação de uma agremiação política que representasse os interesses políticos defendidos por esses atores sociais.

A afinidade entre o PT e os grupos de rap em São Paulo também foi reafirmada a partir da sensibilidade que a administração de Luiza Erundina demonstrou permitindo aos grupos a divulgação da arte e opção ideológica nas escolas municipais. Além das escolas, a Secretaria Municipal de Cultura criou as Casas de Culturas, localizadas em bairros da periferia da cidade, e eram espaços que ofereciam cursos sobre as mais diversas expressões culturais: de apresentações musicais à dança. Nesses espaços, também ocorreram apresentações de grupos de rap, bem como encontros de Hip Hop.

Com a eleição de Paulo Salim Maluf, do Partido Progressista (PP), para o mandato de 1993 a 1997, os vários espaços municipais institucionais, antes disponíveis ao Hip Hop, ficaram vedados aos grupos do movimento. O prefeito Maluf não fez questão de se aproximar dessa expressão sociocultural, o mesmo acontecendo com o seu sucessor, Celso Pitta (1997 – 2001), apesar do prefeito ser negro.

Na cidade de Diadema, que faz parte da Grande ABCDM, governada por longos períodos desde 1982 pelo PT ou por prefeitos que já foram filiados a este partido, em 1993 foi criada, com apoio oficial da prefeitura, a "Casa do Hip Hop de Diadema".

Tais realidades, a paulistana e a de Diadema, são bastante distintas da cidade de Salvador. O bloco Ilê Aiyê, pioneiro e o maior de todos, apesar de também assumir uma posição de lutar contra o preconceito e a discriminação racial, sempre apoiou uma liderança política do campo conservador, representado na pessoa de Antônio Carlos Magalhães, do Partido da Frente Liberal (PFL). Também podemos notar certa distinção nas ações políticas ao conhecermos as atividades do Movimento Negro Cultural de Ilhéus, do estado da Bahia, apontada por Márcio

Goldman, no texto Como Funciona a Democracia, de 2005. Nessa pesquisa, o autor conclui que esse setor social decide o seu apoio político levando sempre em conta os interesses do grupo, não importando o partido. No caso do Hip Hop, pelo que podemos apreender, os seus participantes não fazem qualquer esforço na tentativa de se aproximarem dos políticos mais conservadores.

A vinculação com o PT fez esses atores sociais participarem ativamente da campanha presidencial de Luís Inácio Lula da Silva, em 1999. Nessa ocasião, foi organizado um comício de campanha na zona sul, cuja atração maior seria o grupo Racionais MC's. Como sempre ocorre nestes eventos, os candidatos a deputados estaduais e federais, daquela localidade, proferiam seus discursos, intercalados com apresentações musicais de grupos de menor prestígio. Naquela ocasião, o público presente, majoritariamente negro, era um dos maiores que o PT havia conseguido atrair, naquela região da cidade, e se compunha, em sua maioria, de jovens negros e mestiços. Com o passar do tempo a plateia foi ficando impaciente com a demora da apresentação da atração principal. Com o aumento das manifestações de insatisfação popular os organizadores do comício decidiram antecipar a entrada no palco do grupo Racionais MC's. Após a apresentação do grupo, quase todos os presentes se retiram do local, sem ouvir os discursos do então candidato a senador Eduardo Suplicy e de Luís Inácio Lula da Silva, aquele que deveria ser o principal motivo da ida das pessoas àquele comício (Guasco, 2001).

Essa aproximação entre PT e *rap*, no caso de São Paulo, fez com que esses grupos não sentissem a necessidade de criar nenhuma forma política partidária alternativa, já que no campo institucional o Partido dos Trabalhadores se mostrava bem sensível às demandas apresentadas pelos elementos do Movimento Hip Hop. Contudo, essa realidade não era a mesma em todo o país. Neste sentido, no dia 8 de maio de 2001, na cidade do Rio de Janeiro, no bairro de Madureira, foi lançado pelo rapper MV Bill – cujo nome oficial é Alex Pereira Barbosa – e seu produtor, Celso Athayde, o Partido Popular Poder Para a Maioria (PPPOMAR), tendo como principal objetivo, segundo os seus fundadores, ser uma agremiação política de negro para negro, de marginalizado para marginalizado. Segundo Celso Athayde, o PPPOMAR:

> "É um partido de negros, logo, se entende que os membros desse partido são negros, o que não quer dizer que esse partido seja contra os brancos. Por exemplo, nós temos o PSC (Partido Socialista Cristão), que não é um partido para fazer nada contra os macumbeiros ou os budistas, é apenas um partido que visa valorizar e dar uma atenção maior às pessoas que são daquela religião. Então, o negro está criando um partido porque entende que não é bem visto neste país, não tem nenhum poder"
>
> (Rap Brasil: Ano I, número 8).

Mais à frente, afirma que:

> "O negro não tem nenhum poder e nenhum direito neste país. A maior prova disso é que para uma população de 9 milhões na cidade de São Paulo, só existe um vereador negro. Então, se o negro não tem uma representatividade política, ele precisa ter através de um partido político. Esse partido não luta contra os brancos, nem contra os não-negros, ele quer ajudar a viabilizar a felicidade para uma camada da sociedade que nunca fez parte dessa felicidade. O partido tem um objetivo claro, que é cortar o cordão umbilical de um processo e de uma cultura de benefícios, que hoje e sempre, teve essa tendência de valorizar as pessoas através do seu tom de pele" (Idem).

A recepção ao lançamento do PPPOMAR em São Paulo foi, entre os grupos de *rap* de maior destaque, bastante ampla. Dessa unidade federal vieram apoios explícitos das seguintes personalidades: Xis, Ice Blue, KL Jay, Paulo Brown, Mano Brown, Rappin Hood. A ideia inicial era fazer que o partido aproveitasse este apoio vindo do *rap* para atingir os jovens da periferia. Mas tal fato acabou não vingando. Entre as posses não houve qualquer manifestação. Quando quisemos saber do "Núcleo Cultural Força Ativa", do bairro periférico da zona leste da cidade de São Paulo, qual a opinião deles sobre o lançamento do PPPOMAR, a resposta foi evasiva, sem entusiasmo.

Atualmente MV Bill usa o PPPOMAR para realizar acordos políticos, principalmente com o PT. Nas eleições nacionais ocorridas em 2002 foi negociado com Luís Inácio Lula da Silva, do PT – candidato pela coligação "A Força do Povo" e que contou com a participação dos seguintes partidos PT, PRB e PC do B – apoio para sua quarta candidatura, com a condição de que o Movimento Hip Hop tivesse espaço em seu governo. Durante a campanha de Lula, em 2002, vários comícios foram animados por grupos de *rap*, cujo resultado da participação foi o lançamento do CD HIP HOP POR UM BRASIL DECENTE!

A implicação mais direta de todas essas participações foi um encontro, em 25 março de 2004, entre o presidente eleito Luís Inácio Lula da Silva e trinta e cinco *rappers*. Entre eles podemos citar Gog (Brasília), MV Bill (Rio de Janeiro), Preto Ghóez (1973 – 2004) (Maranhão), Rappin Hood, Edy Rock e KL Jay (São Paulo). Assim, fica demonstrado que parte dos *rappers* brasileiros passou a entender que, além de serem "a voz do ghetto" ou "a trilha sonora do ghetto", eles também assumem a posição de representantes políticos desse meio social. Neste momento o *rap* busca tornar-se a voz política do Hip Hop. No entanto, esse movimento não foi bem recebido pelas posses, outro setor organizado do Hip Hop, neste sentido deve-se inferir que as posses não se sentiam representadas pelos grupos de *rap*.

Além da insatisfação das posses, outro racha político também ocorreu entre os participantes da delegação que compartilharam da audiência com o presidente. De tal cizânia surgiu o "Movimento Hip Hop Organizado do Brasil", em maio de 2004, mais forte no Nordeste, com base no Estado do Maranhão. A maior liderança dessa organização foi Preto Ghóez, que morreu, aos 31 anos, em um acidente rodoviário, na Via Régis Bittencourt, em 9 de setembro de 2004.

No dia 22 de janeiro de 2005, na sede da Federação Universitária Paulista de Esportes – FUPE, localizada na zona norte da cidade de São Paulo, foi lançada para o público a organização "Nação Hip Hop Brasil", ligada ao Partido Comunista do Brasil (PCdoB), apresentando um caráter nacional. Além dessas duas entidades existem ainda a Zulu Nation Brasil, ligada à posse lançada pelo "pai" do Hip Hop, Afrika Bambaataa, e o Movimento Hip Hop Organizado (MH2O), lançada em 25 de janeiro de 1989, que anda desmobilizado, mas não é considerado extinto pelos seus criadores.

Tal profusão de entidades nacionais trouxe outro caráter para o Movimento Hip Hop, merecendo, portanto, outra pesquisa acadêmica. Não poderemos, no entanto, nesse trabalho, dar conta desse contexto todo, cada dia mais complexo e diversificado. O que se percebe é que o Núcleo Cultural Força Ativa como as posses Aliança Negra e a Conceitos de Ruas não demonstraram qualquer interesse por essas novas organizações ligadas ao Movimento Hip Hop. O lançamento da Nação Hip Hop não teve a participação de nenhum representante dessas posses. Ao que parece, essas entidades do Hip Hop encontram-se preocupadas com os problemas concernentes às comunidades dos bairros onde estão organizadas. Essa nova perspectiva, mais nacional, parece ser muito recente e ainda não era contemplado por essas organizações de interesses mais locais. O fato é que, mais recentemente, o Movimento Hip Hop alçou voos mais amplos e tem buscado sua própria representação.

BIBLIOGRAFIA

ANDRADE, Eliane Nunes de. *MOVIMENTO NEGRO JUVENIL: um estudo de caso sobre jovens rappers de São Bernardo do Campo*. Dissertação de Mestrado defendida na Faculdade de Educação, da Universidade de são Paulo, São Paulo, 1996.

BENZAQUEM, Ricardo. *CASA-GRANDE & SENZALA: e a obra de Gilberto Freyre nos anos 30*. Rio de Janeiro: Editora 34, 1994.

FELIZ João Batista de Jesus. *CHIC SHOW E ZIMBABWE: a construção da identidade nos bailes black paulistanos*. Dissertação de Mestrado defendida na FFLCH/USP, São Paulo, 2000.

FREYRE, Gilberto. *CASA-GRANDE & SENZALA: a formação da família brasileira sob o regime da economia patriarcal*. Rio de Janeiro, José Olympio, 1978.

GOLDMAN, Márcio. *COMO FUNCIONA A DEMOCRACIA: uma teoria etnográfica da política*. Rio de Janeiro: 7 Letras, 2006.

GUASCO, Pedro Paulo M. *NUM PAÍS CHAMADO DE PERIFERIA: identidade e representação da realidade entre os rappers de São Paulo*. Dissertação de Mestrado defendida na FFLCH/USP, São Paulo, 2001.

GUIMARÃES, Maria Eduarda Araújo. *DO SAMBA AO RAP: a música negra no Brasil*. Tese de Doutorado defendida no Instituto de Filosofia e Ciências Humanas da Universidade de Campinas, Campinas, 1998.

SCHWARCZ, Lilia Katri Moritz. "Complexo de Zé Carioca: sobre uma certa ordem de mestiçagem e a malandragem". *Revista Brasileira de Ciências Sociais*, n. 29, São Paulo, 1995.

SILVA, José Carlos Gomes. *RAP NA CIDADE DE SÃO PAULO: música etnicidade e experiência urbana*. Tese de Doutorado defendida no Instituto de Filosofia e Ciências Humanas na Universidade de Campinas, Campinas, 1998.

SKIMORE, Thomaz E. *PRETO NO BRANCO: raça e nacionalidade no pensamento brasileiro*. Rio de Janeiro: Paz e Terra, 1976.

PUBLICAÇÕES SOBRE HIP HOP CONSULTADAS

CAROS AMIGOS ESPECIAL, Editora Casa Amarela, n. 3, set. 1978

CAROS AMIGOS ESPECIAL, Editora Casa Amarela, n. 24, jun. 2005.

RAPA BRASIL, Ano I número 8, Editora Escala, 2001.

CAPÍTULO 7
O Rap no Quilombo: a Periferia dá seu Tom

Lourdes Carril

INTRODUÇÃO

Nas últimas décadas, a estética do Hip Hop difundiu-se mundialmente como manifestação cultural e política de jovens moradores das periferias, constituindo um poderoso mecanismo de reflexão sobre as condições de vida nas quais os mesmos encontram-se submetidos frente aos direitos sociais negados e precarizados. Por meio dessa expressão artística, esses jovens denunciam a falta de investimentos na escola pública, na saúde, lazer e moradia, que são bens sociais básicos na vida dos indivíduos nas organizações sociais modernas. Estas carências atingem todo um segmento social de brasileiros, norte-americanos ou mesmo parisienses, os quais vivem nas grandes metrópoles do mundo e sofrem as dores da marginalização e do preconceito, da criminalidade e da morte.

O trecho abaixo de "Antigamente Quilombo Hoje Periferia", do grupo Z'África Brasil, é uma dura e exaltadora expressão da vulnerabilidade dos jovens nas periferias brasileiras frente às leis que regem o território das periferias, ao mesmo tempo em que mostra a consciência dos mesmos no processo. A violência social os leva à necessidade de sobreviverem numa espécie de faroeste brasileiro e a aprenderem o manejo de armas de fogo, transformando-os em bandidos e não em cidadãos. Para enfrentarem o inimigo estabelecem as conexões com o herói dos escravos Zumbi de Palmares.

> *Sempre a mil aqui Z'África Brasil*
> *Pra quem fingiu que não viu a cultura resistiu*
> *Num faroeste de caboclos revolucionários*
> *È o Z Zumbi que Zumbazido Zuabido Zumbizado*
> *A lei da rua quem faz è você no proceder*
> *Querer é poder, atitude è viver*
> *Hoje centuplicarei o meu valor*
> *Eliminando a dor que afeta o meu interior*
> *Querem nos destruir mas não vão conseguir*
> *Se aumentam a dosagem mas iremos resistir*
> *Evoluir não se iludir com inimigo*
> *Que transforma cidadão em bandido, perito em latrocínio.*
> *Os hereditários sempre tiveram seus planos*
> *Ao lado de uma par de dólar furado e falso e se encantam*
> *È cadeira de balanço ou é cadeira elétrica*
> *Gatilhos tiros na favela e o sangue escorre na viela*
> *Um dia sonhei que um campinho da quebrada era uma fábrica da Taurus Ainda bem que era um sonho e aì fiquei um pouco aliviado. Mas algo em meu pensamento dizia pra mim*
> *Porra! Se na periferia ninguém fabrica arma quem abastece isso aqui?*
>
> *(Antigamente Quilombo, Hoje Periferia)*

No Brasil, durante mais de um século, a condição da pobreza tornou-se quase que naturalizada, sendo representada nos números e nas estatísticas como desafio a vencer a partir da superação dos entraves e restrições à modernização e ao crescimento econômico.[1] Contudo, tal mito perde a sua força

---

1   SOUZA, J. *A Ralé Brasileira: quem é e como vive.* Belo Horizonte: UFMG, 2009.

no curso dessa modernização quando o país passou por grandes surtos de efervescência econômica e a inclusão social não se fez nas mesmas proporções, restando muitos pobres e analfabetos ou semialfabetizados e desprovidos de proteção social, no campo e na cidade e, dentro deles, uma maioria de negros e pardos.

Florestan Fernandes,[2] em *A Revolução Burguesa no Brasil* analisou a dinâmica histórica envolvendo urbanização e educação, vendo a sua gênese na teia de relações patrimonialistas e clientelistas herdadas do período colonial. Na recém nascida nação, as classes sociais, ligadas à economia cafeeira e seus desdobramentos no mercado, vão reivindicar a educação pública financiada pelo Estado para seus filhos. No tocante à urbanização, é a pressão das forças exógenas ligadas às necessidades do capital internacional que desencadeará as forças urbanas. Autores como Carvalho[3] também estudaram como parte majoritária da sociedade brasileira, recém saída da escravidão e da Proclamação da República não viu mudanças profundas no seu modo de vida, nas relações de trabalho e nas bases de produção e reprodução da sociedade. No conjunto dos pobres, tornou-se marcante a marginalização do segmento afrodescendente em diversas dimensões do plano social, do mercado de trabalho, da moradia, da escola, ou seja, dos mecanismos de mobilidade social característicos da sociedade burguesa em formação, sobretudo, na cidade de São Paulo. É o que vai destacar, ainda, Fernandes, na década de quarenta, quando a população negra pedia uma nova alforria.[4]

Ressaltamos a frequência com que a ideia de uma nova abolição reaparece, revelando as contradições que se revelam na dinâmica de modernização da sociedade brasileira. Por meio das falas dos jovens *rappers,* quando eles expressam o desejo de obterem uma "outra alforria" ou retratam a favela como senzala e a periferia como quilombo ou pelas respostas de estudantes negros,

---

2   FERNANDES, F. *A Revolução Brasileira. Ensaio de interpretação sociológica.* Rio de Janeiro: Editora Globo, 2006.

3   CARVALHO, J. M. de. *Os Bestializados. O Rio de Janeiro e a República que não foi.* São Paulo: Companhia das Letras, 2001.

4   FERNANDES, F. *A Integração do Negro na sociedade de classes.* São Paulo: Ática, 1978. v. 2

no Distrito de Capão Redondo, na Zona Sul de São Paulo,[5] é possível ver esse desejo retornar.

O NEGRO NA METRÓPOLE

Seabra,[6] em *A metamorfose da Cidade em Metrópole*, analisa o processo de urbanização como uma dinâmica que parte da cidade como *lócus* da indústria, mas a ultrapassa, tornando-o um processo de abstração da sociedade — alienação dos indivíduos e grupos sociais sobre relações generalizadas de valor de troca. Uma dinâmica que engendrou o distanciamento dos sujeitos em relação aos frutos do trabalho, autorias, talentos, territórios, história e cultura, a riqueza urbana e tudo o que se produz no interior do processo de industrialização. Mas, hoje, a urbanização ocorre mesmo sem indústria e mercado de trabalho industrial, a partir de outras configurações científico-tecnológicas capazes de estabelecer comandos e conexões a longas distâncias, que resultam em novas atividades materiais e imateriais, características do meio técnico científico informacional. Segundo Lefebvre,[7] nesse processo, a cidade mesma vai sendo fragmentada e também perdendo a sua funcionalidade na condução do processo econômico até então fincado na produção industrial fordista e taylorista, dando lugar à metrópole, produzindo o estranhamento de seus cidadãos em relação ao espaço urbano à medida que os mesmos são levados à perda da identidade, à periferização e à fragmentação social, territorial e cultural.

---

5   A partir de entrevistas realizadas no Capão Redondo, zona Sul de São Paulo, junto a estudantes de cursinhos pré vestibulares afrodescentes, colhemos as falas sobre a necessidade de uma nova abolição para a pesquisa fez parte do desenvolvimento da tese de doutorado e da publicação do livro *Quilombo, Favela e Periferia. A longa busca da cidadania*.

6   Odette Seabra (mimeo) ao analisar a metamorofse da cidade em metrópole, compreende a ordem urbana como fenômeno que corresponde à cidade em relação à metrópole, a medida em que se vai estabelecendo uma ordem social competitiva que, em consequência, começaria a sobredeterminar a própria cidade, já então, tendendo a organizar a sociedade sob os imperativos do modo de produção capitalista, no sentido da sua formação como uma totalidade integradora de espaço e de tempo: "De tal forma que parece inquestionável o fato de que o fio condutor de estruturação da cidade seria também, ao mesmo tempo, o da sua desestruturação".

7   LEFEBVRE, H. *O direito à cidade*. São Paulo: Centauro, 2001.

Nessa dinâmica brasileira, a questão etnoracial se atualizará, pois o negro reaparece sob novas condições de marginalidade e força de trabalho barata para o capital no Brasil, permitindo-nos pensar a sua presença/ausência na metrópole e entender o quilombo como paradigma de sua resistência. Isso porque ao longo do século XX, os afrodescendentes vão sendo banidos do centro histórico em direção às bordas da cidade de São Paulo, indo habitar as moradias precárias das periferias, sejam, CDHUs, COHABs ou favelas. Em nossa pesquisa, foi possível verificar que os percentuais de negros aumentam nessa mesma ordem e que, tanto no centro antigo, bem como os centros novos — Avenida Paulista e Av. Berrini são brancos. Ou seja, o que se denomina quadrante sudoeste da capital apresenta números ínfimos de famílias negras e grandes contingentes de famílias brancas.

Do ponto de vista histórico, este processo significa a conexão entre os elementos constituintes da diáspora africana que no Brasil significou mais de três séculos de escravidão e o desenvolvimento das potencialidades do desenvolvimento econômico desde a colonização. A história da formação da sociedade brasileira a partir da longa escravidão negra e de seus desdobramentos nos conduz à gênese de um mercado de trabalho e de relações assimétricas cuja centralidade vem se desenvolvendo fundamentalmente por meio da gradação de cores e por uma suposta democracia racial, levando a uma segregação socioespacial.

Ao longo do processo de desenvolvimento da industrialização e urbanização e a consolidação de uma cidade moderna e aparelhada com equipamentos que se conectam hoje com a economia global, ocorreu uma dinâmica em que o patrimônio histórico é excluído do usufruto dos afrodescendentes, uma vez que as grandes distâncias intraurbanas aliada à escassez de renda, trabalho e de equipamentos nas periferias traçam os muros que dividem as classes sociais urbanas.

Trata-se de uma dinâmica de desclassificação social, desterritorialização e invisibilidade do negro na cidade de São Paulo, que tem início nos séculos XIX e início do XX. Nesse momento, se estabelece um modelo de cidade mais moderna e europeia, bem como padrões de comportamento de habitação que não serão possíveis de serem adotados pelos negros escravos ou livres. A cultura e a riqueza do café ao construir as bases para a centralidade econômica na cidade, também concorre para (re) organizar um espaço urbano sobre determinadas regras e leis que não abarcam os desprovidos de fortuna. Quando da abolição sem reforma agrária ou qualquer reparação para os trabalhadores livres negros, estes tiveram que concorrer com os trabalhadores imigrantes por trabalho. Nesse caso, já se dá naquele momento uma segregação principalmente pelas moradias que eram os cortiços e, por outro lado, pela busca de sobrevivência muitas vezes na informalidade. As ruas, contudo, eram marcadas por sociabilidades que vão se perder, conforme Maria Odila Leite da Silva Dias, em *Quotidiano e Poder em São Paulo no Século XIX*,[8] que estuda a vida das mulheres e busca retratar espaços de sobrevivência das mulheres pobres, brancas, escravas e forras da cidade de São Paulo. O cenário é de rigidez, vigilância e destituição de tudo o que não se coadunasse com o modo de vida urbano pensado em termos habitacionais, parentais e de trabalho.

É relevante identificar os pontos de encontro e contatos sociais dos escravos e forros, ou seja, os espaços que se estruturaram na cidade como territórios negros de São Paulo que hoje não mais existem. Desde o início da escravidão urbana existiu nos arredores da cidade, no vale do Anhangabaú, Bexiga, em Pinheiros, em Santo Amaro e nos matagais, contatos com escravos aquilombados para supri-los de gêneros alimentícios, aguardente e fumo e outras necessidades. A sociabilidade urbana era grande e houve convívio e tensões entre senhora e escrava, graças ao comércio local, o encontro com as lavadeiras, o comércio ambulante, escravos de ganho que se alternavam no serviço doméstico, as quitandas, escravas de tabuleiros, vendendo quitutes e biscoitos alternavam-se com vendedoras (livres, caipiras e mestiças), à noite, ocorrendo comércio de aguardentes, fumo, arruda, frango, punhais, velas, cachimbos e outros. Destaca-se nesse panorama o importante papel das mulheres escravas na estruturação de resistência, constituindo novas bases de convívio social e tradições culturais africanas. A Igreja de Nossa Senhora do Rosário dos Homens Pretos é um importante ícone da cultura africana na cidade.[9] Importantes, além disso, os locais referentes aos esconderijos e trânsito de escravos fugidos, como Anhangabaú, Bexiga (Quilombo

---

8   DIAS, M. O. L. da S. *Quotidiano e Poder em São Paulo no século XIX*. São Paulo: Brasiliense, 2001.

9   A Igreja de Nossa Senhora dos Homens Pretos foi construída em 1711, no Antigo Largo do Rosário (Atual Pça. Antonio Prado), sendo, posteriormente, demolida com a urbanização de São Paulo e transferida para o local atual, no Largo do Paissandu, em 1906.

do Saracura), Passagens na Região do Ipiranga e Santo Amaro em direção ao Quilombo do Jabaquara.

Por outro lado, a legislação de urbanização da cidade, como as Posturas Municipais que tanto se preocupavam com o ajuntamento de escravos e forros (postura de 17 de novembro de 1832) junto às fontes, no tocante à proibição ao jogo da capoeira e à Igreja do Rosário, no Largo da Misericórdia, onde as mulheres se reuniam. Proibiam o aluguel de quartos para escravos e forros, dificultavam as festas religiosas, como as de São Francisco, do Rosário, de São Benedito, organizadas pelas Irmandades, e ainda festas como o entrudo. Rolnick[10] cita a Postura Municipal de 1886, que vai regular o padrão de habitação, proibindo que mais de uma família morasse numa casa, cuidando de estabelecer um modelo de vilas higiênicas, pequenas casas unifamiliares construídas em fileiras, sempre na periferia dos núcleos urbanos, portanto, livres da existência dos cortiços. Dessa feita, estavam lançados os domínios territoriais pautados pelo higienismo, compatíveis, portanto, com os ideais da civilização moderna. O modelo de cidade estabelecido deixava de fora os tipos de habitação e atividades, como cortiços, profissões de rua e agenciamentos não familiares, constituindo, assim, uma marginalidade urbana, da qual até hoje enreda o negro como constituinte majoritariamente das periferias de São Paulo.

O avanço da urbanização e a metropolização, ao longo do século XX, vai estendendo no seu bojo as grandes periferias urbanas de São Paulo, na medida em que os trabalhadores cosntroem as suas casas durante uma vida de trabalho, sob o regime de mutirão e com recursos próprios. Mas, a perda da cidade se configura na medida em que as novas centralidades da metrópole arregimentam as lógicas econômicas que destituem totalmente a possibilidade de reunir os elementos da tradição africana, da solidariedade e da comunidade. Além disso, inviabilizam o usufruto do negro dos equipamentos urbanos presentes nos quadrantes urbanos estruturados com transportes, cultura e lazer. Outras solidariedades serão construídas em torno das vizinhanças, das Igrejas Evangélicas, do campo de futebol e do tráfico. A metrópole significa também trabalho qualificado para alguns e subtrabalho ou informalidades e desemprego para muitos.

---

10   ROLNICK, R. *A cidade e a lei. Legislação, Política Urbana e Territórios na Cidade de São Paulo*. São Paulo: Fapesp/Studio Nobel, 1997.

Entendemos que, enredada nessas fraturas sociais e espaciais, a juventude negra se apropria do rap como linguagem e busca uma (re) identificação territorial nas grandes metrópoles. A emergência do hip hop nas periferias brasileiras pode ser vista, assim, como parte da cultura urbana fragmentada e do drama histórico que, como aponta Sousa,[11] gera "a continuação da reprodução de uma sociedade que 'naturaliza' a desigualdade e aceita produzir 'gente' de um lado e 'subgente' de outro".

Pode-se analisar que o conteúdo expresso em *Antigamente Quilombo Hoje Periferia*, comunica os elos presentes na história brasileira, entre presente e passado, produzindo um sentido à realidade urbana do final do século XX e início do XXI, pois desfaz a invisibilidade do negro na cidade de São Paulo, construída com base na concepção de modernização e branqueamento. O rap desvela a negação da condição de negação de alteridade do negro que, de tão hegemônica, transformou-se num signo compreendido socialmente.

O RAP COMO IDENTIDADE E RESISTÊNCIA SOCIAL, CULTURAL E ÉTNICA

O RAP (*Rhythm and Poetry*) pode ser analisado como expressão de uma sociabilidade e ao mesmo tempo resistência à violência que atinge jovens, em sua maioria, negros. Este tipo de expressão artística e musical, juntamente ao *break* (dança de rua) e ao grafite, constitui o movimento *hip hop* e exprime uma forma de identidade urbana frequentemente perseguida pelos jovens na metrópole, apresentando, também, de outro lado, respostas às dinâmicas sociais de banimento dos pobres dos centros urbanos. Amaral[12] procura demonstrar como a expressão cultural do hip hop, ao contrário do que é comumente veiculado, envolve, na verdade, uma série de elementos estéticos capazes de produzir uma espécie de "reversão dialética" da razão ordenadora totalizante, tal como tem sido imposto pela globalização da cultura. E levando esta última ao limite, fin-

---

11   SOUZA, J. *op. cit.*

12   AMARAL, M. O rap, o hip hop e o funk: a "eróptica" da arte juvenil invade a cena das escolas públicas nas metrópoles brasileiras. *Psicol. USP*, vol. 22, n. 3, São Paulo, jul./set. 2011, Epub Set-2011.

da por negá-la em seus aspectos reificadores. Halifu[13] analisa como a negritude urbana norte-americana se sustenta numa confluência capitalista e possibilita criar um *mix* de benefícios mútuos que o signo classe e raça dividem. Para ela, "o constructo "rua" e "gueto", "marginalidade e gueto" e alteridade constituem material vital como produto de mercado e estilos de vida contemporânea para a indústria cultural".

Nos Estados Unidos, diferentemente do Brasil, o hip hop tem grande penetração no mercado da indústria cultural, sendo que seus empresários acabam por liderar a exportação desse produto para o mercado multinacional, atingindo jovens de todo o mundo, nas suas mais diferenciadas realidades, inclusive no Brasil. Segundo Halifu, "a era pós moderna forma uma conjugação entre cultura popular e desenvolvimento capitalista que é única na história moderna, num casamento entre capital e cultura, da qual o hip hop faz parte".

As estéticas culturais, em torno das quais jovens contemporâneos têm aderido e se agrupado, como os *punks, rappers, clubbers, góticos, emos,* entre outros, constituem fenômenos urbanos que expressam um mal estar social e estranhamento em relação às dinâmicas de desenvolvimento urbano capitalista da era pós moderna. Walter Benjamin,[14] ao analisar o período do capitalismo do século XIX e as transformações urbanas explicitadas pela prosa baudelariana, demonstra, também, os choques com a cidade à medida que nela ocorrem mudanças relacionadas à nova ordem econômica. As reformas de Haussmann redefinem, por exemplo, territorialidades próprias às classes sociais urbanas, acompanhadas por elementos culturais da vida burguesa, da organização e preservação da vida privada. Nesse reordenamento urbano, as mazelas das ruas são vinculadas aos operários e ao *lúmpen* que vagueia sem sentido. A multidão se amontoa e é observada atentamente pelo *flaneur*, uma personagem criada por Baudelaire para caracterizar o poeta que vivencia essas mudanças e procura extrair seus símbolos. Benjamin vislumbra no cotidiano urbano do século XIX,

---

13   HALIFUL, O. *The Africanist Aesthetic in Global Hip hop.* See pages 30-31
14   BENJAMIN, W. Obras Escolhidas III. *Charles Baudelaire, um Lírico no Auge do Capitalismo.* São Paulo: Brasiliense, 2000.

uma expressão cultural intrínseca às conjunturas econômicas e sociais criadas pela indústria, sua fonte de criação.

Destarte, no mundo do capitalismo contemporâneo, os *rappers* nos traduzem sentimentos de busca de identidade urbana, mas agora no contexto da metamorfose da cidade em metrópole, fruto da expansão econômica e de novos produtos e atividades, bem como da reestruturação produtiva. Desde a segunda metade do século XX, ficaram mais explícitas as impossibilidades de participação de amplas camadas das sociedades dos benefícios da tecnologia e do mercado decorrentes da falta de trabalho, descrédito da educação como forma de inserção social e ascensão social, sendo tais, os limites impostos à entrada e permanência na sociedade de consumo.

Segundo Guy Debord,[15] a partir de fins da década de sessenta, não foi difícil para as pessoas entenderem as desilusões resultantes do mercado, tornando claras a: "negação da vida que se tornou visível", "a perda da qualidade" ligada à mercadoria e à "proletarização do mundo", pois o espetáculo constitui o *modelo* presente da vida socialmente dominante a partir de então.

Wacquant[16] estudando as similaridades entre as grandes periferias do Brasil e da América Latina, dos guetos dos Estados Unidos e das periferias francesas – as *banlieue*s – encontrou vários elementos comuns, tais como a violência da exclusão, do tráfico de drogas, furtos, homicídios, pelo trabalho precarizado, trabalho informal e outras formas de obter condições financeiras e alcançar os bens e as mercadorias almejadas, elementos para analisarmos a sociedade do espetáculo e as ilusões que ela não pode mais fabricar.

Analisando as periferias do Capão Redondo, na zona Sul de São Paulo, pudemos refletir sobre as fronteiras tênues entre a favela e as mansões do bairro do Morumbi, que constituem a quebra das ideologias, pois o olhar de perto da favela para a riqueza traz a certeza do abismo que há para ter acesso aos bens e riquezas da sociedade de consumo, produzindo a sensação do fracasso e da in-

---

15   DEBORD, Guy. *A sociedade do espetáculo: comentários sobre a sociedade do espetáculo*. Rio de Janeiro: Contraponto, 1997.

16   WACQUANT, L. *Punir os Pobres: A nova gestãoda miséria nos Estados Unidos*. RJ: Freitas Bastos Editora, 2001.

suficiência. Esta realidade está gravada nos corpos e nas mentes dos jovens que aspiram encontrar seus lugares na sociedade urbana. Demonstra como os objetos tecnificados e os bens da sociedade do espetáculo estão explicitados no cotidiano, envolvendo os desejos e as necessidades tanto físicas quanto emocionais, a partir da frustração desses mesmos desejos.

O RAP NO QUILOMBO

A que sentido flores prometeram um mundo novo? Favela viela morro tem de tudo um pouco, Tentam alterar o DNA da maioria. Rei Zumbi! Antigamente Quilombos Hoje Periferia! Levante as caravelas aqui não daremos tréguas não, não Então que venha a guerra Zulu Z'África Zumbi aqui não daremos tréguas não, não Então que venha a guerra!!!

Combinando elementos culturais, da história do negro na diáspora, do negro brasileiro e de outras comunidades afrodescendentes internacionais, a letra do grupo Z'África Brasil relata a problemática do mundo oferecido aos negros brasileiros desde o fim da escravidão — favela, viela e morro. Faz também uma analogia entre o capitalismo de hoje e aquele que inaugurou a entrada de africanos no período colonial para abastecer de mão de obra aquele mercado — da chegada das caravelas aos combates contra os negros aquilombados. A contrapartida é a resistência protagonizada pelo líder Zumbi dos Palmares, que combateu na Serra da Barriga, em Alagoas. Trazido à cena no momento atual, produz-se uma imagem de nova resistência do negro em um "faroeste caboclo", o qual alude à ideia de guerra nos territórios da periferia numa cidade brasileira, como uma "terra de ninguém" e do negro na periferia — um novo quilombo.

Esse *rap* questiona o poder de destruição da sociedade excludente que transforma o cidadão negro em bandido, corrompe o trabalhador — ele não fabrica as armas, mas usa-as quando elas são usadas contra ele também, morre ou vai para a prisão. Ao anunciar a guerra contra o sistema aponta que as armas e a droga que foram levadas para a periferia serão, então, devolvidas.

O conteúdo político-cultural do quilombo, na manifestação hip hop, trata de procurar outras vias de inserção no sistema econômico e social que exclui seus moradores. A sua inserção entre jovens da periferia explicita a incorporação de uma cultura globalizada em um universo desenraizado. O rap é absorvido pela vivência desses jovens no tempo da História, incorporado como aquisição cultural, não sem interpretar o passado à luz do presente em seus conteúdos.

As origens jamaicanas e urbanas do RAP são reconhecidas em todos os cantos do mundo. Trata-se de um ritmo nascido nas ruas da cidade – *street players* – e como outros estilos musicais dos EUA, Jamaica, Haiti e Brasil, constituem-se parte da herança africana representada desde a época da escravidão até os guetos, favelas, mangues, palenques, cumbes, quilombos e periferias. O rap na França, porém, não surgiu nas ruas, como nos Estados Unidos. Foi difundido, no início dos anos 80, em programas de televisão e numerosas emissões de rádio, que incentivaram a sua popularização. O gênero musical encontrou um terreno propício nos subúrbios onde viviam os imigrantes e os pobres. O rap *Antigamente Quilombo Hoje Periferia* absorve um estilo musical nascido fora do Brasil, mas que se hibridiza com as expressões culturais afrobrasileiras.

O QUILOMBO E O IMAGINÁRIO MÍTICO DA RESISTÊNCIA

O quilombo no Brasil é um dos movimentos históricos de resistência de luta dos escravos brasileiros e é restaurado nas expressões de resistência dos afrodescendentes aparece também nas letras do rap. O quilombo era a terra da liberdade, da recriação do corpo e do espírito, à retomada do seu *Eu* em oposição ao cativeiro, como uma reintegração existencial, identidade psíquica que não seria possível sem o território. A favela, sinônimo de exclusão social, localizada na periferia, constitui uma nova territorialidade dos que foram desterritorializados – uma terra de migrantes. É também o lugar em que se torna possível a construção de uma linguagem que expressa o viver territorial, o que implica o uso da razão e das habilidades que cada um tem para estabelecer fronteiras e acessos havendo a premissa de que o negro, agora morador da periferia, tem estado fora do código social estabelecido por convenções desde as fases iniciais da metropolização.

Em suas letras, o grupo Racionais MC's, que lideraram uma vultosa quantidade de vendagem do álbum *Sobrevivendo no Inferno*, de 1992, deixa claro a mensagem da resistência. Essa circunstância de mercado aberto às linguagens musicais novas impera na indústria cultural como a musical.

Empurrada para as áreas extremas da metrópole, a população negra tem seu número diminuído no chamado quadrante sudoeste da capital, configurando, assim, segregação espacial e racial em São Paulo. A falta de emprego, a criminalidade e a precária presença do poder público, inclusive com a deterioração da qualidade da escola pública impõem a esses territórios da cidade o imaginário social de lugares perigosos, de marginalidade e exclusão. Uma espécie de confinamento territorial que é muitas vezes assemelhado ao gueto norte-americano.

Vários agrupamentos de população negra foram identificados em distintas regiões brasileiras, nas áreas rurais, de ecossistemas florestais, à montante de cachoeiras, sobretudo, em lugares mais afastados dos centros urbanos e das regiões industrializadas do país.[17] Compreendidos como lugares de refúgio, muitos dos habitantes guardaram saberes tradicionais, manifestações culturais próprias como dialetos e relação específica com a natureza, bem como respeito a valores da ancestralidade pertinente à formação do grupo. Têm sido, também, denominados quilombos urbanos os bairros negros rurais alcançados pelo crescimento das cidades, em várias regiões brasileiras.

Contudo, o quilombo cantado pelo rap constitui-se uma narrativa da história do negro na cidade a partir da constituição dos territórios negros no final do século XIX e das redefinições do espaço urbano que vão configurar outra sociabilidade a partir do espraiamento de São Paulo ao longo do século XX. Na medida em que as famílias negras foram sendo empurradas para distantes periferias, para além das pontes que atravessam os rios Tietê e Pinheiros, foram se distanciando da cidade e da riqueza urbana socialmente construída.

O quilombo representado pelo rap traduz uma identidade de resistência e alude a um território de liberdade de expressão, construído sobre um determinado código cultural que traduz sua forma de ser e de manifestar os excluídos da prosperidade e das oportunidades sociais. A segregação territorial é convertida

---

17   CARRIL, L. de F. B. *Terras de Negros: Herança de Quilombos*. São Paulo: Scipione, 1997.

em outra territorialidade dificilmente compreendida pelos que não a vivenciam. São identidades de um viver específico do território expressas pela linguagem do rap, a partir dos despossuídos, moradores que constroem um imaginário de resistência, construído historicamente.

CONSIDERAÇÕES FINAIS

Partindo do pressuposto histórico genético, conforme Lefevbre,[18] ou seja, buscando a historicidade e a gênese da problemática, abordamos os fenômenos socioculturais aqui discutidos que envolvem os jovens periféricos na metrópole. Neste artigo, procurou-se trabalhar o princípio formativo segundo o qual se deve começar a acolher um problema por sua aparência singular localizada, segundo a intenção de se alcançar a real universalidade do problema em questão mediante o aprofundamento das manifestações desses dados locais, na perspectiva da duração histórica.

A escravidão brasileira inaugura a entrada dos africanos no cenário econômico que pertencia aos desígnios do pacto colonial formulado pelas necessidades do comércio ultramarino e da metrópole, além de engendrar as possibilidades da empresa local. O estabelecimento da independência nacional promulgou a continuidade de um processo em que a nação se moldava tanto pelos atores externos quanto internos, mas estabelecendo as bases da formação social e econômica capitalista. A entrada de imigrantes produziu um fosso que separava os ex-escravos daqueles trabalhadores que passaram a ser considerados mais adequados à ordem competitiva nascente.

Vivenciando um processo de contínuo espraiamento na cidade, os negros vão sendo afastados dos territórios centrais desde o final do século XIX. A sociabilidade urbana que propiciava o encontro das classes sociais devido à proximidade das mesmas não será a mesma à medida que a urbanização se processa configurando as extensas periferias de São Paulo ao longo do século XX.

---

18   Da Ponte Pra Cá. Racionais MC's. http://www.maxilyrics.com/racionais-mc%27s-da-ponte-pra-c%C3%A1-lyrics-e7oc.html

A formação das grandes aglomerações que são identificadas com a metrópole, pela concentração de funções e atividades à escala internacional, ocorre no dilaceramento das formações pretéritas: sejam cidades ou subúrbios; ocorre nas entranhas da cidade, sob a ressalva de que apenas algumas cidades ascendem à condição de centro metropolitano. (SEABRA, s/d)

A industrialização avançando juntamente com a urbanização fomentou uma espacialidade na qual a cidade tornou-se o *lócus* de todo o processo econômico e da vida social até o momento em que a própria cidade, já então tendendo a organizar a sociedade sob os imperativos do modo de produção capitalista, caminhava no sentido da sua formação como uma totalidade integradora de espaço e de tempo, metamorfoseando-se em metrópole.

A problemática a ser apreendida por meio das letras de alguns raps se entremeia na complexidade das relações estabelecidas no longo processo de formação e gênese da formação social brasileira. Parte dos árduos caminhos da busca de cidadania dos negros após a abolição e de como a modernização da sociedade redefiniu novas formas de afastamento e exclusão dos sujeitos das promessas da sociedade de consumo e das conquistas almejadas pelo campo da educação e do mundo do trabalho. As pontes construídas sobre os rios Tietê e Pinheiros separaram também as periferias dos centros da metrópole. Essa fragmentação urbana compele os jovens a buscarem traduzir o "mundo da ponte para lá"[19] e a partir de suas letras promoverem a inteligibilidade da metrópole e de seu processo segregador. A palavra parece ser usada como arma de consciência e de existência contrariando a negação e a invisibilidade do processo secular de violência, humilhação e morte. A identificação da periferia como quilombo pode ser a (re)territorialização do corpo que fala e resiste. Fazendo o *rap*, criticam a avidez do capitalismo que cria a periferia como reserva de trabalhadores precarizados, mas que recriam a imagem de si no tempo em que as ruas estão perigosas e os muros dos condomínios fechados, embora tão próximos.

---

19   LEFEBVRE, H. *Lógica Formal Lógica Dialética*. Rio de Janeiro: Civilização, 1991.

CAPÍTULO 8
Renegados: Os Empreendedores Sociais do *Hip Hop* Liderando o Caminho para uma Mudança Social

Martha Diaz
Tradução de Renata Spinelli

INTRODUÇÃO

Por toda a história da humanidade, indivíduos como Mahatma Ghandi, Patrice Lumumba, Susan B. Anthony, Nelson Mandela, Ella Baker e Martin Luther King Jr. recusaram-se a aceitar as condições de pobreza como realidade ou mal necessário. Hoje o trabalho que está sendo feito no empreendedorismo social segue na mesma linha. Os empreendedores sociais buscam resolver problemas terríveis da comunidade através de inovações que quebrem com os padrões através de princípios empreendedores mais baratos e mais efetivos do que os meios tradicionais. Nesta seção focalizam-se os empreendedores sociais, o que os define e o impacto que eles têm na justiça social por todo o mundo. Não há definição padrão para o significado de empreendedorismo social. Há, pelo menos, três conotações diferentes que compõem um empreendedor social; o principal atributo que conecta todos é sua missão de ajudar as pessoas resolvendo um problema social, seja em escala local, nacional ou global.

De acordo com especialistas do campo de empreendedorismo social, São Francisco de Assis (fundador dos Franciscanos, no início do século 13), Florence Nightingale (fundadora da primeira escola de enfermagem, no início do século 19), e Jane Addams (fundadora da Hull House, no início do século 19/vencedora do Prêmio Nobel da Paz) são alguns dos primeiros empreendedores sociais mais considerados. Atualmente os empreendedores sociais dignos de menção incluem: Jeff Skoll (Presidente Fundador do E-bay/Fundação Skoll), Muhammad Yunus (fundador do Banco de Micro-Crédito Grameen/vencedor do Prêmio Nobel da Paz) e Jacqueline Novogratz (Fundadora/CEO do Fundo Acumen).

Segundo a Ashoka, uma das primeiras ONGs a financiar empreendedores sociais, pioneira neste campo, empreendedores sociais são "(...) indivíduos com soluções inovadoras aos problemas sociais mais prementes da sociedade. Eles são ambiciosos e persistentes, enfrentando as maiores questões sociais e oferecendo novas ideias para mudanças em larga escala" (Ashoka). O fundador da Ashoka, Bill Drayton, popularizou e globalizou o termo nos anos 80 ao identificar e cultivar os empreendedores sociais.

A Echoing Green é outra marca bem conhecida no campo do empreendedorismo social – uma empresa de investimento de capital que tem apoiado líderes visionários com ideias arrojadas para mudanças sociais desde 1987. Segundo definição em seu website, empreendedores sociais são

> (...) aqueles indivíduos excepcionais que sonham e assumem responsabilidade por uma ideia ainda não experimentada e inovadora para buscar uma mudança social positiva, levando essa ideia do sonho para a realidade. O que capacita os empreendedores sociais para causarem impactos duradouros nos problemas mais difíceis é uma combinação especial de criatividade inovadora e execução resoluta.

Diferentemente dos empreendedores de negócios, que se concentram nos lucros e perdas como medidas de sucesso, os empreendedores sociais focalizam a "linha de base tripla", perseguindo simultaneamente retorno no investimento em termos ambientais, sociais e financeiros, seja no âmbito local ou em escala global. A "linha de base tripla", termo cunhado inicialmente por John Elkington, é um marco de referência chave para a compreensão da filosofia, metodologia e sustentabilidade do empreendedorismo social (Elkington, 1994). Em *Demo: Rise of the Social Entrepreneur*,[1] Charles Leadbeater (1997, p. 2) descreve os empreendedores sociais como pessoas que resolvem problemas de modo eficaz porque "identificam os recursos subutilizados tais como espaços públicos, pessoas e equipamentos". Leadbeater descreveu uma tendência que estava ocorrendo no Reino Unido e que marcou uma nova era na qual os "empreendedores comunitários", principalmente cidadãos, estariam assumindo o sistema de bem-estar social burocrático e falido do governo.

QUATRO CONSTITUINTES DA MUDANÇA SOCIAL

Por que algumas ideias funcionam e outras não? Os professores da Universidade de Nova Iorque, Rogan Kersh e Margaret Scott, relacionam quatro principais forças necessárias para se alcançar uma mudança social. Elas são:

1. **Modelo** – um indivíduo ou grupo determinado a criar uma mudança
2. **Contexto** – a história passada e atual
3. **Teorias** – um novo paradigma ou coletânea de resgate de ideias
4. **Movimento** – o poder de ação da massa que transforma a sociedade

Estes quatro constituintes servem como indicadores perfeitos para um modelo de mudança social. Na seção a seguir estes princípios serão utilizados como referência para provar que a cultura *hip hop* é também um modelo de mudança social com seu empresário social próprio e diferenciado.

Os modelos do *hip hop*: quem são os pioneiros desta cultura?

Para compreender os ESHHs, segue uma breve visada de quatro pioneiros que desenvolveram este movimento. Em Kingston, os imigrantes jamaicanos DJ Kool Herc e sua irmã Cindy Campbell são considerados o "pai" e a "primeira dama" da cultura *hip hop*. Com um enorme sistema de som, em 1973, Herc e Campbell realizavam festas em áreas de recreação e nos parques e quadras da vizinhança. Como empreendedora natural, Campbell cobrava 25 centavos das garotas e 50 dos garotos para entrarem nas festas de seu irmão, enquanto Herc mantinha a festa viva e retumbante. Eles conti-

---

[1] Nota do Tradutor: "Demo: A Ascensão do Empreendedor Social" (tradução livre).

nuam trabalhando juntos até hoje e Campbell administra a agenda de Herc pelo mundo.

Afrika Bambaataa é conhecido como o "padrinho" do *hip hop*. Também de descendência caribenha e ex-chefe da gangue *Black Spades*, Bambaataa foi também um jovem DJ que participava das festas de Herc e mais tarde se tornou conhecido como "o senhor dos discos" por sua própria coleção de músicas. Em *Yes, Yes Y'all*, Bambaataa reconta como adotou o nome do chefe Zulu "Bhambatha" após assistir a um filme no início dos anos 60 chamado *Zulu* (Fricke e Ahearn, 2002, p. 44). Bambaataa se sentiu motivado a fazer alguma coisa, pois via o *Bronx*[2] desmoronar e tomava conhecimento de outros protestos civis acontecendo: no Vietnam, na prisão de Ática e Woodstock; ouvia a Nação do Islã [*Nation of Islam*] e líderes e músicos negros como James Brown. Encontrou então um caminho para juntar tudo o que havia aprendido desenvolvendo sua teoria de mudança. Bambaataa se tornou um organizador da comunidade e jurou fazer uma mudança pacífica positiva em sua comunidade, inicialmente desenvolvendo um grupo de performance artística no ensino médio e depois formando o que se conhece como a *Universal Zulu Nation*. Esta foi a primeira organização de *hip hop* documentada formada por *rappers*, *b-boys* e *b-girls*, artistas de grafite e muitos ex-membros de gangue que faziam parte da cultura *hip hop*, todos conscientes social e politicamente.

A *Zulu Nation* de Bambaataa floresceu e, em seguida, novas filiais se formaram na região dos três estados que, como um rastilho de fogo, espalharam-se pelo mundo. Bam, como é normalmente chamado, criou o conjunto *Soulsonic Force* e gravou canções que os levariam a uma turnê mundial. Este foi um momento crítico para a cultura *hip hop* uma vez que Bam levava consigo os membros da Zulu, *b-boys/girls* e artistas de grafite espalhando seu mantra "Paz, União, Amor e Diversão" (Chang, 2005). Ele foi responsável por criar uma comunidade global de *hip hop*. A *Zulu Nation* de Afrika Bambaataa foi a primeira organização de *hip hop* fundada sob a premissa de parar a violência e desenvolver as comunidades, capacitando o indivíduo para se tornar um cidadão produtivo. Inspirado em seu vasto conhecimento sobre estudos africanos, Bambaataa criou um espaço

---

2   Nota Explicativa, do Tradutor: Bronx é um dos condados do Estado de Nova Iorque.

seguro que enfatizava as habilidades da vida, o desenvolvimento artístico e profissional e a construção da comunidade. Desde então existem numerosas organizações de *hip hop* em todo o mundo que imitam a *Zulu Nation*. Muitas incluem todos os elementos primários do *hip hop* (*djing, mcing, b-boying/girling*, grafite e conhecimento de si e da comunidade) e oferecem oficinas em programas comunitários e extraescolares.

Há ainda o Grandmaster Flash, mais conhecido como um artista de gravação, mas suas habilidades e inovações como DJ também o tornariam um pioneiro. Descendente de Barbados, Flash, aprendiz de eletricista, era capaz de ler os discos com o uso de um logo giratório pra encontrar o *break*. Ele converteu uma máquina de bateria Vox no que nomeou de *beat box* [caixa de batida], uma invenção que o permitiu colocar percussão adicional a uma mistura musical e antecipou o uso de máquinas de bateria para fazer discos de *rap* (George, 1999, p. 18). Era menos atraído pela vida nas ruas e se viu engolido pela eletrônica. Flash trabalhou principalmente na indústria do entretenimento entre os pioneiros, ganhando para trabalhar como DJ em shows e especiais de televisão. É autor com publicações, aparece no vídeo game *Hero* e advoga a favor de crianças carentes.

Agora com 50 anos de idade, Herc, Bam e Flash, os supostos DJs fundadores do *hip hop* continuam a impulsionar a massa com seus estilos e energia únicos. Eles escrevem livros e falam no ensino médio, em universidades e instituições de arte; os jovens *rappers* tiram amostras de suas músicas e os convidam para aparecerem nos vídeos de suas músicas; ainda, e mais importante, eles continuam a se apresentar e a passar adiante a história do *hip hop*. Os ancestrais do *hip hop* desejaram uma nova realidade cultural para a existência.

O Contexto do *hip hop*: um longo legado de luta, arte e mudança social

A história da cultura *hip hop* começou tempos antes destes três pioneiros (Herc, Bam e Flash) serem descobertos nos anos 70, no *Bronx*. O sul do *Bronx* estava enfrentando um dos momentos de maior baixa em sua história com a criminalidade no seu mais alto índice, drogas e gangues impregnando a comunidade, desemprego, corrupção política e centenas de prédios sendo incendiados pelos chefes de favela. Isto ocorreu após os moradores do *Bronx* serem surpreendidos com o projeto de Robert Moses que criou a *Cross-Bronx Expressway*. Este construtor urbano moderno, o mais poderoso de todos os tempos, queria transformar Manhattan em um centro de riqueza conectando-a, através uma rede de rodovias, de um extremo a outro. Este projeto de engenharia "mamute" destruiu comunidades de imigrantes de classe média há muito tempo estabelecidos e criou novos focos a partir de milhares de residentes que foram forçados a sair de Manhattan procurando refugio por lá (Rose, 1994; George, 1999; Chang, 2005).

Quando mudaram para o *Bronx*, os jovens negros [*black*] e marrons [*brown*] formavam gangues para autodefesa enquanto gangues de jovens brancos, e mais tarde de jovens de cor, começavam brigas na escola e batalhas de rua. Estima-se que havia centenas de diferentes gangues, chegando a computar 100.000 membros, disputando poder na região – como pode ser visto no filme de Hollywood de Walter Hill, de 1979, *The Warriors*[3] (Chang, 2005, p. 50). Por volta da metade dos anos 70 desapareceram 600.000 empregos na indústria. Entre 1973 e 1977 apareceram 30.000 focos de incêndio, somente no sul do *Bronx* (*Idem*, p. 15). As organizações políticas *Black Panthers* e *the Young Lords* foram influentes ao espalhar o poder *black* e *brown* à primeira geração de *hip hop*, mas se depararam com a competição contra gangues, drogas e a COINTELPRO do Presidente Nixon (programa de contra inteligência lançado pelo FBI para investigar e desarticular insurgentes).

Outras forças influentes também fizeram nascer esta cultura entre 1955 e 1968. A era dos direitos civis afro-americanos gerou o movimento de reforma nos Estados Unidos após as marchas de massa, protestos de violência e não violência, boicotes e ocupações. Malcolm X e Martin Luther King Jr. foram assassinados em 1965 e 1968 respectivamente. Do mesmo modo que os griôs [*griots*] faziam apresentações através de suas tradições orais do oeste africano, os *Last Poets* e *Gil Scott Heron* redisseram a história através da poesia e inspiraram o movimento da palavra falada e o gênero da música rap de hoje.

Durante o início do *hip hop*, o *reggae* da Jamaica desempenhou papel significativo nos cruzamentos do *soul* com a música discoteca. A música *reggae*

---

3   Nota do Tradutor: No Brasil, o filme "The Warriors" é conhecido em Português como "Os Selvagens da Noite".

emergiu do fogo cruzado de políticas, renegados e pobreza, e "como se tem dito, é o parente mais velho da música rap" (*Idem*, p. 23). Entre canções de libertação dos negros do terceiro mundo e hinos de paz internacional, a música jamaicana desencadeou resistência, ingenuidade, competitividade e traços de empreendedorismo dentro da cultura *hip hop*.

A Teoria cultural, crítica e libertadora do *hip hop*

E se a rica história do *hip hop* e sua cultura criativa puder ser usada para desafiar os problemas locais e globais, reformar e melhorar os modelos existentes e fortalecer e melhorar a democracia? E se o *hip hop* puder transformar o pobre oprimido, perdido e esquecido, em um cidadão produtivo, engajado, pensante e livre? Nesta seção são entrelaçados os métodos e teorias interdisciplinares libertadoras, críticas e culturais que explicam a prática dos modelos de solução em educação baseada no *hip hop*.

O valor educacional inerente ao *hip hop* deriva de sua autoconsciência, determinação e expressão. A verdadeira educação do *hip hop* é fundada na pedagogia do *hip hop* que procura processos de aprendizado alternativos e múltiplas teorias e práxis de ensino e aprendizado. As teorias e métodos aplicados na educação do *hip hop* estão alinhados aos seguintes organismos de trabalho: as ideias transacionais de conhecimento, de inteligência experimental e pluralidade de John Dewey; a teoria de múltipla inteligência de Howard Gardners; as ideias de intelectuais orgânicos de Antonio Gramsci; a teoria de mídia sócio-construtivista de Steve Goodman; a pedagogia do oprimido de Paulo Freire; e a teoria feminista libertadora de Bell Hooks. Podemos certamente adicionar muitos a esta lista, mas se deve lembrar que o *hip hop* é uma cultura em constante evolução e de múltipla perspectiva.

A cultura do *hip hop* tem muitos elementos que dão forma a seus princípios, sua filosofia e sua arte. O *hip hop* começou com o DJ (Disc Jockey), com o grupo dos três ancestrais que estabeleceram o padrão de sua técnica, estilo e seleção de discos. O próximo elemento a se desenvolver da cultura *hip hop* foi o MC (Mestre de Cerimônias), a pessoa que entretém a multidão através do método de chamada e resposta [*call and response*] que tem sua origem nas culturas africanas. O DJ também costumava ser o MC, até que o MC se desenvolveu em um artista solo. De longe o MC se tornou o elemento de maior sucesso, assumindo diferentes formas – da palavra falada ao *freestyle* (improvisação) e ao artista de gravação. O elemento grafite, conhecido como arte em aerosol, pode ser ligado ao antigo Egito e à Mesopotâmia, onde as cavernas eram repletas de hieróglifos para registrar os fenômenos naturais e sobrenaturais da comunidade. Usando a boca, a língua, os lábios e a voz criam-se percussões e sons musicais do elemento *beatboxing* [caixa de batida], que tem suas raízes nas culturas africana, indiana e chinesa. O mais importante é o que Afrika Bambaataa chama de quinto elemento: "conhecimento de si mesmo e da comunidade", criado com a ideia de que nenhum dos outros elementos importa a menos que haja propósito para a vida e conexão com a comunidade. Embora o conhecimento de si e da comunidade devesse ser a força motora da cultura *hip hop*, o poderoso elemento empreendedor é mais reconhecido pela mídia.

Quando a cultura *hip hop* é vista através do quinto elemento como uma ferramenta educacional, pode oferecer competências para a vida como pensamento crítico, solução de problemas, autoconsciência, gerenciamento de tempo e trabalho em equipe. Seja na sala de aula, no ginásio escolar, no centro de recreação, no parque, na cadeia ou em casa, o *hip hop* pode ser usado como uma forma de arte que transmite conhecimento. Em *Critical Literacy and Popular Culture in Urban Education Toward a Pedagogy of Access and Dissent*,[4] Ernest Morrell (2007, p. 11) enfatiza a importância de que

> honrando e se baseando nas práticas de alfabetização locais e na cultura cotidiana dos jovens, os educadores podem preparar programas que simultaneamente aumentam o conhecimento acadêmico enquanto também alcançam os mundos dos alunos, facilitando o aparecimento de identidades talentosas entre estes alunos e fazendo conexões entre suas práticas e conceitos locais de justiça educacional e social.[5]

---

4   Nota do Tradutor: "Alfabetização Crítica e Cultura Popular na Educação Urbana em direção à Pedagogia do Acesso e da Dissidência" (tradução livre).

5   Tradução livre.

Muitos estudiosos e ativistas de *hip hop* concordam que a *Pedagogia do Oprimido* de Paulo Freire seja a inspiração para a fundamentação da pedagogia crítica do *hip hop*. No artigo *Renewing and Reinventing Freire: A Source of Inspiration in Inner-City Youth Education*,[6] Pedro Noguera escreve sobre a influência global de Freire sobre educadores, ativistas e cientistas sociais e atribui isto a seu modelo de "mudança de base social" e "sua abordagem exclusiva para enfrentar a situação difícil dos marginalizados e oprimidos e a distribuição desigual de poder, de riqueza e status no mundo" (Motion Magazine, 2007). A teoria de Freire libera o opressor e o oprimido, pondo fim à "cultura do silêncio na qual aqueles socialmente sem-posses internalizam as imagens negativas de si mesmos, criadas e propagadas pelo opressor em situações de extrema pobreza" (Freire, 1970). Freire fez isto através do que chamou de "conscientização" ou tomada de consciência, para provocar novos níveis de consciência e por fim seguir na direção da libertação da consciência. Há muita evidência escrita que indica como cada um dos elementos do *hip hop* pode ser usado para conscientização e libertação (Ducan-Andrade; Morrell, 2008; Stovall, 2006; Akom, 2009).

A educação baseada no *hip hop* tem capacitado milhares de jovens e adultos em todo o mundo para desenvolverem sua própria identidade, voz e papel na sociedade. Não se dá o devido destaque ao modo como o método de problematização pode ser usado para tratar e desenvolver projetos de intervenção em torno das contradições sociais, econômicas e políticas tais como índices de desistência escolar, repetência, desemprego, discriminação, violações dos direitos humanos, citando somente alguns. Os jovens aprendem a "ler" o mundo e desenvolvem o que Freire chama de "práxis crítica" ou reflexão e ação (FREIRE, 1997; AKOM, 2009). Sejam os projetos de construção de casas no sul do *Bronx*, nas favelas do Brasil ou nos distritos da África do Sul, o *hip hop* é usado como uma forma de realizar justiça social e libertação (mental, física, espiritual, econômica). Entretanto, a mídia de massa e as corporações têm retratado a cultura *hip hop* sob uma luz diferente – como materialmente rasa, auto-engrandecedora, hiper-sexualizada, enlouquecida por drogas, com cafetões ávidos por dinheiro.

---

6 N.T.: "Renovando e Reinventando Freire: Uma Fonte de Inspiração para a Educação de Jovens Urbanos" (tradução livre).

A cultura popular, estimulada pela mídia de massa, causou confusão de identidade e divisão entre as pessoas. Símbolos culturais de produção de massa, divulgado pelas corporações, desvalorizaram e comprometeram a integridade dos movimentos sociais positivos e das comunidades *underground*. Os jovens precisam de uma didática que os ajudará a navegar através do bombardeamento de mensagens misturadas para que eles possam ver além das mensagens e reinventar uma identidade inteiramente nova e que eles próprios imaginem. A cultura e mídia do *hip hop* no currículo pode servir como catalisador e ferramenta para fortalecer e educar.

O *hip hop* e o campo da pedagogia têm feito tremendos avanços em direção à profissionalização e propagação no mercado na última década. Com a produção de livros com publicação independente, filmes, jogos e programas de *hip hop* para ensino em domicílios, oficinas de desenvolvimento profissional e palestras, o mercado de educação do *hip hop* está finalmente ganhando aceitação e está sendo aplicado em escolas *charter*,[7] distritos escolares com educação alternativa e programas de educação em presídios. Escolas públicas e programas extraescolares tais como The *High School of Recording Arts*[8] in St. Paul, Minneapolis e *Brooklyn Community Arts and Media High School* no Brooklyn, Nova Iorque, estão envolvendo alunos através dos diversos talentos descobertos através da educação baseada no *hip hop*. Crescido na mesma vizinhança, David T.C. Ellis fundou a *High School of the Recording Arts* para oferecer um outro modo de educar alunos. Ele incorpora o empreendedorismo e o alfabetismo crítico como parte da pedagogia libertadora.

A partir da proliferação dos acervos de *hip hop* nas universidades, bibliotecas e museus incluindo a Universidade de Harvard, de Cornell, o Centro

---

7   Nota do Tradutor: Escolas Charter [*Charter schools*] são escolas primárias ou secundárias que recebem verba pública (e como outras escolas também podem receber doações particulares) mas não estão sujeitas a algumas das regras, regulamentos e estatutos aplicados a outras escolas públicas, em troca de algum tipo de responsabilidade em que devem produzir certos resultados que são estabelecidos no contrato de funcionamento de cada escola. (Disponível em http://en.wikipedia.org/wiki/Charter_school. Acesso em 06 set. 2012. Tradução livre.)

8   Nota do Tradutor: "Colegial Técnico em Artes de Gravação" (tradução livre).

Schomburg, o museu Smithsonian e o museu e hall da fama Rock Roll, além de muitos cursos, programa e simpósios através do país, a cultura do *hip hop* está tornando estas instituições relevantes à juventude e jovens adultos. As instituições mais prestigiadas estão abrindo espaço para o *hip hop* e admitindo uma nova série de acadêmicos apresentando seu próprio interesse e experiência de pesquisa. Somente a Universidade de Nova Iorque pode computar uma dúzia de estudiosos, incluindo Imani Johnson, Juan Flores, Jason King, Mare 139 Rodriguez, Iona Rozeal Brown, e David Kirkland; a primeira iniciativa em pedagogia e *hip hop* criada por Marcella Runell Hall e Daniel Banks; e o primeiro Centro de Educação de Hip hop para Pesquisa, Avaliação e Treinamento, criado por Martha Diaz.

A Universidade de Califórnia Los Angeles (UCLA) foi a primeira a receber um acampamento de liderança em *Hip hop* [*Hip hop Leadership Camp* – HHLC]. Fundada por Karen P Levy & Frank Satterwhite, o HHLC se utiliza de música, entretenimento, comunicação e indústrias de tecnologia como meios de promover liderança e capacitação de jovens em situação de risco, introduzindo e esclarecendo sobre ferramentas profissionais através de oficinas que propõem colocar a 'mão-na-massa'. Em 2007, Will Ney desenvolveu o *First Wave Spoken Word* e *Hip Hop Arts Learning Community*,[9] um programa artístico multicultural de vanguarda na Universidade de Wisconsin – Madison, vencedor de prêmios. A Escola de Música Mcnally [*McNally School of Music*] desenvolveu um diploma de estudos sobre *hip hop* em 2009.

O Movimento empreendedor do *hip hop*

Em *Stand and Deliver: Political Activism, Leadership, and Hip hop Culture*,[10] Yvonne Bynoe articula de modo eloquente o despertar político da cultura *hip hop*. Ela relembra quando o *hip hop* entrou na esfera política com a canção *The Message*,[11] lançada por Grandmaster Flash e Furious Five como a primeira

---

9   N.T.: "Palavra Falada: A Primeira Onda" e "Comunidade de Aprendizagem de Artes do *Hip hop*" (tradução livre).

10   Nota do Tradutor: "Resistir e Ceder: Ativismo Político, Liderança e Cultura *Hip hop*" (tradução livre).

11   N.T.: "A Mensagem" (tradução livre)

canção. No início dos anos 90, as organizações e movimentos políticos do *hip hop* ganharam força. O ensaio de Ards descreve um momento na história do *hip hop* quando os *Gen Xers* estavam chegando à maturidade e perceberam que os problemas econômicos, sociais e políticos que os americanos no coração das cidades enfrentavam não iriam se resolver a menos que participassem do sistema. Alguns *Gen Xers* queriam ser a ponte entre a geração dos direitos civis e a geração *hip hop*, como Conrad Muhammad, Londell McMillan e Van Jones. Outros como Diddy, também conhecido como Puffy (àquela época), Jermaine Dupri, Luke Skywalker, Master P., e Dr. Dre, iniciaram suas próprias empresas de selos de discos, linha de vestuário e produção de vídeo.

"Empreendedor social do *hip hop*" é uma nova expressão no vernáculo, só utilizada na última década. O termo *empreendedor social* [*social entrepreneur*] apareceu em cena no mesmo período em que a cultura *hip hop* estava sendo formada. Os ESHHs não são muito diferentes dos empreendedores sociais. Os ESHHs têm o mesmo desejo ardente de ajudar os outros, são corajosos e experimentadores, e têm um talento especial para arrecadar recursos e resolver problemas. A única diferença é que eles representam líderes influenciados pela cultura *hip hop*. Pode-se defender que Herc, Bam e Flash sejam transformadores sociais que quebram padrões e exibem características de tipos diferentes de empresários sociais. Este arquétipo do empreendedor social do *hip hop* é encontrado por todo o mundo.

Os ESHHs ajudam a preencher um vazio e constroem uma ponte no espaço que existe entre os setores social, governamental e corporativo. Através de selos de gravação independente, festivais de música e projetos educacionais ganhadores de prêmios, os ESHHs alteram consciências e mudam o modo das pessoas de dentro da cultura se comportarem e conduzirem os negócios de *hip hop* tradicional. Seja no sul do *Bronx*, na faixa de Gaza ou na África do Sul, os ESHHs se inspiraram em *rappers* conscienciosos do *hip hop*, que utilizam as artes e a cultura *hip hop* como armas políticas, instrumentos de esperança, plataformas para se autoexpressarem e um modo de ganhar a vida. Estes ESHHs tomam medidas para restaurar a dignidade humana pondo fim à violência, exploração e pobreza em suas respectivas comunidades.

Em 1996 LL Cool J, também conhecido como *Ladies Love Cool James* formou a coalizão do *hip hop* liderada por Donna Frisby, ex-diretora executiva da *Rock the Vote*. Recrutaram artistas como Chuck D, Queen Latifah e Common, registrando quase 70.000 jovens de cor (Ards in Forman e Neal, 2004, p. 317). Desde então, os LL lançaram doze álbuns, atuaram em filmes e shows de televisão e construíram um negócio de sucesso que inclui um selo de discos e livros. Em março de 2012, LL se juntou ao gabinete nacional de celebridades da Cruz Vermelha americana para promover os serviços da organização internacional sem fins lucrativos.

Frisby se uniu a Chuck D para criar o REACH (*Rappers Educating All Curricula through Hip hop*)[12] com o objetivo de estimular e recrutar artistas conscienciosos para se juntarem a eles nas escolas, centros de detenção juvenil e centros comunitários. Eles haviam planejado desenvolver ferramentas educacionais incorporando músicas de *hip hop* para promover a ideia de que "ser inteligente é ser legal". Chuck D (Ards in Forman and Neal, 2004, p. 317) afirma que o

> hip hop é em primeiro lugar e, sobretudo, uma ferramenta de comunicação (...). Nos últimos vinte anos o *hip hop* tem se comunicado com jovens de todo o mundo, pessoas em diferentes fusos horários, que falam línguas diferentes, ensinando-os sobre a língua inglesa, ou o linguajar do hip hop negro, mais rapidamente do que qualquer livro de textos pudesse alcançar.

Em 1999 e 2000, o movimento *West Coast Third Eye Movement*[13] ofereceu a primeira prova real de que uma ação direta, disciplinada, não violenta e inovadora pode ser bem sucedida dentro da geração *hip hop*. Graças aos jovens e ao movimento dos estudantes, os cinco condados da *Bay Area*[14] foram os únicos do estado a rejeitar o Projeto de Lei 21, em março de 2000. O *Third Eye Movement*,

---

12 Nota do Tradutor: "ALCANCE: Rappers educando todo o programa escolar através do *Hip hop*" (tradução livre).

13 N.T.: "Movimento da Terceira Visão da Costa Oeste" (tradução livre).

14 Nota Explicativa, do Tradutor: *Bay Area* é entendida como a Área da Baía de São Francisco, Estado Unidos.

agora atuando em São Francisco e Oakland, ajudou a liderar uma ampla rede de organizações jovens para lutar contra o Projeto 21 na *Bay Area*.

Van Jones, diretor executivo do Centro Ella Baker para Direitos Humanos em São Francisco, um dos diretores do *Third Eye*, explica orgulhoso: "Eles levaram o *hip hop* para onde ele nunca havia chegado antes. Eles levaram as notas musicais do *hip hop* ao noticiário noturno." Misturada à atitude agressiva do *hip hop*, a mensagem política pode parecer "assustadora", ele diz.

> Não vamos encontrá-lo no programa de aulas de educação cívica tradicional: temos vontade de tomar isto em nossas mãos se o sistema não funciona. As pessoas achavam que o *gangsta rap* era assustador, mas isto não é nada se comparado aos jovens usando o *hip hop* para expressar o que eles estão passando e apontando para as pessoas que são realmente as responsáveis (ELLA BAKER CENTER).

Van é o cofundador de três organizações sem fins lucrativos bem sucedidas: a *Ella Baker Center for Human Rights, Color of Change* e *Green For All*.[15] Ele é o autor que mais vende nos movimentos de empregos "verdes": "A Economia do Colarinho Verde" [*The Green-Collar Economy*].

Shamako Noble é outro empresário social da Califórnia. É o cofundador do Congresso do *Hip hop* [*Hip Hop Congress*], em 1993, na divisão do campus da faculdade em San Jose, Califórnia. Agora o *Hip Hop Congress* tem mais de 30 filiais nos campus da universidade, ensino médio e comunidades americanas e por todo o mundo. A missão deles é "oferecer à geração *hip hop* e à geração pós-*hip hop* as ferramentas, recursos e oportunidades para fazer uma mudança social, econômica e política no âmbito local, regional e nacional" (HIP HOP CONGRESS). O *Hip Hop Congress* tem centenas de membros ensinando artistas e ativistas dedicados a advogar pelos direitos humanos e pela igualdade social. Sua campanha política e programação na comunidade têm sido bem sucedidas porque educam pessoas através de projetos de mí-

---

15 Nota do Tradutor: "Centro Ella Baker para os Direitos Humanos", "A Cor da Mudança" e "Verde para Todos" (tradução livre).

dia, de performance e ações como petições e captação de recursos. O *Hip Hop Congress* frequentemente colabora com parceiros da comunidade, instituições educacionais, agências governamentais e organizações não governamentais, bem como com as Nações Unidas.

De volta à costa oeste, o *Malcolm X Grassroots Movement* (MXGM)[16] estava se formando no *Brooklyn*[17] naquela mesma época em 1993 por um grupo de organizadores, ativistas e artistas incluindo Dream Hampton, Monifa Bandele, Raquel Cepeda e Lumumba Bandele comprometidos com direitos humanos para defender os direitos do nosso povo e promover a autodeterminação da comunidade. O MXGM agora se expandiu por todos os Estados Unidos e tem divisões em Nova Orleans, Detroit, Atlanta, Fort Worth, Oakland, Jackson e Washington D.C. Entre seus muitos programas, o MXGM oferece oficinas de educação na comunidade, um programa para vestuário e alimentação [*People's Community Feeding and Clothing Program*] e o observatório policial do Brooklyn Central [*Central Brooklyn Cop Watch*]. O MXGM também organiza o Projeto *Hip hop* Agosto Negro [*Black August Hip Hop Project*], uma celebração de batalhadores do *hip hop* e da liberdade. Através do Black August eles promovem direitos humanos e conscientização das questões sociais e políticas, facilitando trocas entre ativistas culturais das comunidades internacionais onde o *hip hop* é parte vital da cultura jovem. Desde 1998, o *Black August Hip Hop Project* tem destacado artistas como Erykah Badu, David Banner, Common, Dead Prez, Fat Joe, Jean Grae, Les Nubians, Chuck D, Gil Scott-Heron, Dave Chapelle, The Roots, Mos Def, Talib Kweli, La Bruja, Imani Uzuri, Jeru e the Coup em Cuba, África do Sul, Tanzânia, Brasil e Venezuela. Eles estão na ativa hoje em dia.

Em Cleveland, Ohio, o jornalista, ativista e analista político Bakari Kitwana fundou o *Rap Sessions: Community Dialogues on Hip hop*.[18] Através de sessões de rap, Kiotwana conduz reuniões da câmara municipal pelo país sobre diálogos difíceis encarando a geração do *hip hop*. Ele é autor de três livros. Seu

---

16 Nota do Tradutor: "Movimento de Base Malcolm X" (tradução livre).

17 Nota Explicativa, do Tradutor: Brooklyn é um dos condados do Estado de Nova Iorque.

18 N.T.: "Sessões de Rap: Diálogos Comunitários sobre o *Hip hop*" (tradução livre).

livro *The Hip hop Generation: Young Blacks and the Crisis in African American Culture*[19] foi adotado como livro didático nas salas de aula em mais de 100 faculdades e universidades.

O *Blackout Arts Collective* (*BAC*) começou em 1997 como uma mostra artística. Um ano após seus shows se esgotarem sempre, estudantes e artistas como George Martinez, Bryonn Bain, Piper Anderson e Ella Turenne começaram a oferecer oficinas interativas nas escolas e organizações comunitárias. Em resposta à crise das prisões nos Estados Unidos, o *BAC* desenvolveu a *Lyrics On Lockdown*,[20] uma turnê de intervenção nacional nos centros comunitários e instalações penitenciárias em mais de 25 cidades. Como resultado, sete divisões do *BAC* foram desenvolvidas ao todo em Nova Iorque, Boston, Nova Orleans, Houston, Washington D.C., Filadélfia e New Haven. O *BAC* recebeu numerosos prêmios por seu trabalho e desenvolveu a oficina *Lyrics On Lockdown* em Columbia, nas Universidades *New School* e *New York* para alunos da graduação. (BLACKOUT ARTS COLLECTIVE).

Honorable George Martinez é o segundo embaixador do *hip hop* no Departamento de Estado dos Estados Unidos. Vindo do *Brooklyn*, Nova Iorque, Martinez foi o primeiro MC a ser eleito na Câmara Municipal em 2001. Ele é o cofundador da coletânea *Blackout Arts* e *Global Block*, e atua como presidente fundador da Associação de *Hip hop*. Através de sua organização não governamental *Global Block*, oferece oficinas e propostas educacionais em Honduras, Bolívia, El Salvador, Guatemala, Belize e, mais recentemente, Nepal. Os programas de Martinez incluem oficinas de mediação de gangues, desenvolvimento e cultivo de artistas emergentes na América Latina e obteve rendimentos através de música online e uma marca de distribuição de vestuário. Atualmente ele é candidato a um assento no Congresso pelo Distrito 12 de Nova Iorque auto-nomeando-se através do *Occupy Wall Street*.[21]

---

19 N.T.: "A Geração *Hip hop*: Os Negros Jovens e a Crise na Cultura Afro-americana" (tradução livre).

20 N.T.: "Letras no Confinamento" (tradução livre).

21 N.T.: *Occupy Wall Street* (OWS) [Ocupar Wall Street] foi o nome dado a um movimento de protesto que começou em 17 de setembro de 2011, no Parque Zuccotti, localizado no distrito financeiro de Wall Street, na cidade de Nova Iorque. Os manifestantes foram expulsos do

Em 1999, Echoing Green reconheceu Toni Blackman como o primeiro empreendedor social de *hip hop*. Parte da missão de Echoing Green foi acelerar a mudança social ao investir e apoiar notáveis empresários sociais emergentes que lançaram novas organizações com soluções de grande impacto. A ideia ousada de Blackman foi a *Freestyle Union*, uma organização de artistas de *hip hop* formada para criar músicas que respeitam a dignidade e as diferenças individuais. Fundada em Washington D.C., a *Freestyle Union* começou como uma *jam session*,[22] onde os artistas podiam praticar a arte de *"freestyling"* — a livre improvisação de letras, o que requer tremenda agilidade intelectual e verbal. A *Freestyle Union* evoluiu para um grupo de artistas que não somente entretiam, mas também ofereciam oficinas para professores e alunos.

A *Freestyle Union* de Blackman inclui o *She Rhymes Like a Girl*,[23] uma iniciativa que se concentra no desenvolvimento de mulheres artistas jovens que querem levar suas habilidades de representação a um novo nível e desenvolver uma carreira. Ela é autora com publicações e educadora, oferecendo desenvolvimento profissional a educadores, artistas e ativistas sociais. Blackman é a primeira artista de *hip hop* a se tornar uma especialista cultural americana do Departamento de Estado dos Estados Unidos. Blackman sintetiza a variedade multidisciplinar e de multitalentos do empresário social do *hip hop*. É uma educadora há mais de 10 anos que tem oferecido treinamento administrativo e aos professores do Instituto Smithsonian, no Departamento de Educação e em instituições de ensino médio de vários estados, incluindo Nova Iorque, no distrito

---

Parque Zuccotti em 15 de novembro de 2011. Embora tenham havido tentativas frustradas de voltar a ocupar o local original, os manifestantes voltaram seu foco para ocuparem bancos, sedes de empresas, salas de reunião, campus de faculdades e universidades, além da própria Wall Street (Disponível em: http://en.wikipedia.org/wiki/Occupy_Wall_Street. Acesso em 06 set. 2012. Tradução livre),

22 Nota do Tradutor: *jam session* é um ato musical, onde músicos tocam (ou seja, *"jam"*) improvisando sem preparação extensiva ou arranjos pré-definidos. *Jam sessions* são muitas vezes utilizadas por músicos para desenvolver novos materiais, encontrar mecanismos adequados, ou simplesmente como uma reunião social e sessão de prática comum (Disponível em: http://en.wikipedia.org/wiki/Jam_session. Acesso em 06 set. 2012.).

23 N.T.: "Ela faz versos como uma garota" (tradução livre).

de Columbia, Califórnia e Wisconsin. Ela trabalhou com o projeto AIDS sobre assuntos como violência doméstica, abuso de substâncias e prevenção da AIDS. Graças a Blackman, o Departamento de Estado dos Estados Unidos expandiu seu programa e enviou outros emissários culturais do *hip hop* tais como Honorable George Martinez.

O ESHH Chris Rolle, também conhecido como Kazi, nasceu nas Bahamas e foi para os Estados Unidos procurar sua mãe biológica que o havia deixado quando criança. Kazi encontrou sua mãe, mas logo se viu nas ruas, sem teto. Ele nunca desistiu e aos dezoito anos começou a escrever, dirigir e atuar na companhia de teatro urbano, vencedora de prêmios, *Tomorrow's Future*.[24] Seu trabalho lhe proporcionou prêmios e reconhecimento. Em 1999, Kazi lançou o *Hip Hop Project*, um programa de educação em administração de música e desenvolvimento de artistas, vencedor de prêmios, que conecta os adolescentes da cidade de Nova Iorque aos profissionais da indústria da música para escrever, produzir e comercializar seu próprio álbum compilado sobre questões jovens. A história de sua vida foi veiculada no filme documentário de longa metragem, *The Hip Hop Project*, com produção executiva de Bruce Willis e Queen Latifah. Desde que foi lançado, em maio de 2007, o *The Hip hop Project* de Kazi é um dos filmes mais populares solicitados nas escolas e universidades.

Em janeiro de 2012 a Universidade Fordham sediou uma conferência de pesquisas inovadora chamada "Um microfone, um movimento: avanços na terapia do *hip hop* e psicologia do *hip hop*", fundado pelo pioneiro em terapia do *hip hop* Edgar Tyson, PhD, e alunos e cofundadores da iniciativa em Psicologia do *hip hop*, o rapper e artista da palavra falada Debangshu Roychoudhury, e o Dançarino e coreógrafo do *hip hop* Lauren M. Gardner.

As organizações não lucrativas do *hip hop* estão também florescendo e abrindo novos caminhos por todo o país. Organizações como *Word Beats and Life, Urban Word, Hip hop Theater Festival, Youth Speaks and Brotherhood Sister Sol*[25]

---

24 N.T.: O termo sugere duplo sentido: "O Futuro é Amanhã" ou "Amanhã é Futuro" (tradução livre).

25 N.T.: "Os Tempos das Palavras e a Vida", "Palavra Urbana", "Festival de Teatro do Hip hop", "O Jovem Fala" e "Irmandade Irmã Sol" (tradução livre).

têm conseguido levantar fundos entre $500.000-1.5 milhão de dólares. Estas organizações têm sido bem sucedidas ao preencherem uma necessidade e construírem uma rede de apoiadores que se estende além da comunidade *hip hop*. Com convites da Casa Branca e apresentações em locais de prestígio, tradicionalmente utilizados por artistas clássicos e sinfonias, estes ESHHs aprenderam como trabalhar dentro do sistema. Por exemplo, o *Hip hop Theater Festival* (HHTF), fundado em 2000 por Kamilah Forbes, Danny Hoch, Clyde Valentin, e Sarah Jones, introduziu e deu uma plataforma para centenas de artistas intérpretes e centenas de jovens urbanos, estudantes de faculdade, líderes e artistas influentes, reunindo pessoas de diferentes classes, idades e grupos étnicos. Eles conseguiram verba através da venda de ingressos, merchandising e captação de recursos. O HHTF tem viajado pelos Estados Unidos e exterior (Hip hop THEATER FESTIVAL). Estes são somente alguns exemplos dos modelos de ESHH que existem.

FILANTRO-CAPITALISTA

Muitos dos magnatas do *hip hop* estão também desenvolvendo iniciativas educacionais. Eles se transformaram em filantro-capitalistas que criaram organizações sem fins lucrativos por diferentes motivos. Por exemplo, as aventuras filantrópicas de *Nelly's 4 Sho 4 Kids, Puffy's Daddy's House* e *Russell Simmons' RUSH*. Celebridades do *hip hop* como Diddy também emprestaram seus nomes a diferentes organizações. Por exemplo, o Caucus Hip hop sediado em Washington D.C., liderado por Reverend Yearwood, tem trabalhado com alguns dos artistas mais populares como T.I., Wyclef Jean and Busta Rhymes (HIP HOP CAUCUS).

O PAPEL DA TECNOLOGIA

Historicamente, tecnologia e globalização têm sido ferramentas importantes para a expansão da zona criativa, alcance e influência do *hip hop*. Nos discos, rádio, televisão, filme e vídeo, a tecnologia continua a oferecer caminhos para comunicar e contar nossas histórias. A evolução da tecnologia agitou a criação do toca-discos, *mixers*, máquinas de *sampling*, disco vinil, CDs, MP3s e *podcasts* nos últimos 25 anos. Ela revolucionou o modo da música ser criada, tocada e vendida. O DJ Kool Herc iniciou o processo de desenvolvimento da mesa giratória [*turntablism*] como uma forma de arte criando o *"break-beat,"* a parte instrumental e de percussão de uma canção, e o *"sequencing,"* quando uma lista de músicas é criada com o propósito de entreter a multidão e parte principal de uma festa. Tempos depois, Afrika Bambaataa misturou o *funk*, a música eletrônica e extratos de outras músicas para se tornar um gênio na programação de festas. Flash vendeu milhões de discos e atraiu multidões através da mistura e divertiu a multidão com seus truques.

É através da tecnologia que a cultura *hip hop* tem sido capaz de captar a atenção e a imaginação de tantas pessoas pelo mundo. A cultura *hip hop*, junto com a tecnologia, tem capacitado as pessoas e lhes dado um lugar virtual onde podem pertencer e se expressarem. Mesmo na China comunista e na Cuba socialista, artistas compartilham música, informação e comunicação através de telefones celulares, e-mails e redes sociais. A *SOHH.com* produziu a primeira premiação em *hip hop* e há numerosos *websites* que oferecem músicas e filmes para serem baixados.

A cultura *hip hop* continua a prosperar e a se reinventar a cada nova geração de jovens. Os ESHHs atuam como ponte entre as gerações e as fronteiras. O advento da internet permite aos membros da comunidade *hip hop* conectarem-se e colaborarem em projetos de campanhas de justiça social para grupos da cultura *hip hop*, tais como o *Rocksteadycrew.com* – um lugar para *b-boys* e *b-girls* ou *Inside The Hip hop Studio*, um programa de justiça em mídia que surgiu a partir da colaboração com a Radio Hardknock da KPFA e o campus da Universidade do Estado de São Francisco formado a partir de entrevistas, performances e debates no estilo de reuniões da Câmara Municipal, com uma plateia de 130 alunos. O Centro de Educação em Hip hop [Hip Hop Education Center] recentemente anunciou uma parceria com a Universidade de Wisconsin, com o *Madison's Office of Multicultural Arts Initiative*[26] para uma série de palestras, *Getting Real III: Hip hop Pedagogy, Performance, and Culture in The Classroom and Beyond*[27] A parceria oferecerá uma série de palestras para os alunos, equipe e professo-

---

26 Nota do Tradutor: "Iniciativa de Artes Multiculturais do Departamento de Madison" (tradução livre).

27 N.T.: "Caindo na Real III: Pedagogia do *Hip Hop*, Performance, Cultura em Sala de Aula e Muito Mais" (tradução livre).

res das Universidades de Nova Iorque e de Columbia, através da tecnologia de teleconferência.

CONCLUSÃO

Para muitos adeptos, a cultura *hip hop* é um modo de vida que inspira e sintetiza a história, a música, a arte, a fé, a mídia e a ciência passadas, frequentemente desenvolvendo múltiplos talentos, conhecimentos e habilidades interdisciplinares (Duncan-Andrade; Morrell, 2008; Akom, 2009). A cultura *hip hop* também fornece cura, autocapacitação e oportunidades de negócios e carreira (Hicks Harper, 2009). Os ESHHs usam os múltiplos elementos do *hip hop* para tratar de um ou mais problemas que afetam a comunidade. Por exemplo, um ESHH pode utilizar o elemento do *mcing* para criar um programa que inclua *beatboxing* e o quinto elemento, para desenvolver um programa extraescolar em parceria com uma escola pública. O ESHH pode escolher fazer isto em mais de uma escola e obter ganhos adicionais através de oportunidades de receita auxiliares, tais como: publicação independente de livros e músicas, participação em palestras, eventos e produção de filmes. Este modelo de negócio híbrido sustenta a comunidade e o indivíduo, diferentemente do empresário que cria um negócio para produzir lucro.

O trabalho e talento dos ESHHs deveriam ser mais estudados para se compreenderem as raízes evolucionárias e biológicas de suas variações culturais em suas competências cognitivas. Muito alinhada com a visão de Gardner, este tipo de informação pode ajudar a "identificar o perfil intelectual de um indivíduo (*proclivities*) desde muito jovem e então tirar partido deste conhecimento para aumentar as oportunidades educacionais para aquela pessoa" (Gardner, 2007, p. 10). Podem-se inscrever estudantes para programas que enriquecerão suas competências intelectuais. Esta é uma área de pesquisa estudada por muitos e que é focada principalmente na prática da pedagogia culturalmente relevante.

Os ESHHs enfrentam alguns dos mesmos desafios de outros empreendedores sociais, exceto pelo fato de que eles estão abaixo do radar e lhes falta investimento. Não há pesquisa sobre os ESHHs até agora, e não foram desenvolvidas medidas ou ferramentas de avaliação que provem o impacto de seus trabalhos. A exposição à mídia e sua promoção quase não existem. Os ESHHs são principalmente *freelancers*, normalmente têm dois ou três empregos para pagar o aluguel e com pouco ou nenhum seguro saúde. Poucos têm economias ou possuem uma casa. Eles são ricos em capital social e sempre terão uma refeição à sua disposição onde quer que vão. Quanto tempo eles terão que viver deste modo para fazer o bem? Como poderão competir com os Empresários do *Hip hop* [*Hip* hopreneurs] que dominaram o mercado?

Os empreendedores mais bem sucedidos navegam entre o mundo dos negócios, o governamental e o civil. Os ESHHs realizaram contratos com o Departamento de Educação, Departamento Correcional e Departamento de Estado dos Estados Unidos. Eles dão palestras, oferecem oficinas e auxiliam em programas nas universidades, faculdades, bibliotecas e museus. Eles estão no *twitter*, no *facebook*, *myspace* e *linkedin*. Muitos começaram a criar suas próprias plataformas. A tecnologia e a globalização vão permitir que os ESHHs continuem a crescer e expandir seu raio de alcance. Quanto mais os ESHHs são reconhecidos por seu trabalho, maior a demanda.

REFERÊNCIAS BIBLIOGRÁFICAS

AKOM, A. A. "Critical Hip Hop Pedagogy as a Form of Liberatory Praxis, Equity & Excellence in Education". *UMASS-Amherst School of Education Journal*, 2009.

ARDS, Angela. "Organizing The Hip hop Generation". In: FORMAN, Murray and NEAL, Mark Anthony, *That's The Joint!: The Hip hop Studies Reader*, (ed.). New York, NY. Routledge, 2004, 357-371.

ASHOKA. Disponível em: http://www.ashoka.org. Acesso em 15 ago. 2012.

BLACKOUT ARTS COLLECTIVE. Disponível em: http://www.blackoutartscollective.com. Acesso em 15 ago. 2012.

BORNSTEIN, David. *How To Change The World: Social Entrepreneurs and the Power of New Ideas*. Penguin Books, 2005.

BUCKINGHAM, David; LUKE, Carmen. *Teaching Popular Culture: Beyond Radical Pedagogy*. University College London Press, 1998.

BYNOE, Yvonne. *Stand and Deliver: Political Activism, Leadership, and Hip Hop Culture*. Soft Skull Press, 2004.

CHANG, Jeff. *Can't Stop, Won't Stop: A History of the Hip hop Generation*. St. Martins Press, 2005.

DUNCAN-ANDRADE, Jeffrey; MORRELL, Ernest. *The Art of Critical Pedagogy: Possibilities for Moving from Theory to Practice in Urban Schools*. Peter Lang Publishing, 2008.

ECHOING GREEN. Disponível em: http://www.echoinggreen.org. Acesso em: 15 ago. 2012.

ELLA BAKER CENTER. Disponível em: http://ellabakercenter.org/page.php?pageid=19&contentid=152. Acesso em 15 jan. 2012.

ELKINGTON, J. "Towards the sustainable corporation: Win-win-win business strategies for sustainable development". *California Management Review* 36, n. 2, 1994, p. 90-100.

FREIRE, Paulo. *Pedagogy of the Oppressed*. The Continuum International Publishing Group, 1997.

FRICKE, Jim e AHEARN, Charlie. *Yes Yes Y'all: The Experience Music Project Oral History Of Hip hop's First Decade*. Da Capo Press, 2002.

GARDNER, Howard. *Five Minds for the Future*. Harvard Business Review Press, 2007.

GEORGE, Nelson. *Hip Hop America*. Penguin Books, 1999.

GOODMAN, Steven. *Teaching Youth Media*. Teachers College Press, 2003.

HICKS HARPER, Thandi. *Hip hop Development*. Youth Popular Culture Institute, 2009.

Hip hop CAUCUS. Disponível em: http://www.hiphopcaucus.org. Acesso em 15 ago. 2012.

Hip hop CONGRESS. Disponível em: http://www.hiphopcongress.org. Acesso em 15 ago. 2012.

Hip hop THEATER FESTIVAL. Disponível em: http://www.hhtf.org. Acesso em 15 ago. 2012.

KITWANA, Bakari. *The Hip hop Generation: Young Blacks and the Crisis in African American Culture.* Basic Civitas Books, 2002.

KLEIN, Naomi. *No Logo.* Picador Publishing, 2002. LEADBEATER, Charles. *Demo: Rise of the Social Entrepreneur,* Demos Books, 1997.

MALCOLM X GRASSROOTS MOVEMENT. Disponível em: http://mxgm.org/blackaugust. Acesso em 15 ago. 2012.

MOORE, Elizabeth Anne. *Unmarketable: Brandilism, Copyfighting, Mocketing and the Erosion of Integrity.* New York: The New Press, 2007.

MORRELL, Ernest. "Critical Literacy and Popular Culture in Urban Education Toward a Pedagogy of Access and Dissent." In: *Literacy Research for Political Action and Social Change.* New York: Peter Lang, 2007, p. 235-255.

NOGUERA, Pedro. "Renewing and Reinventing Freire: A Source of Inspiration in Inner-City Youth Education." In: *Motion Magazine* (October 16, 2007). Disponível em: http://www.inmotionmagazine.com/er/pn_freire.html. Acesso em 15 ago. 2012.

ROSE, Tricia. *Black Noise: Rap Music and Black Culture in Contemporary America.* Wesleyan University Press, 1994.

STOVALL, David. *We can Relate: Hip hop Culture, Critical Pedagogy, and the Secondary Classroom.* Urban Education v. 41 n. 6, nov. 2006, p. 585-602.

TAYLOR, Diana. *The Archive and the Repertoire: Performing Cultural Memory in the Americas.* Duke University Press, 2007.

TICKNER, Arlene. *Aqui en el Ghetto: Hip hop in Colombia, Cuba, and Mexico, Latin American Politics and Society.* Research Library, 2008.

VAN JONES. Disponível em: http://vanjones.net. Acesso em 15 ago. 2012.

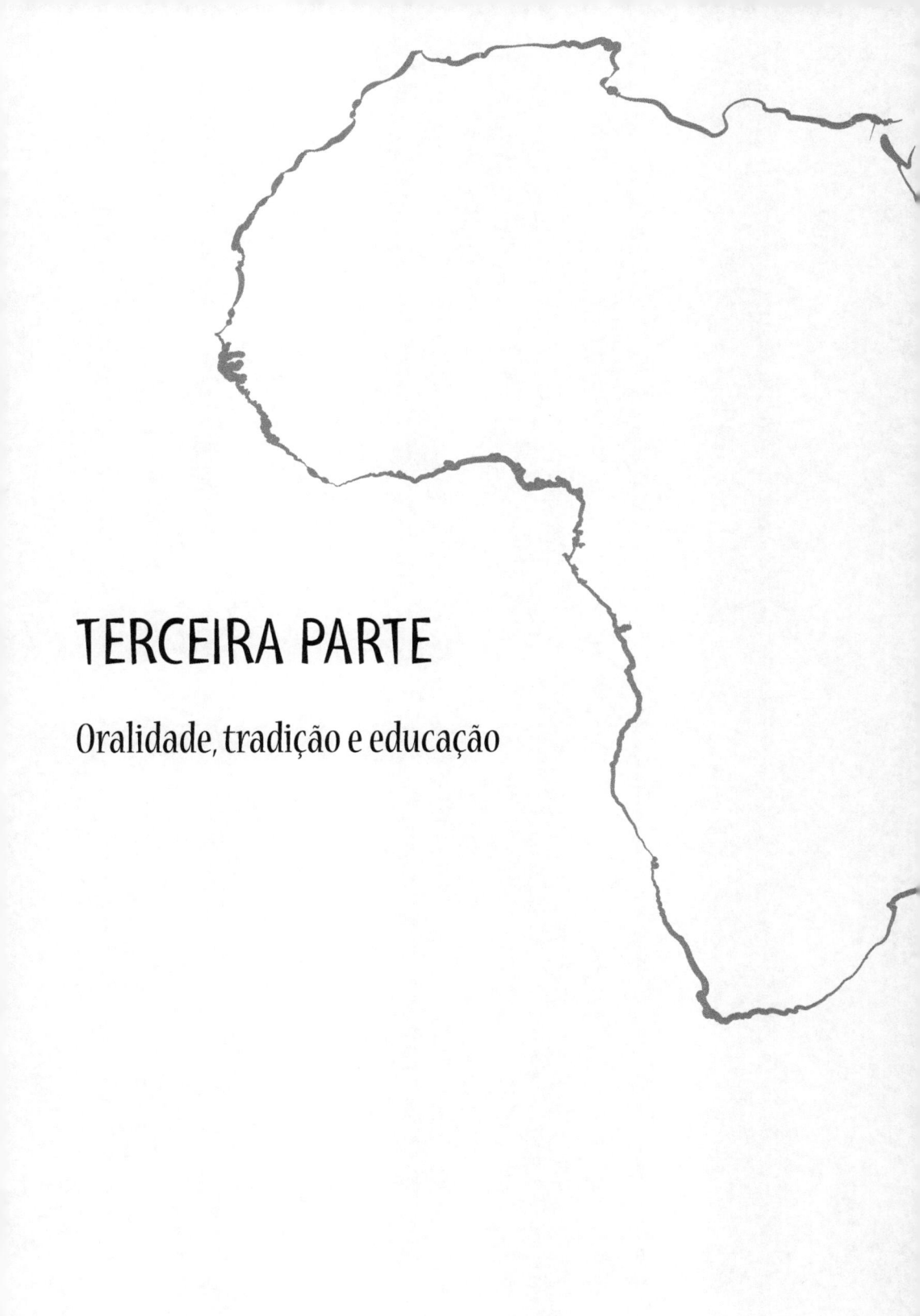

TERCEIRA PARTE

Oralidade, tradição e educação

Na terceira parte, *Oralidade, tradição e educação*, procurou-se dar ênfase ao valor da tradição oral no processo de transmissão ensejado pela ancestralidade afro-brasileira e afro-americana, salientando sua importância para o rap e o movimento hip hop como um todo. Buscou-se ainda articular as ideias relativas a uma educação inspirada no hip hop com o debate sobre o multiculturalismo e a diversidade na escola. Marcos Ferreira propôs-se a falar da ancestralidade africana e ameríndia pela via mítica, iniciando sua exposição por uma letra de rap latino, *Duo Calle 13*, na qual identifica influências do cancioneiro tradicional latino americano. Ressalta a importância de iniciativas como a dos rappers mencionados ao estabelecerem um diálogo criativo entre as músicas e ritmos tradicionais e culturas contemporâneas, como a do rap. Christian Béthune comparece com mais um capítulo, desta vez trazendo uma reflexão sobre a violência no uso da linguagem presentes nas letras e poesias do rap, nas quais se mesclam o corpo, o movimento e o som. Maria Cecília Cortez analisa o longo processo de exclusão a que os afrodescendentes foram sujeitos no processo educacional brasileiro, cuja formação se deu em grande parte fora da escolarização formal e mais contemporaneamente, no interior do movimento hip hop. Por fim, Mônica Amaral propõe uma reflexão sobre o potencial crítico e educativo expresso no movimento *hip hop*, desenvolvido pelos jovens moradores das periferias das metrópoles brasileiras e do mundo, com base em pesquisas realizadas em escolas públicas e ONGs, junto a jovens pobres e negros, moradores das áreas periféricas de São Paulo.

CAPÍTULO 9
O Ancestral: entre o singular e o universal

Marcos Ferreira Santos

LATINOAMÉRICA[1]

Duo Calle 13
(participação de Totó La Momposina,
Susana Baca e Maria Rita)

Soy... soy lo que dejaron
Soy toda la sobra de lo que te robaron
Un pueblo escondido en la cima
Mi piel es de cuero, por eso aguanta cualquier clima

Soy una fábrica de humo
Mano de obra campesina para tu consumo
Frente de frío en el medio del verano
El amor en los tiempos del cólera, ¡mi hermano!

---

1 Autoria de René Pérez e Eduardo Cabra, vídeo disponível em: (http://www.youtube.com/watch?v=ssxM5sJAB1c&feature=fvst).

Si el sol que nace y el día que muere
Con los mejores atardeceres
Soy el desarrollo en carne viva
Un discurso político sin saliva

Las caras más bonitas que he conocido
Soy la fotografía de un desaparecido
La sangre dentro de tus venas
Soy un pedazo de tierra que vale la pena

Una canasta con frijoles,
Soy Maradona contra Inglaterra
Anotándote dos goles
Soy lo que sostiene mi bandera
La espina dorsal del planeta, es mi cordillera

Soy lo que me enseñó mi padre
El que no quiere a su patria, no quiere a su madre
Soy América Latina,
Un pueblo sin piernas, pero que camina

Tú no puedes comprar el viento
Tú no puedes comprar el sol
Tú no puedes comprar la lluvia
Tú no puedes comprar el calor

Tú no puedes comprar las nubes
Tú no puedes comprar los colores
Tú no puedes comprar mi alegría
Tú no puedes comprar mis dolores

Tengo los lagos, tengo los ríos

Tengo mis dientes pa' cuando me sonrío
La nieve que maquilla mis montañas
Tengo el sol que me saca y la lluvia que me baña

Un desierto embriagado con peyote
Un trago de pulque para cantar con los coyotes
Todo lo que necesito,
Tengo a mis pulmones respirando azul clarito
La altura que sofoca,
Soy las muelas de mi boca, mascando coca

El otoño con sus hojas desmayadas
Los versos escritos bajo la noche estrellada
Una viña repleta de uvas
Un cañaveral bajo el sol en Cuba

Soy el mar Caribe que vigila las casitas
Haciendo rituales de agua bendita
El viento que peina mis cabellos
Soy, todos los santos que cuelgan de mi cuello
El jugo de mi lucha no es artificial
Porque el abono de mi tierra es natural

Tú no puedes comprar el viento
Tú no puedes comprar el sol
Tú no puedes comprar la lluvia
Tú no puedes comprar el calor

Tú no puedes comprar las nubes
Tú no puedes comprar los colores
Tú no puedes comprar mi alegría
Tú no puedes comprar mis dolores

Não se pode comprar o vento
Não se pode comprar o sol
Não se pode comprar a chuva
Não se pode comprar o calor
Não se pode comprar as nuvens
Não se pode comprar as cores
Não se pode comprar minha alegria
Não se pode comprar as minhas dores

No puedes comprar el sol...
No puedes comprar la lluvia
(Vamos caminando) No riso e no amor
(Vamos caminando) No pranto e na dor
(Vamos dibujando el camino) El sol...
No puedes comprar mi vida
(Vamos caminando) LA TIERRA NO SE VENDE

Trabajo bruto, pero con orgullo
Aquí se comparte, lo mío es tuyo
Este pueblo no se ahoga con marullo
Y se derrumba yo lo reconstruyo

Tampoco pestañeo cuando te miro
Para que te recuerde de mi apellido
La operación Condor invadiendo mi nido
!Perdono, pero nunca olvido!

Vamos caminando
Aquí se respira lucha
Vamos caminando
Yo canto porque se escucha
Vamos dibujando el camino

(Vozes de um só coração)
Vamos caminando
Aquí estamos de pie

¡Que viva la américa!

No puedes comprar mi vida...

Esta canção, um rap latino com várias influências do cancioneiro tradicional latinoaamericano, é de um dueto de reggaeton chamado *"Calle 13"*, ou *"Rua 13"* em português, referência à rua em que moravam em Trujillo Alto, distrito de Puerto Rico. É composto por René Perez (conhecido como *Residente*) e Eduardo Cabra (apelidado de *Visitante*), iniciando a carreira em 2005, obtiveram vários prêmios em 2009 e 2011, ano em que participando do clássico festival de música de Viña del Mar, no Chile, cantaram esta canção ao lado do emblemático grupo chileno, *Inti-Illimani*, na altura de seus 45 anos de obra musical devotada ao mais rico neo-folklorismo, canções engajadas política e socialmente (foram exilados durante o golpe militar chileno), além de incursões clássicas e em jazz, reconhecido e respeitado internacionalmente. Também participa desta apresentação, a jovem cantora e compositora chilena de 27 anos, *Camila Moreno*, herdeira da tradição potente e feminina da linhagem de *Violeta Parra*. Camila interpreta ao vivo as participações em estúdio e video de *Totó La Momposina* (Colômbia) e *Susana Baca* (Peru), importantes intérpretes de música afro-latina, além da cantora brasileira, filha de Elis Regina, *Maria Rita*.

A interpretação de ambas, a canção em estúdio e a apresentação ao vivo, são pungentes.

O duo de rappers que, até então, tinham uma trajetória mais comercial e bastante machista ao gosto da indústria de massa; efetuaram uma reviravolta em seu conteúdo, alinhando-se a uma postura muito mais crítica e de contestação, sobretudo no tocante à América Latina, ainda conservando o estilo *rap*, mas, integrando-o e dialogando com outras vertentes mais tradicionais na história da música latinoamericana. O resultado é belíssimo e se abre a dialogar com outros universos para além do *rhytm and poetry*. A cena que abre o vídeo é emblemático. O duo caminha num vilarejo na cordilheira dos Andes e chega a uma casa simples de madeira onde funciona uma das centenas de rádios comunitárias espalhadas pela cordilheira. O apresentador, em bom *quéchua*, anuncia o dueto que começa a cantar com a imagem de um coração pulsante. A cena final, também emblemática, tem um menino, no mesmo vilarejo, correndo de volta para sua casa, tendo a majestosa montanha da cordilheira, como fundo da paisagem.

E aqui, cabe um alerta a uma leitura muito rápida. Não se trata de paisagem no universo ancestral: as pessoas fazem parte da natureza e a natureza faz parte das pessoas, por isso *Pachamama* (a mãe-terra) não é uma representação, mas a mãe telúrica que, cotidianamente, abriga e desafia seus filhos na tarefa diária de existir. Por isso, a paixão e o amor ao lugar singular de onde se é – a *topofilia:* expressão adotada por Gaston Bachelard ao longo de sua obra para indicar a *"paixão pelo lugar"* (*topos* + *philia*). Em *A Poética do Espaço*, ele nos esclarece:

> queremos examinar, de fato, imagens muito simples, as imagens do espaço feliz. Nossas análises mereceriam, nesta perspectiva, o nome de topofilia. Visam determinar o valor humano dos espaços de posse, espaços proibidos a forças adversas, espaços amados (...) O espaço compreendido pela imaginação não pode ficar sendo o espaço indiferente abandonado à medida e reflexão do geômetra. É vivido. E é vivido não em sua positividade, mas com todas as parcialidades da imaginação.[2]

A *topofilia* seria o sentimento intenso de pertença e/ou frequentação amorosa a um espaço, região, território que está na base do respeito ao equilíbrio de suas forças naturais, ao qual o ser humano se integraria numa concepção mais harmônica (o que não quer dizer que seja isenta de conflitos).

O termo *topofilia*, além da perspectiva bachelardiana, é explicado pelo geógrafo chinês, Yi-Fu Tuan como: "um estudo da percepção, atitudes e valores do meio ambiente. A palavra topofilia é um neologismo, útil quando pode ser defi-

---

2 BACHELARD, Gaston. *A Poética do Espaço*. São Paulo: Abril Cultural, Os Pensadores, 1978, p. 195-196.

nida em sentido amplo, incluindo todos os laços afetivos dos seres humanos com o meio ambiente material".³

É precisamente este mecanismo topofílico que transforma o espaço vivencial em um desdobramento da vivência subjetiva, na medida em que sua pertença ao espaço, amplia o alcance simbólico de suas experiências, transforma o espaço em *lugar*. Ainda segundo Tuan (1980): "(...) faz-se de experiências, em sua maior parte, fugazes e pouco dramáticas, repetidas dia após dia e através dos anos. É uma mistura singular de vistas, sons e cheiros, uma harmonia ímpar de ritmos naturais e artificiais, como a hora do sol nascer e se pôr, de trabalhar e brincar. (...) É um tipo de conhecimento subconsciente. Com o tempo nos familiarizamos com o lugar, o que quer dizer que cada vez mais o consideramos conhecido. Com o tempo uma nova casa deixa de chamar nossa atenção; torna-se confortável e discreta como um velho par de chinelos".

Esta *filia* se expande da convivência das pessoas, objetos, lugares para a casa e seu entorno. O sentimento de pertença faz com que deixe de ser apenas um *"ocupador"* do espaço-tempo para ser, a própria pessoa, parte da natureza ambiente em sua fusão cognoscente e simbólica. O etnólogo Strehlow,[4] se debruçando sobre os aborígenes australianos, nos informa que o nativo:

> se apega ao seu chão nativo com cada fibra do seu ser (...) aparecerão lágrimas em seus olhos, quando se referir ao lugar do lar ancestral que algumas vezes foi involuntariamente profanado por usurpadores brancos do território do seu grupo. O amor pelo lar, a saudade do lar são motivos dominantes, que reaparecem constantemente, mesmo nos mitos ancestrais totêmicos (...) Ele vê gravada na paisagem circundante a história antiga das vidas e as realizações dos seres imortais que ele venera; seres que por um curto tempo podem, uma vez mais, assumir forma humana; ele conheceu muitos deles, como seus pais, avós e

---

3   TUAN, Yi-Fu (1980). *Topofilia: um estudo da percepção, atitudes e valores do meio ambiente.* São Paulo: Editora Difel, p. 107.

4   *Apud* TUAN, 1980, p. 115.

irmãos e como suas mães e irmãs. O campo todo é uma milenar árvore genealógica viva.

Este processo de equilibração ou harmonia conflitual caracteriza o que denomino de *"ecossistema arquetípico"*, ou seja, o universo das relações dialéticas e recursivas entre a *ambiência (umwelt)* e a corporeidade humana que resulta em atitudes e significações subjetivas *matriciais*, isto é, que vão modelar respostas existenciais comuns que podem ser expressas em uma narrativa ancestral *(mito)*.

Neste aspecto, a topofilia proporciona aquilo que José Rodrigues Brandão indica na Ameríndia como sendo "o melhor convite: sermos segundo os nossos termos e apenas mudando o essencial em nossos modos de vida e sistemas de pensamento, não mais senhores do mundo, mas irmãos do universo".[5]

Tanto o ecossistema arquetípico como a topofilia os constatei *in loco* avançando em outros terrenos míticos como a paisagem basca e ameríndia (quechua e guarani), nas teses seguintes do pós-doutoramento (2003) e da livre-docência, *Crepúsculo do Mito* (2004), ambas pela Faculdade de Educação (USP); bem como no livro, *Crepusculário: ensaios sobre mitohermenêutica e educação em Euskadi* (2004 e 2005).

Mas, a inspiração deste *conhecimento crepuscular, cognitio matutina* em Agostinho (conhecimento de si através do conhecimento do Sagrado), já está dado nas reflexões do próprio mestre Gilbert Durand,[6] ao se debruçar sobre o estatuto gnóstico de *A Alma do Mundo*, isto é, o conhecimento do mundo interior através do interior do mundo, mediado pela figura feminina do saber, *Sofia*, como alma *(anima)* do mundo.

Kama ndoto yako imekusumbua
Kama inaogopa, kama imani yako imeondoka
Kama unaniita
Ukitaka unaweza kurudi ndani ya moyo yangu
Ulale malaika
Ulale mwana wangu

---

5   BRANDÃO, Carlos Rodrigues (1994). *Somos as águas puras*. Campinas: Papirus, p. 41.
6   DURAND, Gilbert (1995). *A Fé do Sapateiro*. Brasília: Editora da UnB, p. 83, 106-110.

Ulale ulale...

(Se teus sonhos te perturbarem
Se ficares com medo, se tua fé te deixar
Se tu chamares por mim
Podes retornar para as profundezas do meu coração
Podes retornar para as profundezas de meu útero
Então, dorme, meu anjo... dorme minha criança
Dorme, dorme...)

Somi, Ulale Malaika Wangu,

Cantiga de ninar em swahili
Uganda, 2004

Assim como a cantiga de ninar que é, absolutamente, singular, de um determinado grupo cultural, de uma determinada região, num determinado *espírito do tempo;* o ato de ninar sob canções é, por outro lado, absolutamente, universal, atravessando todos os grupos culturais, regiões, tempos históricos. Mas, ali, com seu colorido singular matiza algo ancestral: sob o canto conduzir de volta ao útero, como origem comum.

Na dança, sobretudo, podemos perceber como estas relações profundas se dão de maneira concreta: o tambor é o arquétipo do *"tum-tum"* ancestral do coração, diz Milton Nascimento. Neste ritmo ancestral, ternário, cardíaco, se juntam outros instrumentos orgânicos (instrumentos acústicos feitos com materiais naturais: madeira, couro, bambus etc) e a percussão mais antiga: o bater das palmas das mãos e o bater dos pés no chão. O diálogo é do corpo com os outros corpos com quem dançamos, e destes corpos todos, com o corpo da terra-mãe. O bater dos pés é *"tocar"* o corpo da mãe que nos gerou e que nos receberá quando voltarmos ao pó, ao barro ou à lama primordiais... ao silêncio primeiro... a partir do qual, o *Verbo* tudo criou no seu hálito sagrado... esta imagem em seu movimento arquetipal é fundador de várias tradições culturais e religiosas distintas, mas cumpre um papel especial na vertente africana, pois o que *"anima"* a porção de terra de nosso corpo fabricado pelo ferreiro e oleiro universal é, precisamente, o canto sagrado que o insufla e o faz dançar.

Esta concepção corporal da música, do canto e da dança de descendência africana contém em si uma cosmovisão comunal-naturalista que chamamos de *"matrial"*, pois se define por uma sensibilidade feminina em suas expressões maternal, sábia, amante, companheira e filial, no ciclo e drama vegetal das árvores e sementes (talvez seu mais antigo arquétipo), que ainda exibe sua preponderância nos detalhes de nosso cotidiano vivido mais banal, apesar do domínio patriarcal na superfície do substrato social, político e econômico da sociedade que intenta suprimi-la de todas as formas (pois que é uma ameaça ao seu poder instituído), inclusive das maneiras mais violentas sobre o próprio corpo feminino.

Mas, esta *corporeidade*, nos lembrava Merleau-Ponty (filósofo francês), não se reduz ao fato de termos um corpo: *nós somos o nosso corpo*. E, assim entendida a corporeidade: *como um nó de significações vivas e vividas*, nos ajuda a entender que sua textura, tecido, entre-tecido, trama e urdidura são, ao mesmo tempo, culturais, sociais, biológicas, psicológicas e ontológicas; se dão na relação de um *eu-com-o-Outro-no mundo*, repleto de contradições, conflitos e complementaridades.

Estes elementos corporais de comunicação entre todos os sentidos (visão, audição, olfato, cenestesia, tato, intuição) são organizados, nesta tradição cultural afro-descendente, com uma outra racionalidade distinta da tradição europeia branco-cartesiana-aristotélica. Esta outra racionalidade se pauta muito mais pela conciliação de contrários (harmonia conflitual que não escamoteia os conflitos mas os media em relação dialética), pela noção de trajetividade, pela mediação e estruturação narrativa. Nesta outra racionalidade, podemos afirmar que a *linguagem gestual* negra afro-descendente é, na realidade e em profundidade, a *gesticulação cultural* de uma corporeidade integral e ainda não-dissociada pela discriminação reflexiva de natureza verbal de tradição europeia branca e escrita... assim, tudo acaba em canto e em dança. Ou ainda, tudo finda num *"dedo-de-prosa"*... num *"causo"* a ser contado na soleira da porta atrás da fumaça de um velho cachimbo a materializar os espíritos ancestrais. A espantar o *"banzo"*... a idiotice que resulta da saudade mais profunda e incurável. Aquilo que os gregos chamavam de *"póthos"*... nós, de língua luso-brasileira, chamamos, simplesmente, de *"saudade"*...

Esta *virtude*[7] da gesticulação cultural através da dança e da música, numa corporeidade integrada, em si, no seu grupo e no seu cosmos tem sido, me parece — em minhas singelas reflexões e vivências — o motivo principal da mobilização, organização e defesa de seus direitos, nos aclarando a constituição cultural de seu modo de existir e nos ensinando que não se trata de julgá-los ou categorizá-los a partir da diferença com o branco-ocidental, mas de estabelecer um diálogo entre as cores, os gingados, o canto e a alegria tropical que se expande de seu largo sorriso branco — apesar da dor ainda incrustada no corpo vitimado pelas relações inumanas e sádico-masoquistas da escravidão.

Basta que prestemos atenção a qualquer manifestação de cultura popular de origem afro-descendente, com suas formas religiosas sincréticas ou não, para perceber estas marcas arraigadas no coletivo de músicos, brincantes e dançarinos: movimento vibrante, o chão como marca-passo, movimento circular e expansivo dos braços e pernas, feição alegre e nobre, senso de pertencimento na brincadeira coletiva, altivez e sensualidade nos gestos e trejeitos, a roupa colorida esvoaçante. Pode se tratar de uma roda de capoeira regional ou d'Angola, umbigadas, batalha entre mouros e cristãos, maracatu, moçambique, batuques, congada, encantandas, frevo, bumba-meu-boi, caixeiras, jongo, roda de samba ou mesmo no já *"espetacularizado"* carnaval (os blocos de rua ainda conservam bases mais *"autênticas"*).

É aqui que as marcas profundas dos mitos baseados na complementaridade entre o pássaro (alma, espírito, feminino) e a serpente (corpo, matéria, masculino) se deixam transparecer e se atualizam através da corporeidade neste diálogo constante entre o elemento aéreo e cortejador com o elemento terrestre e fecundador. O pássaro que bica a serpente que pica o pássaro vão se transformando num único e mesmo ser, andrógino, completo e múltiplo, que atravessa o céu num belo arco-íris, saindo da terra e voltando ao útero do grande mar. Os iorubás o chamarão de *Osumaré*...

---

7   Não é demasiado lembrar que o étimo *"virtude"*, de origem latina, tem como radical *"vis"* — *força*, que pode, pelo desvio da *hybris* (ousadia), degenerar-se em *"violência"*. Mas, evitando sua degenerência, o termo *virtude* nos lembra sempre a *força* que uma *atitude* pode ter.

O índio yanomami, Davi Kopenaua, colaborador do antropólogo Viveiros de Castro, já nos dizia que o ocidental necessita da palavra escrita pois sua palavra está repleta de esquecimento, o que já não ocorre com a palavra ancestral: ela vive em nossa alma, nossa pele, nossos pensamentos. Portanto, na tradição oral, a primeira forma de transmissão e partilha do mito não se dá pelo relato, mas se dá pelo *canto*. São nos ritos iniciáticos, ritos de passagem, ritos de conciliação que os mitos são partilhados com o iniciando, o neófito, o aprendiz através do canto que conta as histórias de sua origem e de sua pertença. Este universo musical do mito faz da estruturação da narrativa um jogo semântico que não se esgota no sentido das palavras, mas se estabelece na configuração das imagens que vão se revelando *imagens-lembranças* (como nos advertia Gaston Bachelard em *A poética do devaneio*[8]). Mais ainda, em nosso próprio ponto de vista, vão se revelando *imagens-lembranças--sonoras*. O movimento que impulsiona as imagens a se constelarem de uma determinada forma, a partir das forças imaginativas de nossa *arqueo-psiquê* ancoradas na corporeidade, no fluxo dinâmico e recursivo das trocas entre a resistência do mundo e suas intimações, de um lado, e de outro, nossas pulsões (conforme a noção de *trajeto antropológico* proposto por Gilbert Durand);[9] este movimento é de natureza musical. É a música das imagens que as constelam em determinadas paisagens sonoras e, portanto, simbólicas. Nossa cartografia imaginária é uma partitura musical em execução.

Esta topografia que se abre à alma sensível, sensualiza o pensamento, cordializa a reflexão, dá um caráter sublime ao prosaico de sobreviver, buscando sentidos para a existência. Desta forma, a topofilia se irmana com uma outra paixão que nos interessa sobremaneira na questão ancestral: a *arqueofilia*.[10]

---

8   BACHELARD, Gaston. *A Poética do Devaneio*. São Paulo: Martins Fontes, 1996.

9   DURAND, Gilbert. *Las Estruturas Antropologicas del Imaginario: Introducción a la Arquetipología General*. Madrid: Taurus Ediciones, 1981. Há tradução brasileira pela Editora Martins Fontes, 1997.

10 FERREIRA-SANTOS, Marcos. *Arqueofilia: O vestigium na prática arqueológica e junguiana*, In: CALLIA, M. & OLIVEIRA, M.F. (orgs.) *Terra Brasilis: pré-história e arqueologia da psique*. São Paulo: Paulus, Moitará, 2006, p. 125-182.

Podemos entender, então, preliminarmente, *arqueofilia*, como sendo a *paixão pelo que é ancestral, primevo, arquetipal e que se revela, gradativamente, na proporção da profundização da busca.*

Desta forma, a paixão, amizade e/ou desejo (*philia*) pelo ancestral (*arché*) é, em si, um *mitema*[11] *iniciático*: engendrado pela busca de compreensão de si mesmo e do mundo a sua volta, a pessoa utiliza (ainda que, racionalmente, naquilo que sua consciência comporta) métodos, ferramentas, caminhos, ciências, epistemologias, estratégias para *"cavocar"* (deliciosa expressão interiorana de grande alcance etimológico e metafísico)[12] nas entranhas da terra ou da psique, indícios de respostas. No processo, proporcionalmente, à gradação de profundidade da busca, as transformações se sucedem no próprio Ser. A reconciliação de seu espírito (racionalidade) com sua alma (subjetividade), se dá na mesma proporção em que se revolve a terra (ou a psique) à procura dos *vestigia*.

A saber, *vestigium*, no latim, designa a planta ou sola do pé, a pegada de homem ou animal: que reconstitui o caminho percorrido. Ao mesmo tempo, o sinal, a impressão, a marca pela pressão de um corpo – tal como a impressão quase--digital de um corpo sobre o lençol desarrumado de uma cama reconstituindo a memória de quem ali dormiu. Nesta polifonia semântica, *vestigium* também designaria o instante, o momento, o resto, o fragmento, assim como o lugar: *arché-tessitura* da própria epifania do *vestigium*. Me parece não ser exagero tratar do aparecimento dos vestígios (seja na arqueologia, seja na analítica junguiana ou na mitohemenêutica) como *epifania*, já que em ambas buscas arqueofílicas, o encontro do fragmento sublima o instante e demarca o lugar na tarefa de reconstituição da paisagem.

O radical, *vestigo*, denota as ações de seguir o rastro de algo. Ir à procura de alguma coisa. Ao mesmo tempo, descobrir, encontrar...

---

11   Unidade mínima constitutiva do mito. Veja-se FERREIRA-SANTOS, Marcos & ALMEIDA, Rogério. *Aproximações ao imaginário: bússola de investigação poética*. São Paulo: Editora Képos, 2012.

12   A ambiguidade da expressão tanto sugere a ação imediata e concreta de "cavar" e, ao mesmo tempo, "evocar" algo que está soterrado, impedido de sair.

Neste sentido, todo *vestigium*, não indica apenas o caminho ou a presença de algo pelos traços que evidencia, mas trata também da busca e do encontro. Deparar-se com o *vestigium* é, desta forma, duplamente, *des-velar*... Complexo e dinâmico, o vestígio tem um suporte material (ou não) e nos remete à reconstrução da paisagem, a depender sempre do nosso momento de leitura. A similitude entre aquilo que se busca e aquilo que se encontra — que está na base do processo de analogia, inferência, dedução, indução ou abdução — é o que permite uma perlaboração capaz de ser assimilada à consciência. Se o conteúdo de tal experiência não for suportado, o próprio inconsciente se utiliza de procedimentos (resistência, esquecimento, bloqueio etc.) para salvaguardar a consciência:

> Eis porque assistia razão a Goethe quando dizia que se somos capazes de ver aquela estrela distante, é porque entre ela e nós deve haver um ponto de identificação. O conhecimento está a afirmar esse ponto, do contrário, ele seria impossível. Em todo conhecimento há uma assimilatio, e como pode dar-se o simul ou o similis, sem o simultâneo e o semelhante? E se há algo semelhante, há, por distante que seja, um ponto de identificação no Ser. Nós somos, estamos no ser, e somos do Ser, e como seres temos o ser em nós (...) Essa fusão antecede ao tempo e às circunstâncias. E se não captamos o noumeno por intuição intelectual, captamo-lo afetivamente, e o somos existencialmente. Este ponto de magna importância para a Noologia dará ainda seus frutos, e, na Simbólica, auxilia-nos a compreender melhor o itinerarium mysticum que nos oferece o símbolo, pois a mística é uma estética, um sentir afetivo do simbolizado, como a estética é uma mística do símbolo.[13]

Por isso, não há respostas definitivas, nem provas suficientes na paisagem cultural. Nem no sítio arqueológico nem na paisagem psíquica. O *itinerarium* que o *vestigium* aponta é a exteriorização da *jornada interpretativa*. Mas, o exercício da integração de novas experiências para a compreensão de si e do

---

13 SANTOS, Mário Ferreira dos. *Tratado de Simbólica*. São Paulo: Editora Logos, volume VI, 4ª.ed., 1963, p. 22.

mundo, nos mobilizam para a busca. Assim é que a arqueofilia se abre a uma dimensão teleológica.

As peças arqueológicas encontradas à espreita de um *vestigium*, ou as fixações comportamentais já não importam quando reconstituímos a paisagem pré-histórica ou a paisagem psíquica e, então, *perlaboramos* e melhor compreendemos.

Ao utilizar a expressão *"perlaboração"* – pertencente à tríade *"recordar, repetir, perlaborar"*, como nos sugere Freud,[14] lembremos a definição clássica segundo *Laplanche*, para *perlaboração (Durcharbeitung* ou *Durchabeiten)* que é:

> O processo pelo qual a análise integra uma interpretação e supera as resistências que ela suscita. Seria uma espécie de trabalho psíquico que permitiria ao sujeito aceitar certos elementos recalcados e libertar-se da influência dos mecanismos repetitivos. A perlaboração é constante no tratamento, mas atua mais particularmente em certas fases em que o tratamento parece estagnar e em que persiste uma resistência, ainda que interpretada. Correlativamente, do ponto de vista técnico, a perlaboração é favorecida por interpretações do analista que consistem principalmente em mostrar como as significações em causa se encontram em contextos diferentes.[15]

O saudoso Lyotard,[16] em sua análise da pós-modernidade, nos atualiza a ideia de perlaboração, numa perspectiva muito mais "criativa" (mais próxima do diálogo junguiano) do que "repressiva" (no quadro mais freudiano), da qual nos nutrimos nestes diálogos:

> À diferença da rememoração, a perlaboração se definiria como um trabalho sem fim e portanto sem vontade: sem fim no sentido de que não é guiado pelo conceito de objetivo, mas não sem finalidade.

---

14 FREUD, Sigmund. *Recordar, Repetir e Elaborar (Novas Recomendações sobre a Técnica da Psicanálise II)* – 1914. In: Edição Standard. Rio de Janeiro: Imago, v. 12.

15 LAPLANCHE, J. & PONTALIS, J-B. *Vocabulário da Psicanálise.* São Paulo: Martins Fontes, 2.a. Ed, 1992, p. 339-341.

16 LYOTARD, Jean-François. Reécrire la Modernité. In: *L'inhumain.* Paris: Galilée, 1988, p. 35.

E neste duplo gesto, para frente e para trás, que reside sem dúvida a concepção mais pertinente que nós podemos ter da reescritura.¹⁷

É precisamente este movimento *"para frente e para trás"*, que a perlaboração nos permite compreender melhor a busca arqueofílica para realizar a compreensão do presente e abrir sendas para o devir. *Re-escritura* que, de maneira ainda mais simbólica (e próxima de nossas concepções) nos sugere Labriola:

> O importante é acompanhar cada psique, sua ressonância e sua recorrência de imagens que apresentam uma trama mítica particular, na qual o passado (arché) e o presente se articulam num receio e num desejo de futuro (télos), de realização e transcendência.¹⁸

Esta re-escritura e, ao mesmo tempo, *re-inscrição* do Ser na própria pessoa e em seu mundo, ganha *alma*, sabedoria sofiânica, se re-*anima* para prosseguir seu próprio percurso formativo como processo simbólico.

Se atentarmos para a sua natureza simbólica, o *símbolo* tem sempre duas faces interdependentes. Em alemão, o termo é bastante didático para lidarmos com esta natureza dupla do símbolo: *sinnbild*.

Aqui a partícula *sinn* significa *"sentido"* e a partícula *bild* significa *"forma"*. Todo símbolo teria essa dupla injunção de uma *forma*, isto é, de uma casca superficial de seu aspecto mais visual, icônico que comporta e conduz um determinado *sentido*, e esse sentido (ao contrário da casca superficial descritível) nem sempre é explícito, nem sempre é dizível. Este sentido é vivenciável, mas, dificilmente, dizível. A imagem conduz e engendra a *imago*.

De outra perspectiva, o radical grego para símbolo provém de *"sym"* (encontro, reunião, articulação) e *"bolos"* (partes, fragmentos), de onde podemos inferir o caráter religante de todo pensamento e produção simbólica. Ao contrário, o *diasparagmós* (separação, desfacelamento, fragmentação) se dá num pensamento e produção que sejam pautados por uma ação em *"diá-bolos"*: dissecação, aná-

---

17   LYOTARD, 1988, p. 39.
18   LABRIOLA, Isabel. *Mytho & Psiché: diálogos com a psicologia analítica*. Cadernos de Educação UNIC, Edição Especial, 2005, p. 122.

lise, partição. Santos[19] ainda nos esclarece que *symbolon* grego, neutro, provém de *symbolé* "que significa aproximação, ajustamento, encaixamento, cuja origem etimológica é indicada pelo pelo prefixo syn, com, e bolê, donde vem o nosso termo bola, roda, círculo". Neste aspecto, o símbolo evidencia a sua natureza *concêntrica*, nos remete a um centro através da atividade religante. Daí a célebre assertiva de Durand: "o símbolo é a epifania de um mistério".[20]

Portanto, a natureza polissêmica do símbolo dialoga com o momento existencial do leitor, intérprete ou hermeneuta, com aquilo que ele é capaz de perceber naquele momento. O símbolo dialoga com um substrato mais profundo, com o *momento mítico de leitura* do intérprete (diria Gilbert Durand). Mas, aqui precisamos esclarecer o que concebemos como mito: a partir do grego *mythós*: *"aquilo que se relata"*

> o mito é aqui compreendido como a narrativa dinâmica de imagens e símbolos que orientam a ação na articulação do passado (arché) e do presente em direção ao devir (télos). Neste sentido, é a própria descrição de uma determinada estrutura de sensibilidade e de estados da alma que a espécie humana desenvolve em sua relação consigo mesma, com o Outro e com o mundo, desde que, descendo das árvores, começou a fazer do mundo um mundo humano. Daí a importância também das metáforas, como meta-phoros, um além-sentido que impregna a imagem e explode a sua semântica. Diferente, portanto, das concepções usuais de "mito" como algo ilusório, fantasioso, falacioso, resultado de uma má consciência das coisas e das leis científicas.[21]

Desta forma, na relação com a natureza dupla do símbolo, estamos sempre lidando com um aspecto que é patente, da sua forma, da sua estrutura. Podemos classificá-lo, podemos decompô-lo, mas o seu sentido não. O seu sentido (na dimen-

---

19 SANTOS, Mário Ferreira dos. *Tratado de Simbólica*. São Paulo: Editora Logos, volume VI, 4ª.ed., 1963, p. 10.
20 *Apud* LIMA, Sérgio. *O Corpo Significa*. São Paulo: EDART, 1976, p. 17.
21 FERREIRA-SANTOS, Marcos. *Práticas Crepusculares: Mytho, Ciência e Educação no Instituto Butantan – Um Estudo de Caso em Antropologia Filosófica*. FEUSP, Tese de doutoramento, ilustr., 2 vols, São Paulo, 1998.

são latente) só vai ser captado nesse intercâmbio vivencial, convivial, existencial da *jornada interpretativa* sob as nuances da trajetória mítica (consciente ou não).

Num sugestivo trabalho, Lacoue-Labarthe & Nancy (2003), afirmam que a arqueofilia que tem em Freud a expressão ocidental talvez mais conhecida (*Freud's archeophilia*) findou por se fixar na compulsão repetitiva. Isto porque, uma vez identificada a *"horda assassina"* – sobretudo em *"Moisés e o Monoteísmo"*, o assassínio do pai seria o mitema original, ou ainda o mito de origem da identidade judaica e, portanto, sua destinação seria o re-encontro com o *Pai* (*animus* da base patriarcal). Nestes termos, o freudismo se pauta muito mais pelo princípio de *thanatos*, repressivo e recalcador (apanágio da *"falta"*).[22] Um exemplo dos desdobramentos deste assassínio seria a proibição das imagens (iconoclasmo como interdição e retorno do reprimido com supremacia do *"discurso"*). Aqui temos, simbolicamente, o privilégio dado à concretude das *armas*: princípios, conceitos, normas, teorias, métodos, técnicas.

De outro lado, optamos aqui por permanecer com a *anima* (base matrial) dos diálogos e ampliações de tradição junguiana, onde a realização do *Self* – arquétipo da totalidade e da centralidade – passa a ser a destinação da espécie. Neste caso, ao contrário da tradição freudiana, é o *nascimento* do mitema original. Pautados pelo princípio de *Eros* (amante e criativo), a *conjução* ou *religação* à Grande Mãe é a destinação revelada pela arqueofilia anímica que funda e alarga a noção principal de *arquétipo* (apanágio da *plenitude*). Um exemplo dos desdobramentos deste nascimento é a pletora das imagens e suas amplificações simbólicas (prática iconofílica como *sublimação criativa*: livre associação, imaginação criativa, escrita automática, produção artística com supremacia das imagens). Aqui temos, simbolicamente, o privilégio dado à *taça* (vaso alquímico) da conjunção líquida: alma, diálogo, expressão, pertença, compreensão.

Otto Rank[23] em seu clássico estudo sobre o nascimento destaca a predominância do mitema da *água* no nascimento do herói, por sua vez, equivalente sim-

---

22 Lembremos, de imediato, a recorrência das imagens de "inveja do pênis pela mulher" como suposta experiência desta falta, os mecanismos de "ocultamento" do recalque ou trauma, os atos falhos etc. na tradição freudiana mais patriarcal.

23 "O mito do nascimento do herói" (1909).

bólico do mar *thalassal* apontado por Sandor Ferenczi como vivência simbólica do líquido amniótico do útero materno. Inclusive no próprio mito de origem mosaico, Moisés tem também, assim como em várias outras narrativas míticas de origem, este duplo nascimento. Para sua morte *"simbólica"* é colocado num cesto ao rio. Será a Princesa egípcia que o recolherá e será sua nova mãe. A pertença da princesa ao rio que será seu útero marca o renascimento do herói de dupla identidade, hebreu e egípcio. Curiosamente, tanto na tradição psicanalítica como na tradição de *Midrash* (hermenêutica judaica da Torá), as grandes mulheres da tradição hebreia ficam em segundo plano pela prepotência patriarcal. O mesmo, me parece, se sucede na história da psicanálise. Ainda que seja necessário marcar a importância de Freud (no quadro ocidental) ao nomear a existência do inconsciente.

Este triplo movimento marcado pela topofilia, pela arqueofilia e pela hermenêutica, configurando um ecossistema arquetípico, nos serve de base para perceber o dinamismo de uma outra forma de conceber o ancestral. Muito distante da memória fossilizada e das práticas mecânicas esvaziadas de sentido pela repetição inconsciente, o ancestral se atualiza constantemente na expressão do *novo*.

Numa feliz expressão de Paul Ricoeur,[24] lembremos que *"o passado tinha um futuro..."* na medida em que somos os herdeiros de um passado que não estava encerrado em si mesmo, senão que, como *jactância*, se abria a um devir a realizar-se.

Somos nós o futuro ao que este passado se abria. Isso nos envia à concepção muito heurística da hermenêutica de Ricoeur, segundo a qual, temos um *"endividamento"* com este passado. E este endividamento histórico e mítico é a realização de *nós mesmos*. Não se trata de prender-se ao passado como o faz *Orpheu* ao olhar para trás e, assim movido pela dúvida, perder sua amada *Eurídice* para sempre e ser devorado pelas *ménades* (bacantes). Mas, de nutrir-se da fonte fresca de *Mnemosyne*, a Memória, mãe das musas, para seguir caminho. Caminho amado, topofilicamente.

Nesta região crepuscular das reminiscências (memória do espaço-tempo) ocorre o imbricamento, triplamente, *poiético: construção do olhar, construção espaço-*

---

24 Ricoeur *apud* FERREIRA-SANTOS, Marcos. A Pequena Ética de Paul Ricoeur nos caminhos para a gestão democrática de ensino: refletindo sobre a supervisão, a diretoria de ensino e a escola. *Suplemento Pedagógico Apase*, v. II, n° 11:1-6, 2003.

-temporal, construção poética. "Cada peça dos móveis herdados, ou mesmo uma mancha na parede, conta uma história".[25] Assim é que nos servimos do liame da topofilia à topografia poética, como sugerido por Fabrini ao penetrar na alma octaviana:

> Distâncias... passos de um peregrino, som errante sobre esta frágil ponte de palavras, a hora me suspende, fome de encarnação padece o tempo, mais além de mim mesmo, em algum lugar aguardo minha chegada [Octávio Paz em "El Balcón"]... Esteja isto no ângulo do porão de uma casa na Rua Garay, Argentina, ou num balcão em Delhi, Índia. O Aleph, de Borges. O Balcão, de Paz. Dissipação de todas as fronteiras – um poente em Queretaro, quiçá refletindo a cor de uma rosa em Bengala – espaços geográficos-textuais vazando uns para os outros. A topografia indiana cruzando o imaginário dos poetas latinoamericanos: a muçulmana Delhi com suas vielas, pracinhas e mesquitas; Mirzapur e sua vitrine ostentando um baralho espanhol (ah, essa Espanha moura nas lembranças de Paz e Borges...). Debruçar-se no balcão e ser colhido pela memória e suas vertigens; descer as escadas que levam ao porão e vislumbrar o infinito igualmente vertiginoso. No centro do torvelinho, o dinamismo da forma crescente: 'isto que vejo, isto que gira', diz Octávio Paz.[26]

Deste ponto de vista, mais que a manutenção e preservação do patrimônio histórico e ambiental, o que se coloca como questão crucial – ao menos no plano simbólico – é a fruição do ambiente e do patrimônio, vertiginosa fruição. É aquilo que atualiza a potencialidade das suas estruturas, alicerces e usos. Então, percebemos que o espaço se abre como região *atemporal* – que atravessa os séculos e os modos de ser, arquitetando a sensibilidade e valorizando esta fruição sensível que *anima* os espaços-tempos históricos da cidade, os recheia de *alma* (no seu sentido etimológico). Assim é que podemos tratar de uma *ecologia arquetípica*,[27]

---

25 TUAN, 1980.
26 ALMEIDA, Lúcia Fabrini. *Topografia Poética: Octávio Paz e a Índia.* São Paulo: Annablume, 1995, p. 158-159.
27 HIRATA, Ricardo Alvarenga. *O Rio da Alma: contribuições do simbolismo religioso e da psicologia analítica pra uma reflexão sobre a crise ecológica no rio Tietê (uma proposta da Ecologia*

ou *ecossistema arquetípico*, como proponho, entendendo as relações dialéticas e recursivas entre a *ambiência* (*umwelt*) e a corporeidade humana quando nos damos conta do caráter *poiético* desta topografia.

Cada elemento natural (que não se distingue da própria pessoa) é frequentado, vivido e significado num processo de *"participação mística"* que resulta em atitudes e significações subjetivas *matriciais* propiciadas por estes elementares (água, ar, terra e fogo e seus viventes). Isto é, estas relações vão modelar respostas existenciais comuns aos problemas postulados (estéticos, afetuais, de sobrevivência, de intelecção etc) que podem ser expressas em uma narrativa ancestral. O que equivale a dizer que o *mito* arranja de maneira narrativa a dinâmica vivenciada destas respostas existenciais, articulando no presente, a constelação destes símbolos e imagens, com o passado ancestral e abrindo possibilidades, devires, contingências...

Em outra oportunidade, ao refletir sobre a *arché-tessitura*[28] do fenômeno estético (*estesia*) na música e na literatura como condição de possibilidade de uma experiência numinosa, como Sagrado vivenciado, postulei uma tríade mitohermenêutica para profundizar esta experiência. Trata-se de perceber a ação de uma *vertigem, voragem e vórtice*. A *vertigem* diz respeito ao momento de entrada no espaço-tempo da própria obra em que nos *"desligamos"* do espaço (geométrico cotidiano) e do tempo linear (cronológico). Ao dialogar com a obra e frequentar a sua própria paisagem, se dá o processo de *voragem* recíproca, na medida em que, tanto eu degluto a obra como a obra me absorve. O momento mais significativo e, possivelmente, numinoso é o *"olho do furacão"* – cinestésico por princípio, já que mobiliza toda a nossa corporeidade (por vezes, expresso no calafrio, arrepiar de pelos, sudorese etc) – que denominei de *vórtice*. Aqui é

Arquetípica). Dissertação de mestrado em Ciências da Religião, PUC/SP. São Paulo, 2005.

28 *Arché-tessitura*: neologismo para designar o caráter ancestral e arquetípico (*arché*) da composição *musical* (*tessitura*) dos elementos, numa harmonia conflitual, que constituem a condição de possibilidade de diálogo entre a obra e a pessoa, entre a pessoa e a coletividade, entre o sonho e o mito ao modo de uma arquitetura flexível. Veja-se FERREIRA-SANTOS, Marcos. Música & Literatura: O Sagrado Vivenciado. *In:* Porto, Sanchez Teixeira, FERREIRA-SANTOS & Bandeira (orgs.). *Tessituras do Imaginário: cultura & educação*. Cuiabá: Edunic/Cice, 2000. p. 57-76.

que o impulso criador contido na obra dialoga e mobiliza o meu próprio impulso criador. É o torvelinho em Octávio Paz ao descer pela sua topografia poética. Equivale a dizer: suas memórias e vertigens, no plano pessoal. No plano coletivo, o mito e seus *vestigia*.

A fruição possibilita que o mito receba o hálito que o revigora. A tradição se remoça, pois a fruição põe em movimento o *complexo de cultura*, nos termos de Bachelard: "as atitudes irrefletidas que comandam o próprio trabalho de reflexão (...) em sua forma correta, o complexo de cultura revive e remoça uma tradição. Em sua forma errônea, o complexo de cultura é o hábito escolar de um escritor sem imaginação (...) por que um complexo é essencialmente um transformador de energia psíquica".[29]

Precisamente, por se tratar de um *transformador de energia psíquica*, é que o mito (ou o *complexo de cultura*, na concepção bachelardiana) necessita da fruição no conjunto arquitetônico do patrimônio histórico-ambiental, ou arqueológico, ou psíquico-social. O seu passado alarga ainda mais o presente na medida em que nos insere nos meandros e centros subterrâneos da produção de sentidos. O tempo dilata-se e, ao mesmo tempo, condensa-se, pois que o espaço se abre. O mesmo se aplica à paisagem arquetípica de nossa subjetividade.

Quanto mais intensa a fruição na arquitetura simbólica dos espaços (suas disposições, símbolos, grafias, usos, marcas e superfícies gastas) mais o tempo se profundiza no diálogo de ressonâncias míticas, em sua *arché-tessitura*. Quanto mais profunda a experiência do singular, mais nos aproximamos do universal.

É neste quadro simbólico que podemos tentar entender a resistência ao *novo* na dialética entre a preservação e a degradação que geram os muros e muralhas na tentativa de circunscrever o patrimônio. De um lado, a atitude isolacionista com a argumentação da preservação (subtraindo a fruição das pessoas) e de outro a usura consumista e frenética depredação de quem estabelece os muros e muralhas dentro de si como forma de *"proteger-se"* das ressonâncias: o sentir-se mal, as vertigens, o cheiro de velharia, fungos e pó, cacos de um passado que *"deveria ficar no passado"* ou de uma natureza a ser melhor transformada e subme-

---

29   BACHELARD, Gaston. *A Água e os Sonhos: Ensaio sobre a imaginação da matéria*. São Paulo: Martins Fontes, 1989.

tida às leis e processos de maior *"produtividade"* para um *"progresso"* suspeito. Entre uma postura e outra, os muros e muralhas revelam mais que o isolamento e obstáculo, revelam também as *zonas de contato*, a *membrura* (diria Merleau-Ponty) – híbrido de membrana-juntura que protege e isola, mas que também junta e toca: *à flor-da-pele*....

Portanto, ao adotarmos como *estilo reflexivo*, a *mitohermenêutica*, já evidenciamos a *anima* exarcebada que, no cálido da tradição personalista, se coaduna com a noção de *pessoa*, como *prosopon*, *"aquele que fronta pela sua presença"*, noção central na tradição da Antropologia Filosófica Personalista, em seu existencialismo, que enfatiza a pessoa como construção aberta e constante no embate entre a minha possibilidade de transcendência (vontade humana) e a facticidade do mundo (imanência).[30]

Mas, aqui cabe uma ressalva aos diletos guardiões da filosofia da ciência experimental, empírica, mais ou menos positivista ou estruturalista. Tais atitudes de investigação para compreender determinados fenômenos não são *"ciência"*. Nem mesmo há pretensão cientificista. O exercício aqui é, assumidamente, filosófico no que tem de mais *radical*: chegar às raízes da experiência através do questionamento constante e da visão mais integradora e interdisciplinar possível.

> Não é importante saber que esta ou aquela cosmologia mítica foi 'cientificamente' verificada ou rejeitada, pois essas cosmologias e cosmogonias são componentes de uma linguagem simbólica. Galileu não tem importância para o simbolismo do nascimento e do por-do-sol; o sistema de Ptolomeu e o sistema planetário provam mais enquanto alfabeto simbólico encerrado em sentidos hermenêuticos usados para a meditação de todas as religiões do que a astronomia 'em expansão' dos nossos observatórios modernos e seus astrônomos."[31]

---

30 FERREIRA-SANTOS, BERDYAEV, Nikolay. *Cinq Meditations sur l'Existence*. Paris: Fernand Aubier, Éditions Montaigne, (1936); e MOUNIER, Emmanuel (1964). O *Personalismo*. São Paulo/Lisboa: Duas Cidades, 1998.

31 DURAND, 1995, p. 160.

Esta *radicalidade* nos direcionou a desenvolver reflexões sobre um *conhecimento crepuscular* desde nossa tese de doutoramento, *Práticas Crepusculares: mytho, ciência e educação* (1998), efetuando, de maneira ousada, uma *"pequena correção"* ao mestre Gilbert Durand, tentando evidenciar o caráter específico de um terceiro regime de imagens, o *Regime Crepuscular* (hermesiano), aliados ao Regime Diurno (solar-apolíneo) e Regime Noturno (lunar-dionisíaco) das imagens. Exemplifiquei com as narrativas míticas, as estruturas de sensibilidade (heroica, mística e dramática) que Durand esboçava em sua arquetipologia precursora (nos idos de 1960) a partir do movimento das imagens.

Nos diálogos com Andrés Ortiz-Osés que, juntamente com Gilbert Durand, é um dos últimos rebentos do *Círculo de Eranos*,[32] destacamos o caráter crepuscular daquilo que passamos a denominar de *filosofia latinomediterrânea*, como espírito e espectro distinto das tradições germânico-anglo-saxônicas de uma filosofia analítica ou lógica. Exceção feita a todo movimento romântico alemão que se aproxima do *espírito latinomediterrâneo*. Trata-se da sensibilidade muito particular e específica que se comunica pelos vasos comunicantes simbólicos entre aqueles que são matriciados pelo mar mediterrâneo (o mar no meio da terra) e aqueles que são matriciados pelo Atlântico e pelo Pacífico (a Ameríndia como terra no meio dos mares). Tal filosofia se irmana com a filosofia ancestral afro-ameríndia.

A título de síntese poderíamos destacar a recorrência do *humanitas* (personalismo latino) como afirmação da potencialidade humana (correlato do *anthropos* grego) que se atualiza na existência concreta, mas sempre dependente de um *encontro iniciático* com um iniciador(a) que, de maneira *maiêutica* (parideira), auxilie a pessoa a exteriorizar-se e realizar-se na sua própria busca, que a ajude a dar à luz num segundo nascimento. A rigor, esta é a base de toda prática educativa (*ex ducere*) latinomediterrânea.

Este *"axioma"* da humanidade potencial, *humanitas*, a realizar-se, exige o exercício do *sensus* (sensibilidade e sensualidade) atestando o ponto de partida

---

32 Além do quadro referencial do Círculo de Eranos (Ascona, 1933-1988) incluo em minhas reflexões a tradição filosófica que perpassa as inquietações de Nikolay Berdyaev, Emmanuel Mounier, Paul Ricoeur, Nise da Silveira, Maurice Merleau-Ponty, René Guenón, Georges Gusdorf, José Maria Arguedas e Ângelo Kretan (líder *kaikang* no norte do Paraná assassinado em 1980).

corporal de nossa organização cosmológica. Não se reduz a uma concessão empirista-sensorial, mas sinaliza a importância da vivência corporal como substrato anterior de toda, posterior, reflexão de caráter racional. Vive-se *à flor-da-pele* no mais aferrado exercício mamífero do privilégio da pele, do tato, do abraço, das mãos dadas, do afeto. Numa revisão do imperativo do *cogito* cartesiano, diríamos, *"sinto, logo existo; depois penso sobre..."*.

Esta centralidade afetual faz do coração *(cordis)*, o órgão principal da vivência corporal, o centro decisor e organizador da vida cotidiana naquilo conhecido como *pensamento cordial: "pautar-se pelo coração"* (ainda que seja necessário mais uma vez destacar que esta característica não se relaciona com a possível – mas secundária e redutora – análise sociológica do mascaramento dos conflitos sociais que, como o reducionismo freudiano, também parte da *teoria da conspiração e dos ocultamentos*).

Esta maneira de ver e de se posicionar frente ao mundo exige também uma partilha com o universo simbólico das tecelãs que compõe os fios da vida e do destino nas tramas e urdiduras do tecido social. Daí a noção corrente e menos escandalosa (entre os latinomediterrâneos e afro-ameríndios) do *complexus* (tecido, em latim), índice da aplicação de um pensamento, cotidianamente, complexo da conciliação de contrários que não se apagam, nem se diluem em alguma *"síntese"* hegeliana ou marxista. Ao contrário, mantém sua tensão constante que é o motor do dinamismo vital, o desafiante exercício de uma *dialética-sem-síntese* (como em Merleau-Ponty ou Mounier). Ou ainda, se preferirmos, como em qualquer quilombola ou aldeia indígena das terras altas (cordilheira) ou das terras baixas.

Daí, também o apelo comum ao universo das mediações e ao caráter medial que os polos todos suscitam. Há uma aplicação – quase que *"natural"* – ao recurso de um *tertium datum* – mais um escândalo lógico para outras tradições ocidentais (aristotélico-cartesianas)-, protagonizado por um *psicopompo* (condutor, mediador).

A base desta triangulação cosmológica está na valorização da *amicitia* (equivalente da *philia* grega) ou simplesmente, a *amizade*. Lembremos que Empédocles de Agrigento, na antiguidade clássica grega, por volta do sec. V a.C., definia a teoria (*theorien*, hipótese das ações de Deus) dos quatro elementares: água, ar, terra e fogo (esplendidamente atualizada por Gaston Bachelard) que seriam movidos por duas forças básicas contraditórias e complementares: *philia* (amor, paixão, amizade) e *neikós* (a discórdia). Em Freud, estes dois moventes serão denominados de *Eros* (a pulsão de vida – a *libido*) e *Thanatos* (a pulsão de morte – a *destrudo*).

O senso comunitário de um anarquismo comunal-naturalista se funda nesta base afetual dos laços fraternais. Ainda que a infiltração burguesa-ocidentalizante--capitalista coloque em xeque o exercício desta fraternidade com suas pulsões consumistas e compulsões globalizantes. A *coagulatio* latinomediterrânea resultante do embate constante entre a herança matrial (da terra-mãe) e a herança patriarcal (Estado-nação) está, precisamente no arquétipo da *alteridade: o fratello, o hermano* ou *hermana*, na *"maninha"*. Diz uma canção popular nortista: *"Medo... meu Boi morreu, manda buscar outro, maninha, no Piauí"*. É desta pertença simbólica que as redes de solidariedade espontânea se constelam, cotidianamente, nas situações-limites, e nos mostram o indício mais evidente da profundidade desta característica latinomediterrânea e afro-ameríndia, como vimos na canção-epígrafe que aqui utilizamos.

Tal solidariedade se desdobra no seu equivalente epistemológico: a *intellectus amoris* (intelecção amorosa).

Não há empenho, nem engajamento epistemológico ou cognitivo que dispense a relação amorosa com o *pseudo-objeto* da relação eu-outro-mundo. Muito antes de conhecer algo, se ama este *"algo"*, e por isso mesmo, a participação *mística* é ponto de partida da relação epistêmica e não seu ponto de chegada. Trata-se do privilégio da empatia e simpatia como convergência dos *pathós*.

> Quando Kant negava a possibilidade de um conhecimento do *noumeno*, restringindo aquele apenas ao fenômeno, ao que parece, a sua afirmativa era de certo modo positiva, pois para conhecermos as coisas, em tudo quanto elas são, teríamos que nos fundir com elas.[33]

Se de um lado isto representa um problema para a *ruptura epistemológica* – nos termos do Bachelard filósofo da ciência –, de outro lado é o ponto de inflexão para a *ruptura da ruptura* que se verifica na radicalização do racionalismo. Esta radicalização aponta para um *racionalismo poético*, no mergulho ao interior da substância para, *poieticamente*, recriar o próprio mundo (nos termos do Bachelard, amante da literatura e da imaginação, em que o conhecimento da

---

33 SANTOS, 1963, p. 21.

intimidade da substância é, imediatamente, um poema). Nesta direção afirma Sérgio Lima[34] a possibilidade de um *"pensamento como conhecimento sensível"* ou ainda como na sugestão de Maffesoli: *"Assim como foi para o barroco, é preciso sensualizar o pensamento".*[35]

Aqui, na paisagem latinomediterrânea, trata-se de um racionalismo já poético em sua origem, de matriz afro-ameríndia, exercido e pouco refletido academicamente. Neste sentido, o que seriam as *"modernidades"* ousadas do velho pensar cartesiano europeu (mudança paradigmática) encontram ecos e ressonâncias em nosso espírito, não pela semelhança do caminho epistemológico, mas, por ser esta a configuração do nosso *ser primevo*.

E, então, já nos instalamos no âmbito da *razão sensível* (*afectiva*) que norteia o espírito afro-ameríndio e mediterrâneo daqueles que tem, no mar e nas montanhas, a direção a seguir e a casa natal para onde retornar. Ortiz-Osés, belamente, explicita este universo na sua possibilidade semântica no espanhol como *Co-razón*: a razão dupla e mestiça que concilia razão e sensibilidade, coração e intelecto, num horizonte humanizante, úmido e repleto de *húmus* fertilizante.

É evidente que não negligenciamos aqui as *sombras* que se projetam desta filosofia latinomediterrânea em seus problemas mais cotidianos e bem conhecidos: "a escolástica jurídica, o dogmatismo inquisitorial, o realismo cósico, o sentido comum alienado, o imperialismo, o fascio e as ideologias violentas, a máfia e o amiguismo, a chapuza, o machismo donjuanesco, o picaresco e o chauvinismo etc."[36] No entanto, revalorizar seus fundamentos auxilia na re-fundação de novos momentos.

Mas, aqui já estamos em pleno estilo *mitohermenêutico*[37] que adoto, isto é, o trabalho filosófico de interpretação simbólica, de cunho antropológico, que

---

34 LIMA, 1976, p. 87.
35 MAFFESOLI, Michel. *Elogio da Razão Sensível*. Petrópolis: Vozes, 1996.
36 ORTIZ-OSÉS, Andrés (2005). Cognitio matutina (Prefácio). In: FERREIRA-SANTOS, Marcos. *Crepusculário: conferências sobre mitohermenêutica & educação em Euskadi*. São Paulo: Editora Zouk, 2ª.ed, 2005, p. 9.
37 FERREIRA-SANTOS, Marcos. Mitohermenéutica de la creación: arte, proceso identitário y ancestralidad. In: FERNÁNDEZ-CAO, M. L. (org.) *Creación y Posibilidad: aplicaciones del arte en la integración social*. Madrid: Editorial Fundamentos, 2006.

pretende compreender as obras da cultura e das artes a partir dos vestígios (*vestigia*) – traços míticos e arquetipais – captados através do arranjo narrativo de suas imagens e símbolos na busca dinâmica de sentidos para a existência. Tal estilo se instala e é herdeiro desta filosofia ancestral afro-ameríndia e latinomediterrânea, produtora e produto da cultura, em sua singularidade e universalidade.

Neste sentido, a provocação é pensar a cultura de um modo mais processual e que privilegie seus processos simbólicos. Portanto, entenderemos *cultura* como esse universo simbólico com, no mínimo, quatro processos que eu ressaltaria. A cultura, então seria vista nesta perspectiva mais simbólica, como o universo da *criação, da transmissão (partilha), da apropriação e da interpretação* dos bens simbólicos e das relações que se estabelecem.[38]

Nesse conceito mais processual de cultura há alguns desdobramentos que ressaltaria: em primeiro lugar, temos que o ser humano é um ser *criador*, não apenas um reprodutor ou criador inicial, mas um ser que cria constantemente. Se ele cria, ele também pode transpor essa sua criação para determinadas formas e comunicar essas criações e, portanto, transmitir ao outro, ao diferente, às novas gerações, enfim, dar comunicabilidade ao que foi criado, partilhando a criação.

Se eu posso transmitir isso que foi criado, outro processo, que seria característico desta concepção processual de cultura, é a possibilidade de eu me *apropriar* de algo existente, daquilo que foi criado e me foi partilhado. Tornar meu, não somente aquilo que é produzido pela minha cultura, mas apropriar-me também daquilo que é criado e transmitido pelas várias culturas na medida em que sou *impregnado simbolicamente* por estas culturas. *Pregnância* em seu sentido mais etimológico destacado por Ernst Cassirer: como gravidez de um sentido, engendramento interior da *humanitas*.

E se eu posso criar, se eu posso transmitir, se eu posso me apropriar; aparece aí um quarto processo que, me parece, tão importante quanto os outros precedentes: *buscar sentido* para essas coisas, portanto também *interpretar* aquilo que foi criado, foi transmitido, apropriado e sentido. Perguntar *"o que isto significa?"*.

---

[38] FERREIRA-SANTOS, Marcos. *Crepusculário: conferências sobre mitohermenêutica & educação em Euskadi*. São Paulo: Editora Zouk, 2ª.ed., 2005; e FERREIRA-SANTOS & ALMEIDA, 2012.

Ou ainda na sugestão do poeta e músico, Arnaldo Antunes: *"o que swing-nifica isso?"* sinalizando a necessidade de acompanhar a dança dinâmica dos sentidos que nos exige *"swing"* para evitar as armadilhas do congelamento dos sentidos estáticos e significados classificáveis (portanto, mortos).

Se eu me pauto por essa concepção mais processual de cultura, consequentemente, já não faz muita diferença o suporte material ou não desses processos, precisamente, por que eu acabo privilegiando o *processo*.

A sua criação, a sua transmissão, a sua apropriação e a busca de sentido na interpretação, como processos simbólicos privilegiados no fenômeno cultural – que podem ter uma expressão material ou não – nos auxiliam na postura que passa a dar um tratamento menos *"exótico"* para a cultura imaterial e sua fruição a partir da materialidade da cultura. Por isso, a semelhança do trabalho arqueológico e do trabalho hermenêutico, mobilizados pela mesma *arqueofilia*.

Onde isso vai nos levar?

Primeiro, há uma ideia não mais de zonas de investigação, de sítios arqueológicos a serem escavados, mas de *paisagem cultural*, ou seja, de um intercâmbio muito intenso entre essas pessoas que, portanto, criam, transmitem, partilham, comunicam, se apropriam, interpretam e que vão fazer tudo isso, num determinado lugar, numa determinada paisagem onde o intercâmbio entre essas pessoas e o entorno (*ambiência*)[39] é, senão determinante, *"quase"* determinante. Pois é esse entorno concreto que vai nos dar, inclusive, sinais desses sentidos construídos ao longo dos séculos e milênios. Lembrando o filósofo e hermeneuta personalista, Paul Ricoeur,[40] necessitamos do *olho do geógrafo, do espírito do viajante e da criação do romancista*.

Nesse sentido, para se lidar com essa paisagem cultural é necessário aguçar o olho do geógrafo, o olho daquele que presta atenção ao entorno material: ao relevo, depressões, às frestas, grutas, brisas, estações... prestar atenção ao *ecossistema arquetípico* que a paisagem natural revela (*homo lumina*).

---

39 Ambiência (*Umwelt*, segundo Edmund Husserl): mais que "ambiente" onde as partes estão dispostas num espaço, trata-se das relações recíprocas e significativas que estas partes estabelecem entre si, sendo percebida como "ecossistema" sua complexidade e recursividade.

40 RICOEUR, Paul. *Tempo e Narrativa*. Campinas: Papirus – tomo I, 1994, p. 309.

Mas eu alio esse cuidado geográfico da paisagem com o espírito do viajante em sua atitude (*homo viator*): aquele que deixa o seu lugar – cômodo e tranquilo gabinete – para mergulhar no lugar do outro, para investigar aquelas frestas, para olhar naquelas grutas, para descer, subir, entrar nos vales, caminhar e ir atrás das pessoas. O viajante fotografa com seu olhar os instantâneos significativos e deixa revelar em sua alma as imagens em seu movimento próprio, sendo fiel às imagens dinâmicas. Lima sugere que *"é preciso escutar a vegetação"*,[41] numa perlaboração e compreensão da *ecologia arquetípica* ou *ecossistema arquetípico*, dos quais, o poeta Manoel de Barros, no meu entender, é o arauto poético:

> *"Quando meus olhos estão sujos da civilização,*
> *Cresce por dentro deles um desejo de árvores e aves.*
> *Tenho gozo de misturar nas minhas fantasias*
> *O verdor primal das águas com as vozes civilizadas.*
> *Agora a cidade entardece.*
> *Parece uma gema de ovo o nosso pôr-do-sol do lado da Bolívia.*
> *Se é tempo de chover desce um barrado escuro por toda a extensão dos Andes*
> *E tampa a gema.*
> *Aquele morro bem que entorta a bunda da paisagem – o menino falou.*
> *Há vestígios de nossos cantos nas conhas destes banhados.*
> *Os homens deste lugar são uma continuação das águas"*[42]

Essa atitude de viajante, curiosamente, na sugestão de Ricoeur, se desdobra também em direção ao romancista. Não basta apenas fazer, tão somente, a descrição *etnográfica* de maneira isenta, neutra, imparcial (aliás, o que é impossível). O romancista, então, pela sua potência *poiética*, é aquele que recria sua experiência (*homo criator*) e com o apuro das palavras re-organiza a experiência para que o Outro tenha a possibilidade de vivenciar o encontro tido através da narrativa: *"minhocas arejam a terra; poetas, a linguagem"*.[43]

---

41   LIMA, 1976, p. 67.

42   BARROS, Manoel de. *Livro de Pré-Coisas*. Rio de Janeiro: Editora Record, 2ª.ed., 1997, p. 12-13.

43   BARROS, 1997, p. 59.

O olho do geógrafo, para eu entender as relações que essas pessoas estabelecem com a *ambiência* (*umwelt*), aliado a essa atitude do viajante e, se possível, essa generosidade do romancista: tríplice desafio para penetrar no coração da *gesticulação cultural*.

Se percebermos a *corporeidade* como o *nó de significações vivas e vividas* (seguindo as indicações de Merleau-Ponty), a gesticulação cultural é a expressão dessa corporeidade: a dança, a forma de contatar, a hesitação, a postura, o tato, o abraço, todas essas expressões do próprio corpo. Neste sentido, uma educação que lide com a alteridade e não tente eliminar essa alteridade, tem o corpo como uma premissa básica. Sua materialidade é corporal, sensível, aberta à *aprendizagem mestiça* onde a educação exibe sua matriz antropológica.

Essa corporeidade, esse nó significativo vivido, cruzamento da carne do mundo com a minha própria carne, sinaliza o caráter dinâmico da cultura como processo simbólico. Percebemos, então, que a base imaterial da cultura, de maneira paradoxal, é uma base corporal, assim como nos cantos populares ou iniciáticos, na base rítmica do canto de pilão, no ritmo das pernas e braços da dança comunitária: amenizar a arte da vida desse socar de palavras, ritmados no canto, na organização do tempo, na comunicação das almas...

Comunicação das almas que dialogam na ancestralidade. Herança afro-ameríndia deste matrialismo natural-comunalista que podemos perceber em suas principais características, de maneira sintética:

• A importância e pregnância da palavra
• A valorização do canto e da música como experiência educativa e iniciática;
• O valor simbólico das danças circulares como re-criação da cosmologia;
• Sensibilidade e racionalidade co-implicativas;
• Aspirações sócio-políticas de autonomia, autogestão e independência (anarco-humanismo);
• Resistência, não como eliminação do outro opositor, mas como re-afirmação da identidade (*re-existência*);

Configuração crepuscular dos regimes de imagens.

Desta forma, se preserva, de maneira não isenta de contradições e sacrifícios, os principais traços que constituem o seu processo identitário com os *vestigia* fecundantes de sua ancestralidade. Neste sentido, a narrativa mítica, mais uma vez, favorece o processo de diferenciação em meio ao caráter geral de homogeneidade pausterizada e medíocre.

Diante disso, poderia afirmar que é esta narrativa rediviva que redime seu atual contexto de dependência e degradação. Não se trata, como no viés mais psicanalítico de interpretar este fenômeno como a sublimação de sua condição paupérrima; mas, muito antes, forma privilegiada de *gestação* de outros tempos.

Aqui, de par com a arqueologia mítica, a ontologia presenteísta e a escatologia do devir triunfante, estas culturas – cada qual com seu processo específico, mas de matriz matrial (para ser redundante) – mantém a tradição e a reverência à ancestralidade na abertura *(offenheit)* ao novo que se depreende das relações pedagógicas, de caráter iniciático, que seus membros mais velhos propiciam às novas gerações.

Isto posto, podemos perceber a estrutura educacional centrada no *tatear experimental* (para utilizar aqui a nomenclatura dada por Celestin Freinet), na *offenheit* como estrutura dissipativa de abertura e no poder da palavra. Correlatos dos arquétipos matriais do *cozinhar*, da *troca como dar e receber*, e do *fazer circular*. Estes arquétipos se desdobram nos traços míticos do *alquímico*, do *dialógico*, e do *psychopompo* (condutor de almas). Por isso, estes traços pertencem a um peculiar *pro-jectum* civilizatório em andamento que não tem o caráter sistematizado ou programático de ímpeto panfletário como o projeto ocidental patriarcalista-racional.

Ser ponte entre o possível e o desejável: *Pahi*,[44] na sensibilidade guarani.

Este é o universo da carga vivencial que permeia a trajetória das pessoas concretas. Muito antes e muito além das prescrições do *dever-ser*, este é o fluxo cotidiano do fazer. Domínio da *práxis*, prática permeada da reflexão e reflexão permeada de prática que se faz, cotidianamente, competente com o viver e compromissada com o conviver, com todas as contradições e paradoxos próprios do mundo real. Aqui as narrativas de vida se constituem e se entrelaçam numa trama convivial.[45]

---

44 CORTAZZO, Uruguay. *Índios y Latinos: utopías, ideologías y literatura.* Montevideo: Vintén Editor, 2001, p. 55; e JECUPÉ, Kaká Werá. *A Terra dos Mil Povos: história indígena brasileira contada por um índio.* São Paulo: Editora Fundação Peirópolis, Série Educação para a Paz, 3ª.ed., 2000.

45 FERREIRA SANTOS, 2003.

Esta dimensão convivial do fluxo cotidiano nos realça o papel da alteridade na constituição de nós mesmos. E através do Outro que se revela e dialoga comigo é que constituo o meu processo identitário, articulando os traços herdados de minha cultura (ancestralidade) e a sensibilidade própria de minha trajetória existencial no percurso formativo. Assim percebemos que não se trata de diluir as diferenças num discurso relativista de que somos todos *"iguais"*, mas de valorizar as diferenças para encontrar nossas semelhanças num plano de igualdade de condições.

O convívio, *viver junto-com-o-Outro*, se faz num determinado espaço e num determinado tempo. O espaço convivial e o tempo convivial se estruturam sobre as facetas várias de nossas inserções nos diversos grupos sociais. O espaço convivial familiar ou o *domus* (lar), o espaço convivial profissional no trabalho, o espaço convivial religioso no templo, o espaço convivial esportivo etc. Simultaneamente, usufruímos o espaço durante determinado tempo. O tempo familiar, o tempo do trabalho, o tempo sagrado, o tempo do lazer e do esporte... ou seja, a sequência temporal em que temos um intervalo devotado a uma determinada prática, dimensão social ou fruição. Por vezes, é o tempo que determina o espaço, como no caso do ócio: usufruir o tempo livre se faz em qualquer espaço e o converte em espaço de ócio. Mas, na maioria das vezes, o espaço determina o tempo: o espaço escolar determina o tempo escolar, muito embora, as dúvidas e as buscas ultrapassem as barreiras dos ponteiros do relógio e podem, *"se o destino for benevolente"*,[46] contaminar toda uma vida.

Essa herança, mais do que herança biológica, parece fundamental para entender a pertinência da expressão imaterial da cultura, porque essa noção de herança nos vincula a algo que nós recebemos e que nós não valorizamos. Por vezes, só valorizamos quando estamos na iminência de perdê-lo ou quando, porque fomos para muito longe, nós o reencontramos.

Nesta concepção de ancestralidade podemos perceber duas formas básicas de iniciação. A primeira e mais evidente é a herança genética, biológica, sanguínea.

---

46 Expressão de Carl G. Jung sobre as condições ótimas para o processo de individuação e centramento da pessoa, costumeiramente, utilizado também pelo Prof. José Carlos de Paula Carvalho, em suas conferências e cursos, acentuando o caráter paradoxal entre a liberdade humana e o enfrentamento com os desdobramentos de seus próprios atos.

Nasce-se numa determinada tradição e as provações da iniciação se pautarão sempre pelo exercício da memória: nunca esquecer o que se é e de onde se veio. A segunda se faz pela escolha, quando, intencionalmente e conscientemente se quer fazer parte de uma tradição onde não nascemos. As provações neste caminho iniciático serão, então, demonstrar a sua fidelidade e aptidão para ser herdeiro da tradição escolhida.

Trajeto longo e para longe.

Lembrando de Ranier Maria Rilke nas suas cartas:

> *"Mas, com os diabos, por que andais então montados, a cavalgar por esta terra peçonhenta ao encontro dos perros turcos? O marquês sorri: 'Para regressar.'"*[47]

Vamos tão longe para regressar para o mais íntimo de nós mesmos.

A noção de herança, evidentemente, põe em relevo a outra noção importante em minhas reflexões que é a noção de *ancestralidade:* aquele traço, de que eu sou herdeiro, que é constitutivo do meu processo identitário e que permanece para além de minha própria existência.[48] Esse traço constitutivo do meu processo identitário me ultrapassa, eu sou herdeiro, não termina em mim, nem tão pouco eu o inicio. Eu sou apenas portador dele, ele está para além de minha própria existência. Isso me constitui, sendo consciente ou não desse traço, é aquilo que fica *martelando* ali no pilão, e que por vezes não me dou conta desse ritmo, dessa maneira cadenciada de eu agir, de eu pensar, de eu fazer as coisas, de me posicionar e agir, conceber e amar.

Portanto, a conjugação aqui em primeira pessoa reafirma o caráter pessoal desta relação com o traço herdado que se soma aos demais fatores formativos no processo identitário. Portanto, também não se considera a identidade como um bloco homogêneo e imutável, mas como um processo aberto e em permanente construção no qual dialogam vários outros fatores determinantes, escolhidos ou não, sempre em relação contrastiva com a alteridade concreta à nossa frente.

---

47   RILKE, Rainer Maria. *A Canção de amor e de morte do porta-estandarte Cristóvão Rilke.* São Paulo: Editora Globo, 29ª ed., 1998, p. 89.

48   FERREIRA-SANTOS, Marcos. *Crepúsculo do Mito: mitohermenêutica e antropologia da educação em Heuskal Herria e Ameríndia.* Tese de Livre-Docência em Cultura & Educação, FE-USP, São Paulo, 2004.

Se eu entender a ancestralidade dessa forma, como esses elementos constitutivos de meu processo identitário e que, por sua vez, estão presentes no mito de origem de meu grupo cultural, da própria sociedade; percebemos também que eles são atualizados constantemente. Daí o seu caráter dinâmico, sua plasticidade, ao contrário de uma primeira ideia errônea de que a ancestralidade se confunde com inércia e mesmice, formol e empalhamento museais.

Se pensarmos com Fabio Leite, em seu magistral doutoramento de 1982,

> "poderíamos, assim, cogitar da existência de um tipo de ancestralidade divina ou semi-divina, altamente sacralizada, envolvendo o preexistente, divindades e alguns ancestrais históricos, principalmente os que chamamos de arquiancestrais, estes às vezes, aparecendo, até certo ponto, como míticos e outras como realmente históricos. Este tipo liga-se geralmente à explicação primordial do mundo, ao aparecimento do homem e dos primeiros ancestrais básicos, originando propostas muito longínquas de organização da sociedade, podendo, entretanto até mesmo relacionar-se com a configuração do Estado (...) conservados na memória social, sendo característica básica de sua concretude o fato de sua condição ancestral ter sido criada pela própria sociedade por força das cerimônias funerárias."[49]

A ancestralidade, seja no domínio propriamente mítico, ou ainda, resultado da mitificação de ancestrais históricos, marca-se, sobretudo, pelas cerimônias funerárias. A condição de alçar-se à dimensão de ancestral é o abraço da morte. Curiosamente, assim o ancestral permanece ainda mais vivo e se atualiza em nossas criações, principalmente nas *"situações-limites"* (*die Grenzsituation*, como quer Karl Jaspers), de risco da própria sobrevivência, propiciando a religação (*re-ligare*) e releitura (*re-legere*) da pessoa em relação a sua querência, ao seu rincão, seu lugar, sua própria paisagem.

Nas situações-limites é que o ser humano revela sua face. É nessa situação-limite que eu atualizo o mito de origem e onde me propicia tanto a religação com essa minha ancestralidade, na sua estratégia de *religare*, quanto na sua ou-

---

49 LEITE, Fábio. *A questão ancestral – África negra*. São Paulo: Ediotra Palas Athena/Casa das Áfricas, 2008, p. 379-380.

tra possibilidade latina que é *relegere* – eu me religo às pessoas e passo a *reler* o mundo, passo a interpretá-lo de uma outra maneira quando exerço essa pertença. É quando, então, nos assumimos como herdeiros de fato, não de uma maneira inconsciente, mas com uma tomada de consciência da própria pessoa em relação a sua querência. Portanto, aí eu me aproprio dessa produção imaterial dos seus sentidos e de sua dinamicidade, de sua plasticidade.

Resumindo tudo isso, trata-se da *apologia ao canto* nas suas duas acepções, nas suas duas possibilidades em português, em plena tradição órfica, de pajelança ou *griot*:

• apologia ao canto, na forma de cantar, no jeito próprio e específico de dizer das minhas angústias, desejos, sonhos, utopias, e, ao mesmo tempo;

• apologia ao canto, na assunção de minha origem, do meu rincão, da minha querência, do meu lugar.

Essa possibilidade então de lidar com a alteridade, na perspectiva de uma educação de sensibilidade, na tentativa de reconciliar razão e sensibilidade, só se faz na proporção em que eu assumo essa herança da cultura que recebi, de que sou herdeiro, atualizando o meu canto ancestral. Lembrando Atahualpa Yupanqui, folclorista argentino que muito admiro: *eu só posso ser universal se eu cantar minha aldeia*.

> Eis o que eu aprendi nestes vales onde se afundam os poentes: afinal tudo são luzes e a gente se acende é nos outros. A vida é um fogo, nós somos suas breves incandescências.[50]

De algum lugar da região sudeste do continente negro, a grande mãe africana, *mama áfrika*, um hominida austral contemplou a paisagem e, movido pelas intempéries interglaciais, enveredou por ela. Depois, sucessivas diásporas vieram, desta feita, impostas pela sua própria espécie. Como bem sintetiza o antropólogo queniano Ramiz Alia: "temíamos deixar a aldeia. Nos forçaram a sair. Agora, ganhamos o mundo. O mundo é nossa nova aldeia".[51]

---

50   COUTO, Mia. *Um rio chamado tempo, uma casa chamada terra*. São Paulo: Companhia das Letras, 2003, p. 241.

51   RAMIZ ALIA (1991). *Africanos: A tríplice herança*. Londres: BBC, documentário, VHS; vide também: FERREIRA-SANTOS, Marcos. Sangoma: Um Preserlte Sagrado da Tradição Zulu.

Deste mesmo continente multifacetado e colorido dos rubros poentes, escutamos vozes que ora cantam e ora gritam. Mas, não teria sido o grito a primeira interjeição da consciência como dizem alguns? Se assim é, o canto não seria mais que a primeira ordenação da consciência. E a dança, que daí resulta, seria a primeira cópula entre a consciência e a ancestralidade.

Certa vez, estando eu em Lisboa, de volta a Madrid, que delícia!!! Um português falado com sotaque angolano, cheio de diminutivos, falado com carinho, sorriso largo no rosto, espontaneidade de deixar qualquer um feliz só de poder estar presente e vivenciar aquilo... risadas sem nenhum pudor, mas sem agressividade... creio que se tratava de avó, filhas e três netinhas pequenas entre 8 e 2 anos... Todas elas estavam em círculo, em volta de um amontoado de malas e bolsas com as coisas aglomeradas no centro. Atualizavam uma aldeia em plena rodoviária! A avó agasalhada e enchendo as netas de blusas, pois começava a esfriar um pouco mais naquela manhã lisboeta. Uma das irmãs, eu creio que com uns 30 anos (apesar de que essa gente tropical esconde muito bem a idade), vestia jeans e usava um xale vermelho: altiva e terna princesa iorubá de traços graciosos. Falava de um jeito tão carinhoso com todas que dava vontade de participar da conversa. Tiravam coisas de umas bolsas para passar para outras e faziam uma verdadeira algazarra. Mas, felizes !!... O motorista do ônibus que chegou, simpático, mas espanhol até os ossos, logo reclamou do volume das malas. Não queria deixar que elas entrassem no ônibus com a sacola de comida para as crianças. *"Normas da empresa"*, dizia. Discutiram até que ele as deixou entrar no ônibus de viagem com uma só sacola com mamadeira e frutas. Disse que ia parar pelo caminho, mas como ficar com crianças numa viagem de oito horas sem que comessem alguma coisa no trajeto? Mesmo que não tivessem fome, mas tem vontade. Nem sempre se pode comprar coisas nas paradas de descanso. Mas, é difícil para um espanhol mediano entender estas coisas mais afetuais. Até que foi *"compreensível"* quando todas as mulheres lhe pressionaram!...

O ocorrido deu-me saudades das mulheres da parte paterna de minha família, irmãs de meu pai... sempre me dei melhor com elas... Não sei por

---

In: CATANI, A.M.; POR TO, M.RS. *et al.* (org.) *Negro, Educação & Multiculturalismo*. São Paulo: Panorama, 2002, p. 23-50.

que, mas com meus tios, não tinha muita intimidade. Mas, com Maria José e Miriam, sobretudo, eram mulheres excepcionais! Tinham uma espécie de herança de minha avó, Maria Silvina, que era visível a quilômetros de distância: o cuidado com a gente, o carinho na hora de preparar a comida, a atenção, o *"chamego"*, o *"cafuné"*, o *"pito"* no cachimbo às escondidas, os doces que fazia e vendia na janela que dava para a rua. Esta espontaneidade e esta feição tropical de quem não tem medo de se entregar e ser feliz nestes momentos pequenos de partilha... quanta saudade!

Curiosa diáspora que nos espalhou pelo mundo, que também traz marcas dolorosas ao seu doce canto coletivo. Estas vozes marcaram a direção da lança, ritmaram o pilão dos grãos e das sementes e o compasso da dança. São as esplêndidas imagens cotidianas que aparecem no vídeo da canção-epígrafe de *Calle 13* que adotamos aqui. Estas vozes submergiram na circulação ígnea de nossas breves existências incandescentes, oxigenando músculos e tecidos. Configuraram um espírito.

Assim como a velha chama do fogo trepida, vacila e coxeia à menor brisa, para a sensibilidade do humano arcaico se trata do espírito de um velho ferreiro coxo, seja no panteão grego, na terra do sol nascente nipônico e shintoísta, ou no Ogum de nossos diálogos iorubás... esta chama hesitante que insufla vida, transforma a matéria, tem um ritmo.

A fogueira acesa no centro da roda dos amigos só aumenta em outra escala mais visível esta crepitação ígnea de uma corporeidade rítmica... Ao redor, o grupo toca, percute os tambores, as matracas e maracás, canta, bate palmas, dança com um gingado especial assim como a chama do fogo... tronco flexível e braços e pernas agitam-se de forma cadenciada e viva. Labaredas gestuais num corpo vivaz repleto de pequenas "quebras" flamejantes: para, se insinua sensualmente, e continua o movimento. E que se soma aos outros corpos num diálogo coletivo que atualiza as vozes ancestrais de seu canto.

Já havíamos dito em outra oportunidade, que o canto é a estruturação musical da palavra, portanto, organização temporal de ritmos, frequências e timbres que demonstram a profunda tessitura da palavra, desde sua longínqua origem, cumprindo a sua destinação de *"criar"*: poesia.

Isso quer dizer que, por mais contraditório que pareça num primeiro momento, parafraseando Paul Ricoeur, o nosso devir depende do futuro que o passado tinha. O passado possui, neste aspecto, um caráter libertário insuspeito em seu bojo. Não qualquer passado livresco de uma prática histórica enviesada, mas o passado mais radical: nossa ancestralidade. Aquele passado que trazemos no sangue e, por vezes, nem nos damos conta de que o temos tão vivo em nós. Nos lembra, ainda o escritor moçambicano, Mia Couto: "nada demora mais que as cortesias africanas. Saúdam-se os presentes, os idos, os chegados. Para que nunca haja ausentes".[52]

Pensar, agir e sentir para que nunca haja *"ausentes"*... Isto é valorizar não apenas as pessoas presentes, mas reverenciando estas mesmas pessoas, saudar também os idos e os chegados: os velhos e os novos.

É uma pena que tal processo tão complexo e repleto de nuances seja quase que ignorado no processo de democratização do acesso e da permanência na escola que começa a se consolidar a partir da "Nova República" em nossas terras. Hoje, em especial, a pretensão de difundir, por lei, através da escola, as bases de uma outra cosmovisão afro-descendente e ameríndia (que foram, histórica e sistematicamente, combatidas e menosprezadas porque circulavam no subterrâneo das instituições), do polo patente da sociedade brasileira (afro-brasileira e ameríndia), só pode resultar em fracasso se não tivermos bem presente em nossas consciências e atitudes esta contradição radical entre os valores branco-ocidentais predominantes na escola (e na sociedade) e os valores afro-ameríndios que possuímos no tecido social cotidiano e na constituição de nossa própria corporeidade.

A outra faceta desta noção de ancestralidade com a qual trabalhamos e que está, indissociavelmente, ligada à música e à corporeidade, é que a herança ancestral é muito maior e mais durável (grande duração histórica) do que a minha existência (pequena duração). Esta herança coletiva pertence ao grupo comunitário ao qual, igualmente, pertenço e me ultrapassa. Por isso, segundo Eduardo Oliveira:

> essa cosmovisão de mundo se reflete na concepção de universo, de tempo, na noção africana de pessoa, na fundamental importância

---

52   Couto (2003), p. 53.

da palavra e na oralidade como modo de transmissão de conhecimento, na categoria primordial da Força Vital, na concepção de poder e de produção, na estruturação da família, nos ritos de iniciação e socialização dos africanos, é claro, tudo isso assentado na principal categoria da cosmovisão africana que é a ancestralidade.[53]

Deste nosso contato com a ancestralidade, percebemos que: *"o importante não é a casa onde moramos. Mas onde, em nós, a casa mora."*, nos lembra mais uma vez o escrito moçambicano Mia Couto. Também é ele que nos revela o movimento principal desta união afro-descendente e ameríndia entre o mito, a corporeidade e a música: *"quando a terra se converte num altar, a vida se transforma numa reza"*.

Aqui não há discussão curricular ou metodológica que possa suprir a presença ancestral deste *mestre ou mestra ancestral, apresentador do mundo*, que nos mobilizará na busca arqueofílica de compreensão. Berdyaev, em seu *"pessimismo ativo e criador"*, adverte-nos: *"as grandes forças que combatem pela pessoa neste mundo, são as forças da memória, do amor e da criação"*.[54]

Pois são, precisamente, estas forças que compõem o campo paradoxal entre o singular e o universal: o rejuvenescimento através da memória no contexto histórico, crítico, estético etc. É pois junção de *senex* e *puer*, na dialética ancestral do velho sábio andarilho e da bailarina que o acompanha (*animus* e *anima*), diálogo entre o novo e o velho na demarcação do campo, propriamente, humano.

A indiscutível força do amor (despojamento e solicitude) na leitura e na contemplação estética das obras, dos outros e do mundo – ainda que como Bertold Brecht nos sintamos *piegas* e perplexos: "que tempos são estes em que é quase um delito falar de coisas inocentes?".

E por fim, o valor permanente da criação (*poiésis*) na emergência e prolongamento da obra humana e afirmação das pessoas no afrontamento da presença possibilitando a partilha do acontecimento na vida da comunidade.

---

53 OLIVEIRA, Eduardo. *Cosmovisão Africana no Brasil: elementos para uma filosofia afrodescendente*. Fortaleza: LCR, Ibeca, 2003.

54 BERDYAEV, Nikolay. *Cinq Meditations sur l'Existence*. Paris: Fernand Aubier, Éditions Montaigne, 1936, p. 203.

"(...) Tú no puedes comprar el viento
Tú no puedes comprar el sol
Tú no puedes comprar la lluvia
Tú no puedes comprar el calor

Tú no puedes comprar las nubes
Tú no puedes comprar los colores
Tú no puedes comprar mi alegría
Tú no puedes comprar mis dolores (...)"

Dedicado à memória
de Gilbert Durand (1921-2012),
orpheu e cigarra em meio a
formigas com complexos de jasão

CAPÍTULO 10
Sobre os traços do rap

Christian Béthune
Tradução de Cláudia Prioste

> *"Até agora, a escola nos ensinou que a escrita era reservada à elite. Não era para nós. Com o rap esta interdição é superada. De repente os jovens adquirem o direito de tocar as palavras, sem ter atrás de seus ombros, a imagem de Victor Hugo lhes escarnecendo."*
>
> *Casey,*
> *fragmento recolhido por Aena Leo em "Longueur d'ondes" junho 2010.*

Insistimos peremptoriamente sobre a dimensão oral do rap. De fato, um rap não existe como tal até que ele seja efetivamente cantado. Tanto em seu modo de difusão, quanto em seu processo de elaboração, a cultura hip hop manifesta de maneira significativa as características próprias das formas orais de expressão. Essa natureza oral do rap parece tão claramente estabelecida que, segundo certo consenso interpretativo, nós tendemos a circunscrever o hip hop ao tema exclusivo da oralidade. Entretanto, a despeito de um potente tropismo em direção ao oral, a cultura hip hop em geral, e o rap em particular, permanecem vigorosamente ligados à escrita em suas múltiplas formas. Com o rap nós estaríamos diante de uma situação inédita onde o oral e o escrito não deveriam mais ser interpretados em uma relação tradicional de exclusão, nem de oposição, mas, sobretudo numa relação de complementaridade, ou melhor ainda, de sinergia poética. A Cultura hip hop seria, talvez, a primeira forma de expressão a estabelecer de maneira deliberada uma tensão entre as polaridades do oral e da escrita, e a produzir sistematicamente uma tensão no seu processo de criação.

O RITUAL DE ESCRITA

A exposição do texto a nu

Se os rapers em posse dos textos adotam de maneira ostentosa o título de "Mestre de Cerimônia" (MC),[1] é porque, geralmente, a composição musical do rap inicia-se por uma liturgia íntima: o ritual de escrita. Salvo raras exceções, antes de ser cantado, um rap foi anteriormente redigido,[2] e os rapers não se furtam de se referirem explicitamente a este momento inaugural dedicado à escrita: "Neste instante escrevo algumas rimas que descrevem minha vida", é assim que "Os sábios poetas da Rua" iniciam a música "Os belos dias virão".[3] Como em toda prática ritual, a liturgia da escrita de um rap possui sua panóplia de objetos consagrados ao exercício particular do culto. No rap os instrumentos de escrita são significativamente mistificados. Eles se tornam objetos de um investimento afetivo comparável àqueles que utilizam os MCs para celebrar órgãos e instrumentos de suas intervenções sonoras. Assim, de um lado, os rapers fazem explícita referência aos instrumentos de produção e de difusão acústica de seus poemas, à precisão de seu "flow" *, à potência de sua voz, à virtuosidade de sua boca, ao seu microfone, aos discos que eles utilizam, aos

---

1 Ao contrário do DJ (disc-jockey) que distribui a música vinda diretamente do grupo ou do "produtor" (*phonopóiétikon*), arquiteto sonoro do estúdio. A mesma pessoa pode, entretanto acumular duas funções.

2 Sob o nome de *freestyle*, a cultura hip hop tem a tendência de enfatizar a improvisação verbal, ou, definitivamente, se o rapper é estimado por sua capacidade de ser um bom *freestyler*, o *fresstyle*, é mais uma exceção do que uma regra.

3 Album "Qu'est-ce qui Fait Marcher les Sages", 1995, Jimmy Jay/Wotre Music.

* Flow, palavra inglesa que está relacionada ao fluxo de criação, à concentração (N. da T.).

equipamentos de ritmo (Groovebox), aos amplificadores, ao sistema de autofalantes, e a toda panóplia tecnológica de difusão do som. Não obstante, eles evocam semelhante devoção aos objetos de escrita: a folha em branco, a tinta, a caneta e seus cartuchos – e frequentemente, a pena da caneta que é mergulhada, à moda antiga, no tinteiro,– o dicionário, o rascunho rasurado ou destruído, todos como símbolo de investimento dos rapers no ato da escrita e a complexidade de um rito de escrever. Estes objetos da grafia – que por vezes, concernem especificamente a uma caligrafia[4] – não são somente invocados nos textos dos raps, eles participam de uma iconografia da cultura hip hop e figuram, frequentemente, num espaço especial nas ilustrações dos encartes que acompanham os discos ou nas fotografias das revistas especializadas.

Nota-se a passagem de uma primeira linha de oposição entre os instrumentos sonoros e os de grafia: tudo que é da ordem do som implica diretamente a tecnologia. Ao contrário de minha percepção, o computador ou a impressora raramente são considerados pelos rapers como elementos de seu arsenal ritualístico de escrita. A meu ver, não há como "Médine"*, que faz referência aos seus arquivos de elaboração do texto: "Novo arquivo *Microsoft Word* ainda sem título" e "Concebe [s]uas estrofes em um espírito da máquina" ele permanece uma exceção (cf. *Game over, Double Album "Don't Panic"* 2008).

Contudo, em relação aos rapers que formam o grupo "Sniper", o traço pode ter necessidade de assumir uma forma arcaica, monumental e solene – indispensável aos iniciantes fundadores, enquanto inscrições memoriais, que são voluntariamente definitivas – inscrições "gravadas na rocha", a título de metáfora:

> *"Eu e meus colegas / nós queremos gravar isso na rocha"*

---

4 "La calligraphie de ces mots est inégalée" Parin, *La pointe de ma plume*.
*Médine é um raper francês de origem algeriana (N. da T.).

Uma forma hierática de inscrição gráfica que também não está distante da fonografia e de suas manifestações sonoras.

> *A gente transcreve a vida que a gente leva / no disco*
> *ou na cena / Isso é gravado na rocha*
> (Sniper, Album *"Gravé dans la Roche"* 2003, Desch
> Music, e título epônimo)

Ou ainda com NTM:

> Foi-se a época de gravar nos anais *(Il fut ne époque*
> *à graver dans les annales* – Paris sous les bombes,
> Álbum epônimo, *1995* Sony)

Aqui a utilização do passado simples *"fut"*, que desapareceu da língua oral, sublinha a dimensão escritural do texto, em oposição ao *"il"* que conota sobretudo uma apresentação oral do contador: *"Il était une fois..."* (Era uma vez...). Enfatizado por seu título equivocado, esta abertura de *Paris sous les bombes* (o álbum aborda a ocorrência das bombas de aerossóis dos pichadores e dos grafiteiros nas quais as composições invadem o espaço público), coloca-se conscientemente na obra uma prática devastadora da grafia, ridicularizando a dimensão livresca da escrita por uma ironia em ato.[5]

Além disso, entre a redação e a dicção, entre o sonoro e a grafia, o raper invoca diretamente toda uma série de mediadores, que provêm tanto da dimensão escrita quanto da dimensão oral e fazem explicitamente referência a seu "estilo", a suas "rimas", mas igualmente a sua "prosa",[6] a seu "vocabulário", suas "palavras", seu "discurso" etc. Estes mediadores permitem incluir decisivamente o

---

5 Eu agradeço Christophe Rubin de ter chamado a minha atenção para esta fórmula do NTM e de ter descoberto pistas fecundas para sua interpretação.

6 Mc Solaar foi o primeiro a falar do rap como sendo um "combate de prosa". Mais recentemente, Booba se glorifica: "eu possuo a prosa que mata" (*Quoi qu'il arrive* album Autopsie, 2007, Tallac) e Flynt revindica um estilo : "Rico de uma prosa que explode" (*Rien ne nous appartient*, Album "J'éclaire ma Ville", 2007, citado em Jean-Claude Perrier *Le rap français dix ans après*, Paris, La table ronde, 2010, p. 378). De toda forma, a prosa se escreve... e se fala : "Nicole traga-me minhas pantufas... esta é a prosa"

rap na ordem do textual e de lhe conferir um duplo registro de escrita *e* da fala pois o tecido das palavras que compõem um texto pode tanto ser falado quanto escrito, improvisado naquele instante, ou redigido com paciência, lido em silêncio ou articulado em voz alta. Ele pode solicitar, separada ou simultaneamente, a audição e a visão. Com essa íntima dualidade do textual que, depois da emergência do livro impresso nós temos a tendência de negligenciar, o rap vem habilmente nos relembrar sua pregnância e, para inúmeros rapers, é nessa própria escrita que a fala se autoriza: a palavra escrita se coloca como via da palavra pronunciada.

> *Estou cansado e você me dá nos nervos / Então*
> *aprenda a escrever, por favor, ou aprenda a se calar*
> *(Casey Apprend à écrire ou apprend à te taire, album*
> *"Libérez la Bête", 2010, Anfalsh).*

Assim, em tempos nos quais dizem que o livro agoniza, os rapers, pessoas do texto, bem mais que pessoas do livro, têm sido capazes de implementar uma praticidade escrita que "desnuda a superfície do texto" – sua superfície livresca – para melhor tornar sensível a voz de sua cultura, inventando a passagem que Christophe Rubin denomina, com bom humor, de: "uma escrita da voz".[7] A consciência deste conflito, entre o textual e o livresco, se manifesta sem ambiguidade logo que Joey Starr declara por exemplo a Laurent Rigoulet:

> A gente não tenta arredondar os ângulos, a gente diz as coisas tal como elas são percebidas. Para mim, menos se é literário, melhor se é. Ainda que nos aconteça de também buscar a bela fórmula. Existe uma tradição francesa de escrita, a qual nós não escapamos, é nisso que nós nos diferenciamos do rap americano. "Télérama" n° 2724, 27 março, 2002 (grifo nosso).

---

[7] "Esta 'escrita da voz' não é tão material: o raper pode se contentar de preparar e de memorizar parcialmente uma temática, um refrão e alguns fragmentos, concentrando um efeito determinado. Entretanto, o mais frequente, é fixar bem o texto em uma versão escrita, mais ou menos rapidamente na ordem do criativo." Christophe RUBIN, « *Le texte de rap: une écriture de la voix* », *Actes du 22e Colloque d'Albi Langages et Significations* : « *L'oralité dans l'écrit et réciproquement* » (9, 10, 11, 12, julho 2001), C.A.L.S./C.P.S.T., 2002, p. 267-276.

Esta exposição nua do texto, que se recusa *"arrondir les angles"*, recusa-se à docilidade, por opor-se ao imperativo do livro, não é nada além do que Jaques Derrida observou de maneira mais polida:

> Se nós distinguimos o texto do livro, diremos que a destruição do livro, tal qual ela se anuncia nos dias de hoje, em todos os seus domínios, desnuda a superfície do texto. Esta violência necessária responde a uma violência que não foi menos necessária (Derrida, J., De la grammatologie, Paris, Minuit, 1967, p. 31; grifo nosso).

Esta perspectiva teórica determinante, emprestada às análises que o autor da *Gramatologia* propunha desde 1967, nos revela uma chave filosófica para entender a violência, e o tumulto que mobiliza os textos dos rapers, exceto o único ponto de vista das circunstâncias econômicas e das práticas sociais próprias aos guetos urbanos ou aos bairros periféricos da cidade, que por um eufemismo os qualifica de "sensível".

Se a violência se exprime na escrita dos raps, as razões poéticas transbordam do quadro dos jogos sociais que elas sobredeterminam. Antes de rotular os rapers de "malandros" ou de *"caille-ra"*[8] (marginais), é preciso lhes compreender como poetas. A agressividade observada nos rapers deve-se, sobretudo ao fato de que o hip hop se afirma como um dos lugares da cultura onde o textual afronta a ordem do livresco e lhe ultrapassa. Um lugar de escrita no qual, nos ditos alvejados do grupo *"Assassin"*: "A experiência vivida da caneta não é sempre aquela do escritor" (*Ou va se diriger ton stylo* Album "Perles Rares 1989-2002" compilação publicada em 2005 Livin' *Astro*). O rap corresponderia então, a este momento da cultura onde o texto redigido, mas também imperativamente recitado, se vê separado da autoridade induzida do livro, qualquer que seja a sua forma.

---

8   Marginais ao inverso. *O autor utiliza a expressão *caille-ra*, que é uma espécie de gíria, na qual se escreve as palavras com as sílabas invertidas (N. da T.).

OS INSTRUMENTOS DO RITO

A folha branca

Nos textos dos rapers, a folha branca constitui uma prévia que funciona, ora como metáfora, ora como metonímia de todos os inícios.

Começo textual, a princípio, pois a página branca inaugura o texto que ela convida a se inscrever em segredo. Na página branca, o esforço e, frequentemente a dor[9] são inscritos antes das palavras serem triunfalmente declamadas ao microfone — no momento de uma sessão de gravação fonográfica em estúdio, ou diretamente diante do público em um show. De prima, o espaço virgem que a página branca delimita é fonte de inquietude. Ele se impõe ao raper como um obstáculo a ser superado, um momento de incerteza ou de fatalidade a ser ultrapassado: "Eu escrevo em vermelho, meus pensamentos negros e minha folha permanecem brancos" (*La Fouine Memoire dans la peu* Album "*Mês Repères*", *2009, Virgin*). O confronto com a folha branca permanece um momento angustiante no qual o raper admite abertamente sua fraqueza, e reconhece sua impotência, ainda que essa tomada de consciência não exclua o humor:

Eu deixo meu espírito fugir sobre este pedaço de página,
Abandono-o, perco o controle, e o que me resta é uma mancha
Ideias sombrias diluídas na tinta da China
Algumas palavras, algumas linhas que curvam a espinha;
Diante da falta de inspiração, eu realizo.

Sem explicação minha musa fez suas malas;
A fonte se esvaiu, eu seco e nada mais me anima;
É uma merda, não tenho nem mesmo a rima.[10] (Hocus Pocus, Brouillons, Album "*73 Touches*", *2006, On and On Records*)

---

9   "Écrire me ruine". Les Chiens de paille, *L'encre de ma plume*.

10 De maneira significativa, a música começa com um barulho onde se escuta claramente o ranger de uma pluma sobre o papel, seguido pelo crepitar de uma folha sendo amassada. Confundindo *ergon* (palavra grega que significa trabalho, esforço – N.da T.) e *mácula*, nós

Às vezes, a folha virgem pode assumir a forma de um desafio ou de uma provocação que é necessário desvelar: *"Preciso foder a página branca"*, se exacerba, por exemplo, Rocé, diante da tarefa de escrever, que lhe é incumbida.[11]

Porém, mais ainda, a imagem da folha imaculada determina o início existencial que associa o texto e o som: "Cada dia eu atuo minha vida sobre uma folha branca ou sobre uma face B" (*Youssoupha*).[12] De fato, a página branca abre um campo que ultrapassa o do texto a ser escrito, além disso, ela confere uma dimensão textual à própria existência do indivíduo, e a tinta que vem escurecer esta página coloca então, o peso da experiência vivida, na qual é preciso assumir o destino:

"Chegar neste mundo como uma folha branca...
o sorriso fácil, fascinante, inocente na boca de um anjo"
(...)
Agora eu olho esse rascunho, outrora uma folha em branco
E eu me pergunto a cada dia o que acontece que minha razão vacila"

(Islam et Lacam Rappa, Rappeurs Quebecois Feuille Blanche, Issam Feat. Lacam Rappa, Mixtape "Un peu de raison dans les sentiments" 2007)

É ainda a folha branca que conduz, por meio de seus refrões, os dramas da existência e os acidentes da vida:

Eu só tenho vontade de mandar tudo para os ares,
Pouco importa o amor que existe sobre a terra,
Vá para o inferno a felicidade das pessoas

---

encontramos sobre alguns sites de letras a ortografia "tarefa" (*tâche* em francês significa tarefa, enquanto tache, sem o acento circunflexo significa mancha, mácula – N. da T.), lapso banal diríamos sem dúvida, mas tal equívoco induzido nos desperta o interesse: como se a espinha curvasse as linhas dobradas sobre o esforço da escrita.

11   Rocé, *Pour l'horizon*, Album, « Top Départ » 2002, Chronowax.

12   *Ma sueur et mes larmes*, Album « A Chaque Frère », 2007, Hostile/EMI. Nota-se que a famosa "face B" à qual o verso faz referência, é geralmente uma versão instrumental, nós observamos a ocorrência de um índice incidente de convergência do sonoro e do gráfico pelo intérprete fonográfico.

Nada mais me tenta diante da minha folha branca
Eu só tenho vontade de mandar tudo para os ares
(Diam's La feuille blanche, Album "Dans ma bulle", 2006, EMI.)

Se, por fim, a folha branca representa um desafio, é devido à sua própria inércia: passiva, ela se contenta em gravar o que nós lhe depositamos. Ela se abre sobre um futuro problemático que se deve construir, mas que tem ao mesmo tempo, um lugar de memória, testemunho de um passado escurecido à tinta do poema, ou da vida, por vezes, com a cor vermelha do sangue da história:

E o som corre negro como meu sangue
sobre essa folha branca eu traço, sempre mais alto
(...)
Com a tinta de minha pena a história de nossos pais que permanece em nós
Tão tenaz com minhas palavras (you know, hey)
É o que se passa, se passa
Fica mais grave que a baixa
A imagem do escravo, você vê, jamais se apaga

(Dub Incorporação, Grupo Underground Stephanois Chaines, Album "Dans le Decors", 2006).

A imagem recorrente da página branca, voltada a recolher os traços, signos da onipresença do texto no hip hop. Seja ele gráfico, sonoro, ou mesmo gestual, este texto é sempre da ordem da inscrição na qual a folha branca se impõe como a depositária, real ou metafórica. Vejamos o que parece confirmar a afirmação derridiana segundo a qual: "A língua oral já pertence à escrita".[13] Ou para além dos instrumentos qualificados da grafia, suposto por perpetuar o traço, e antes mesmo de sua disseminação pelo *phonê*, toda verdadeira oralidade precede à simples evanescência do som e transborda o quadro do sonoro para se inscrever duravelmente sobre o próprio corpo na "unidade do gesto e da fala".[14]

---

13   De la Grammatolgia, *op. cit.*, p. 81.
14   "É preciso tentar recuperar a unidade do gesto e da fala, do corpo e da linguagem, antes que não mais se articule a originalidade de um e de outro, sem que esta unidade profunda dê lugar

A CANETA E SUA PLUMA

Evocada por ela mesma, a página, virgem, ou já borrada de traços, é geralmente fonte de inquietude, de angústia ou de inibição. Entretanto, estes sentimentos negativos se dissipam, e a folha de papel deixa de ser um obstáculo ou uma fatalidade quando ela é conduzida a formar um casal dinâmico com a caneta* (a esferográfica ou a pluma) como testemunha, quase que ingenuamente, a raper Mak Best:

Graças à minha folha e à minha caneta eu posso voar
Mudar de ar, de horizonte, de universo, e me encantar
Partir para longe da poluição das biatch[15] e do artificial
No meu mundo ao menos as pessoas são naturais
Graças à minha folha e à minha caneta eu posso me evadir
Não mais sentir meu corpo se contorcer e meu coração esvaziar
Deixar minhas rimas falar em meu lugar, essas são as melhores ocupações.

(Mak Best) Grâce à ma feuille et mon stylo, album «Vers la Lumière » 2008).

Mas, para além da fuga imaginária do real, se servir da caneta, é segurar nas mãos as rédeas de seu próprio destino, é se recusar ficar como brinquedo das circunstâncias passando ao ato de maneira determinante, rumo à conquista. Graças ao trabalho da escrita, a existência do sujeito se move em uma "sucess story":

---

ao confusionismo" Ibid., p. 126. Eu fui além, que nesta unidade de natureza essencialmente rítmica, poderia se chamar "groove", expressão de gíria forjada pelos *jazzmens*, que significa "ranhura" e, na expressão *"in the groove"* (literalmente dentro da ranhura), carrega uma conotação tanto de prática sexual quanto de inscrição do signo em um traço do disco cf. Ch. Béthune, *Le jazz et l'Occident* Klincksieck, p. 217.

*É importante observar que o autor constrói uma metáfora sobre um casal dinâmico: a folha em branco e a caneta. Em francês, a palavra *stylo*, que significa caneta, é do gênero masculino, além disso, também possui uma forma fálica, daí a ideia de formar um casal com a folha virgem, em branco (N.da T.).

15 Forma em ditongo de "*bitch*" (literalmente "cadela", "treinada" ou "vadia") frequentemente utilizada pelos rapers americanos.

Dê-me um beat, um Bic e de minha vida, eu faço um hit.

(*Les Chiens de Paille Un beat et un bic*, album
« Sincèrement », 2004, 361 Records.)

Mesmo que sua prática não seja sem risco para o escritor, a escrita vem interromper o jogo mortífero da fatalidade, nisto ela representa sempre uma virada para o raper e inaugura um advento indubitavelmente mais decisivo que a dimensão vocal do texto que se inscreve na ordem do evento. Enfrentar a folha branca, a caneta na mão ("*A4 contra 1, minha mão mantém a caneta*" como os O2zen[16] escrevem graciosamente), significa ir ao encontro do mundo, ver sua conquista:

"*Tudo que preciso é um microfone, uma folha e uma caneta*",[17] proclama Almiros, o jovem M.C. brasileiro-quebequense em busca de notoriedade. Sinteticamente, em uma fórmula mais imagética, para o raper francês Zone, o ato de escrever tem qualquer coisa de devastador: "*uma folha, uma caneta e reascender a chama*".[18] O clipe da música mostra explicitamente o MC redigindo suas páginas incendiárias sentado dentro de um ringue de boxe.

O convite provocante da feminilidade oferecida pela página virgem, para além do território a se descobrir ("Minha esferográfica desliza nas linhas dessa paisagem virgem"[19]), opondo-se à virilidade da caneta que lhe traça um caminho, a fenda do texto que abre uma via – uma voz – em direção ao sentido:

*Eu defloro as folhas virgens, elas sangram, pois minha pluma
é muito grossa*" (*Rhoff Le virus, Album "Le Code de l'honneur", 1999, EMI*)

Ou ainda: "É preciso que eu foda a página branca" (já citado). O gráfico sublima-se em fálico. Os rapers americanos não se privam, entretanto do jogo de palavra que associam "pen (cil)" e "pen (is)".[20]

---

16   *Feuille Blanche*, Album « Sans Chantilly », 2008, BLV
17   Almiros, *J'rap* Label Délit 2 fuite
18   *Une feuille un stylo*, Album « 32 décembre », 2007.
19   O2zen *op. cit.*
20   Dentre todos os sentidos possíveis de seu título acrônimo O.P.P. (Label Tommy Boy) os rapers reputados obscenos do grupo "Naughty By Nature" propõem, entre outros, Other People

Entretanto, o fálico não é, ele próprio, muito distante do letal: o formato do microfone que representa o alter-ego peniano, a caneta que se assemelha bastante a uma arma, tão eficaz para superar as dificuldades da existência — notadamente àquelas ligadas à falta de dinheiro — quanto para triunfar à perfídia dos rivais:

I'm on a mission to get richer, it's as simple as that
I make it obvious, when I pick up a pencil and rap
Like a.40 Cal, spittin on instrumentals I clap!
And these verses, are like the hollow point I sent through yo back

(Eu tenho a missão de enriquecer, é tanto quanto simples,
Eu torno isso óbvio, quando eu pego a caneta e rap
Como em um calibre 40, disparo com meu instrumento, eu toco!
Meus versos são as balas no cano em pontaria,
Eu levo as munições nas costas

Mes couplets sont des balles à pointe creuse, j' te les balance dans l'dos). Fabolous, Renegade, Album, *"More Street Dreams Mix Tapes"*, 2009.

Neste caso, nós poderíamos substituir "microfone" por "caneta" (ou sobretudo "mic" por "pencil"), sem alterar fundamentalmente o sentido dessa passagem. Se a caneta, instrumento da disseminação da escrita, abre as perspectivas sonoras, o microfone, instrumento emblemático da uma difusão "*fono*", reenvia toda apresentação do rap à sua íntima dimensão escritural. O rap se impõe definitivamente como uma "fono-grafia"; nisso ele transgride as fronteiras que delimitam o oral e o escrito. Ao se afirmar, a cultura hip hop dessacraliza a parte livresca do texto para deixá-la mais próxima tanto de sua escrita quanto da sua dimensão sonora, daí a importância da prosódia para os rapers.

Contudo, para além dessa equivalência de superfície, a caneta é portadora de uma ambivalência que, em regra geral, não concerne ao microfone. Arma letal ou instrumento de paz, a caneta, instrumento de inscrição, apareceria como

---

Pussy / Other People Pencil / Other People Penis (ou seja "a vagina dos outros / a caneta dos outros" ou "o pênis dos outros").

um *pharmakon* e a escrita que ela engendra poderia assumir o valor de um remédio ou de um veneno.[21] Se, de um lado, assemelhando-se ao formato do microfone, seu homólogo sonoro, a caneta – e seus múltiplos avatares – tem de fato o papel de uma arma capaz de matar, de outro lado, ela é um objeto que se presta igualmente à finalidade de tratar os machucados e de curar os males da existência:

> *Deixe-me escrever antes de morrer interiormente.*
> *A caneta é minha arma, para que minha dor interna morra.*
> *(...)*
> *Eu tenho apenas minha pluma para tratar meus machucados. (Keny ArkanaStyle libre, Album "L'esquisse" 2008, BLV).*

Se o instrumento da grafia, qualquer que seja o nome, funciona simbolicamente como um marco da potência do escritor, "pluma à mostra"[22] capaz de levar estupor e perturbação ao campo do adversário, ele não deixa de evidenciar, também, uma parte de sua fraqueza. Ao se revelar através da escrita, o sujeito confere à sua falta uma dimensão indelével que ele não pode nem fazer calar os outros, tampouco dissimular a si mesmo.[23] Uma precariedade que gostaria de permanecer morta, mas que apesar de tudo, se desvela inevitavelmente na secreta intimidade do rito de escrita:

> *Você crê que isso me agrada*
> *Colocar minhas lágrimas em minha pluma*
> *Mostrar ao mundo minha lacuna*

---

21 Em grego antigo, o termo *"pharmakon"* significa ao mesmo tempo «remédio» e «veneno», assim, é precisamente este atributo ambivalente que, segundo Platão no texto Fedro, caracterizaria a escrita. Não é por acaso que um grupo de rap, conhecido por remediar sua escrita, escolheu chamar-se "Arsenik" e que o soprano do grupo enfatiza: *"Eu faço rap como se entrasse em uma farmácia"*, isso nos oferece evidências significativas, explicitadas por eles próprios, desta dualidade semântica (*big up* à Derrida).

22 "Plume au clair, regraver les chroniques de la France d'en bas" Akhenaton, *feat* Iam, *Entre Pierre et plume*, Album "Soldat de fortune", 2006, 361 Records.

23 "Écrire, c'est dévoiler (à soi-même, aux autres) ses manques em laisser des traces indélébiles" TORUNCZYK, Anne. *Um autre regard sur les illétrés*. Paris: L'Harmattan, 2011.

Escrever-te a espessura de minha bruma
Eu escrevo para juntar os pedaços de meu crânio
Para que na guerra contra eu mesmo
eu possa enfim, depor as armas

(Soprano Incurable, Album
"Puisqu'il faut vivre à la Colombe" Saída prévia, outubro, 2010)

As falhas do sujeito, que durante a apresentação ao microfone ilusoriamente parecem se dissolver na bravura de uma *ego trip*, inelutavelmente impõem sua presença no momento no qual o texto é redigido. Se a arma do microfone, disparador de barulho, pode eventualmente promover mudança, em seu sentido de *pharmakon*, a caneta não consegue destituir a insegurança que emana da escrita, nem dissimular os efeitos angustiantes para o escritor, mesmo se a confissão é formulada com reticência, senão com medo. Por trás da condenação de suas interpelações ou de suas bagunças desmedidas, os rapers vêm assim nos lembrar que, segundo a fórmula de Derrida:

"Não existe escrita que não se constitua uma proteção, *protegendo*
Contra si mesmo, contra a escrita segundo a qual o 'sujeito' é ele próprio ameaçado ao se deixar escrever: se expondo" (J. Derrida, 1967, p. 331).

Protegido pela dimensão especular de sua apresentação, e por todo um código de presença cênica, atrás da qual ele se dissimula mais do que se mostra, o raper se expõe paradoxalmente menos no instante que está diante de seu público – protegido por todo um aparato teatral – do que quando ele está na intimidade de seu trabalho de escrita.

A TENSÃO ENTRE O ORAL E O ESCRITO

A escrita como dupla presença

Uma das censuras tradicionais que são formuladas contra as coisas escritas, é que permitindo ao texto a manifestação de um sentido de ausência de seu escritor, a escrita supre a fala viva e assinala um tipo de sentença de morte reificando-a. Esses já eram os argumentos principais adotados por Sócrates em Fedro para condenar Lysias: o logográfo coloca à disposição de seus reclamadores um discurso no qual ele estará ausente no dia da audiência: *"Homem e a noção de não presença"*, comenta Derrida, aquele que redige para os outros as reclamações é, segundo Sócrates, um sofista, um emissário "da não verdade" (*"La pharmacie de Platon"* em Tel Quel n°32 e 33, 1968, retomado em *La Dissémination*, Paris, 1972, Seuil p. 84). Assim, essa censura genérica, que faz da escrita a fala do ausente, não concerne aos rapers. De fato, o mais comum é encontrarmos o MC que declama um rap que ele próprio redigiu o texto,[24] mas também há aqueles que não escrevem seus textos e que são geralmente considerados como os *"phony rapers"*, os *rapers bidons*,[25] falsos rapers. Por sua presença em carne e osso atrás do microfone, o raper revive e nos faz reviver, por nossa vez, a gênese do texto pela voz, ele escreve uma vez mais, no aqui e agora de uma performance.

O jogo especular da redação e da declamação assegura a presença dupla do sujeito e de sua escrita mas, entre a escrita secreta da pluma e a escrita pública da voz, se instaura um jogo complexo de tensões, de contaminações e de referências cruzadas que atraem uma dinâmica de equivalências colocadas entre estes dois textos simultaneamente presentes,[26] textos por vezes rivais e cúmplices, e nos quais nenhum dos dois deixam ceder ao outro a menor parcela de seu território ou de sua autoridade:

A gente vem mexer sua cabeça e transmitir emoções
1 para a pluma e o mesmo para seu forte som (Flynt)[27]

---

24   Enquanto no rap francês, praticamente todos os rapers são também os autores dos textos que eles declamam, entre os rapers americanos existe o recurso dos *ghostwriters*; teria sido esta a denominação que Will Smith deu à caneta de Nas* para lhe escrever certa música (*Nas é um rapper americano – N. da T.).

25   Cf. A Tribe Called Quest: "Phony rappers who do not write» (rappeurs bidons incapables d'écrire)*Phony Rappers* álbum « Beats Rimes and Life », 1996, Jive/BMG.

26   Nós pensamos que trata-se da ocorrência de dois textos (ao menos) e não de duas modalidades de um mesmo texto.

27   *Un pour la plume*, álbum "J'éclaire la Ville". Esta equivalência do gráfico e do sonoro não é compartilhada por todos os rapers. Assim, por Zoxea: *"Não há necessidade de folhas, é preciso*

Essa "escrita da voz" se situa no prolongamento de uma escrita do corpo, que enraíza o texto na presença. Escrita que parece conduzir uma potência contundente: "Você crê sentir a violência de meus golpes através de minha escrita" (Lim, *Hauts de Seine*, Album "Triples Violences Urbaines" 2006, IF), e que deixa inscrita na pele os traços deste impacto; é o caso da pluma que a raper Casey nos convida a seguir deixando sobre a pele "edemas", "hematomas", chegando mesmo a ocasionar o "despedaçar dos crânios, da vitrine":

> *Minha pluma, meu diploma, uma reprimenda, um problema/ Um supremo programa superior de gama que engrena / Que treina pedaços de crânio, de vitrines / Primeiro álbum, eu ganho forma, saio do abismo / Eu levo edemas e canso os riddims*[28] */ Eu me surpreendo, eles me aclamam / Eu dou minha palavra de ordem e meu modem / Alguém de DOM sobre macadâmia / Os gritos de ultimato dos meus temas / Hematomas em meus tomos como antena e cartucho de sistema.*
>
> *(Suis ma plume, album "Tragédie d'une Trajectoire", 2006, Dodeen Damage/Anfalsh*

Pela insistência com a qual ela procura se manifestar, a escrita pode até mesmo tornar-se ameaçadora para a integridade do escritor em pessoa, assim o raper *Fének*, de Lille, declara redigir seus textos com "*a caneta sob a garganta*";[29] enquanto *Mino* de Marseille escreve com: "*a caneta sob as têmporas*".[30]

---

somente ter o som" Sem efeitos especiais. Entretanto, Zoxea foi um dos membros do grupo "Sages poetes de la rue" um grupo que valoriza diretamente a escrita. O verso citado é ele próprio tirado de uma versão impressa com a autorização do raper, publicado em julho/ agosto 2006 na extinta revista *"Track List"*. Expulse a escrita pela porta... !

28   Os *"riddims" (deformação jamaicana de ritmo)* são pequenas fórmulas melódico-rítmicas.

29   Álbum "Le stylo sous la Gorge", Armata Fivois, 2008.

30   "J'écris là où ça fait mal le stylo sur la tempe" *Lever l'encre* Álbum "La 25ème Heure" 2011, Wagram/StreetSkillz.

Mas trata-se sobretudo, de uma escrita que se inicia a partir do corpo do escritor trabalhando sobre uma dimensão "autodidata" do texto, unindo o traço e o som antes de toda abstração pelos signos. São numerosos os casos de rapers que afirmam ter necessidade de serem animados por um motivo rítmico, – um "*beat*" – e assim começam a escrever e agenciar as palavras que formarão os textos de suas músicas:

> Eu tenho as intenções dos meus textos prontas, mas não organizadas e frequentemente o clic vem de um ritmo ou do clima de uma música. Às vezes, eu acordo de manhã, escuto um instrumento e num milésimo de segundo eu me encontro impulsionado, motivado, um pouco como o super-herói X-Or. Booba (em: Blondeau, Th. e Hanak, F., 2008, p. 145.)

Nós podemos falar de uma escrita que assume sua materialidade e que, juntando o gesto à fala, implica o corpo em uma articulação própria do que o texto enuncia. Não nos esqueçamos de que o hip hop, desde sua origem, esteve relacionado à dança – ou seja, à inscrição do corpo no espaço – mais do que à música, ou às letras.

Além disso, é pela dança que inúmeros rapers – a começar pelos dois compadres que formam NTM – abordaram o hip hop. Onipresente no rap, a escrita começa com o corpo e se encontra, então em centenas de lugares dessa desencarnação, dessa ausência do sujeito falante que, de Platão à Levi-Strauss, lhe imputa a tradição "logocêntrica".[31] Nem substitui, nem suplementa, a escrita constitui para os atores da cultura hip hop um dado de base, um princípio, no sentido próprio do termo, pelo qual o indivíduo assinala sua presença e a duplica. Porém, essa duplicidade não ocorre sem tensão nem violência.

O jogo das grafias

Uma primeira forma de tensão se apresenta no rap entre a dimensão literária do texto e sua dimensão gráfica. Por exemplo, quando uma dupla escolhe

---

31 "O que parece ser inaugurado na literatura ocidental com Platão não deixará de se reeditado ao menos em Rousseau, depois em Saussurre" J. Derrida "la Pharmacie de Platon", *op. cit* p. 198.

o nome de "Arsenik", sendo esta uma substância nociva, o arsênico, que os MCs (Lino e Calbo) se referem apenas trocando as letras finais (arsenic por arsenik). Pode-se afirmar que o "K" inscrito para intitular o grupo introduz uma tensão que só a escrita pode fazer aparecer, mas que deixa indiscernível na simples audição, pois a inscrição do "c" ou do "k" não afeta a manifestação acústica do fonema /k/.[32] Pode-se propor uma análise similar a propósito do MC "Sinik" (dito de outra forma, Thomas Gérald Idir) etc.

É o mesmo que ocorre com a prática de se utilizar números para transcrever os sons: por exemplo "2" por "de" * (*art 2 rue, delit 2 fruite*) ou em inglês "4" (*four*) no lugar de "*for*" (para) como no título "*Niggaz 4 life*" (negro para a vida) etc. Esta numeralização somente tem sentido na perspectiva de confrontação visual do texto e não pode ser percebida em uma simples escuta. É ainda, sob uma perspectiva de tensão entre a palavra pronunciada e a palavra escrita, que o uso dos acrônimos e o jogo que consiste em substituir uma sílaba pelo nome de uma letra, prática generalizada no rap, deveria ser interpretada.

Tal prática de escrita, importada dos procedimentos redacionais ligados aos novos modos de trocas textuais (telefone portátil, internet etc.),[33] tal quais os rebus e os hieróglifos, se opõe de maneira frontal à nossa concepção de escrita literária, aprendida na escola sob sua forma acadêmica. Não é por acaso que essa grafia desviante pode ser percebida essencialmente nos trocadilhos dos pseudônimos que são escolhidos pelos rapers, assim como nos títulos de suas músicas figurando sobre os encartes dos álbuns por eles produzidos. Essa grafia se aplica na presença de elementos textuais que possuem valor de marcas ou de etiquetas e não podem escapar de uma leitura efetiva.

---

32   As coisas não são sempre tão límpidas e, nos fatos, a imbricação do oral e do escrito é mais difícil de se desembaraçar. Assim, a dupla seria à princípio batizada de « Arte Sonic » e teria apenas que admitir uma deformação frequente, fazendo um "*après coup*" da temática do veneno, como um emblema de sua poética. cf. "*Quelques gouttes suffisent*".
*Em francês o número dois, escreve-se "deux" e tem o som semelhante ao "de" em português (N. da T.).

33   Certamente esse tipo de jogo de escrita é tão antigo quanto a invenção do alfabeto, mas ele tem sido sistematizado e mesmo codificado, com o desenvolvimento das comunicações de textos eletrônicos.

O jogo vertiginoso de números e de letras, de sílabas ou da ortografia das palavras tal qual explode nos rapers assume seu sentido apenas em referência à escrita prévia sempre implícita à obra. Situada no horizonte do rap, essa escrita prévia está sempre desconstruída. Nós nos encontramos uma vez mais confrontados a uma forma de violência que opõe de maneira frontal o textual e o livresco, que busca extrair a escrita da gangue do livro onde ela está fixada. Ninguém contestará, de fato, que se trata da ocorrência de um tipo de grafia com a qual não se pretenderia escrever um livro, quer fosse um romance ou um ensaio. Escrita, "que parece ignorar os princípios elementares do estilo escrito" (Barret, J. : 2008 p. 106.); escrita menor então — infantil, dirão algumas pessoas — em relação à escrita monumental conservada com devoção nas prateleiras das bibliotecas públicas e privadas.

Com a escrita dos textos de rap ressurge outro problema no qual nós tínhamos deixado de prestar atenção desde a difusão da impressora. Quando nós temos em mãos um romance ou um ensaio filosófico, um conjunto de notícias ou uma antologia poética, é evidente para nós que o texto que lemos — mesmo que contenha alguns erros tipográficos — constitui uma referência quase absoluta. O texto impresso tem sido lido e relido, corrigido, emendado, negociado entre o autor e o editor, tal qual o carimbo do correio, o livro impresso faz a vez do original. Tanto para o leitor quanto por seu autor, ele cristaliza a obra e a concretiza, ainda que numerosos textos publicados, ao final saiam de maneira bem diferente dos manuscritos originais. Sabe-se, por exemplo que é a originalidade de um trabalho editorial em profundidade que *Le voyage au bout de la nuit* encontrou sua forma definitiva. Para resumir, a classificação proposta pelo filósofo Nelson Goodman entre artes autográficas (como a pintura) e artes alográficas (como a música) parecem regrar definitivamente (ainda que sumariamente) a questão.[34]

---

34 Assim a pintura é autográfica, a música não autográfica ou alográfica. Eu introduzo esses termos por simples razão de comodidade. *Langages de l'art*, tradução Jacques Morizot, Nîmes 1990, Éditions Jacqueline Chambon, p. 147. É significativo que Nelson Goodman escolha a música e não a literatura como a referência paradigmática das formas alográficas de arte, deixando de lado o caso das músicas improvisadas, necessariamente autográficas, porém mais propagadas no mundo das músicas nacionais, fundadas sob a escrita prévia e a leitura de uma partitura interpretada por um executor. No jazz, o célebre *break* de Charlie Parker sob *Night*

Entretanto, na medida onde o texto de um rap é declamado por seu autor, nós assistimos a uma coabitação que tende do alográfico ao autográfico, a uma mútua contaminação destes dois registros. É possível, portanto, encontrarmos diferenças sensíveis entre o texto impresso num livro de um álbum e sua versão declamada na ocasião de um concerto, e mesmo entre o texto da pochete e apresentação sonora na gravação do CD. A pronúncia, o sotaque, as expressões, os apócopes, as sílabas suprimidas ou, ao contrário, alongadas etc., podem diferir sensivelmente do escrito ao oral e não se trata de uma ocorrência de simples modificação de detalhe, pois é toda uma percepção métrica-rítimica da música que pode se encontrar, assim alterada.

O problema complica-se ainda mais se nós levarmos em conta a maneira pela qual acessamos os textos dos raps. Podemos supor que a versão impressa nos encartes dos CDs obtém a anuência autoral dos rapers, entretanto, nem sempre esse é o caso dos textos que são divulgados na internet. No que concerne às versões oferecidas ao público, trata-se frequentemente de uma boa alma que se propõe a revelar o texto "de ouvido" transcrevendo as letras em função de sua própria percepção da música e de suas competências ortográficas, gramaticais e semânticas. Frequentemente, porém, ao fim do texto o copista coloca seu próprio nome (ou principalmente, seu pseudônimo) e formula explicitamente um pedido à comunidade dos internautas buscando obter uma correção da transcrição proposta. Curiosamente então, a era eletrônica nos confronta com os problemas de autenticação das versões de um texto que parecia-nos ter desaparecido desde a emergência da "Galaxia Gutemberg". Do ponto de vista de uma teoria dos fenômenos de expressão, este aspecto das coisas desperta-nos o interesse na medida em que se faz coabitar dimensões poéticas (do autor) e estética (do auditor) em um mesmo texto os confrontando um ao outro.[35]

---

in Tunisia ou a introdução de *West end Blues* por Armstrong são de natureza radicalmente autográficas.

35   Cf. Podemos, nesse sentido, comparar as versões propostas pelo rap de Diam's Feuille Blanche nos sítios: http://musique.ados.fr/Diam-S/Feuille-Blanche-t42453.html
http://musique.ados.fr/Diam-S/Feuille-Blanche-t42453.html
http://musique.ados.fr/Diam-S/Feuille-Blanche-t42453.html
http://musique.ados.fr/Diam-S/Feuille-Blanche-t42453.html

Nessa selva textual que constitui a web, certas fórmulas extraídas daqui ou dali tem um quê de perplexidade. Um exemplo no verso que se segue:

Tempo que meu coração bate, eu terei sempre do que dizer

Temps que mon cœur bat, j'aurais toujours de quoi a dire
(sic) (Almiros, J'rap)[36]

Deixemos de lado a questão do acento grave sobre o « a »* que nós podemos, a rigor, imputar ao editor dos textos do HTML frequentemente irritado com os acentos, não contestemos mais a gramática da fórmula "o que a/a dizer" e aceitemo-la como uma expressão local, para direcionar nossa perplexidade ao "*temps*"*. Trata-se de uma distração? De um problema de competência linguística que chega a confundir "*temps*" e "*tant*"?[37] Este erro tipográfico deve ser imputado ao copista ou ele é, ao contrário, feito pelo autor? Trata-se de uma confusão sintáxico-lexical, de um simples *lapsus-calami*, ou ao contrário, de uma licença

---

et http://paroles.zouker.com/song/lyrics/90135_feuille-blanche%281-
-int%C3%A3%C2%A9grale%29_diam-s.html

http://paroles.zouker.com/song/lyrics/90135_feuille-blanche%281-int%C3%A3%C2%A9grale%29_diam-s.html

http://paroles.zouker.com/song/lyrics/90135_feuille-blanche%281-int%C3%A3%C2%A9grale%29_diam-s.html

http://paroles.zouker.com/song/lyrics/90135_feuille-blanche%281-int%C3%A3%C2%A9grale%29_diam-s.html

(consultés le 10 septembre 2010).

36   Sítios: http://www.reverbnation.com/almiros
http://www.reverbnation.com/almiros
http://www.reverbnation.com/almiros
consulté le 21 juillet 2010.

*O autor refere-se ao "à" da expressão "de quoi à dire" que estava escrito de forma errônea na internet, sem o acento gráfico, conferindo à frase outro sentido.

**A palavra "temps" que significa tempo, no francês, tem a mesma sonoridade de "tant", tanto. O autor questiona se seria um lapso de escrita ou uma ação intencional do compositor (N. da T.)

37   A confusão não seria tão excepcional, posto que inúmeras pessoas escrevem "*autant pour moi*" enquanto a fórmula adequada seria "*au temps pour moi*". Trata-se da ocorrência do tempo sob o qual nós somos capazes de executar um exercício.

reflexiva que justifica-se pelo contexto global da música? Difícil de resolver em uma interpretação confiável, salvo no interior de um processo intencional em função das próprias disposições com relação ao rap em geral, ou especificamente neste rap em particular. O que permanece é o jogo com a língua ou o desprezo semântico, a leitura deste verso, que eu teria espontaneamente escrito de maneira diferente se tivesse a intenção de transcrever eu mesmo essa música depois de a escutar,[38] introduz uma tensão em relação à audição do clipe. A escrita atua um dilema que mascara em parte a audição. É praticamente irrelevante que essas tensões entre o ler e o dizer sejam de fato uma coincidência, sendo um lapso ou uma manifestação deliberadamente colocada, a história literária nos ensina, depois de tudo, que numerosas felicidades poéticas são igualmente frutos do acaso.

Nós podemos, contudo, presumir que em diversas ocasiões, a aparição da tensão escritural da dimensão oral do texto não contém nada de acidental, mas procede de uma tática de enunciação, senão de uma verdadeira estratégia de escrita poética, uma diligência reflexiva então, atestando um nível de elaboração, particularmente, melhorado de conteúdo.

Os rapers franceses parecem explorar uma particularidade das relações entre o oral e o escrito própria de nossa língua, já observada por Guy Rossolato:

> Nós poderíamos então dizer que o francês garante um espaço entre o código falado e o código gráfico.[39]

Quando Rocca intitula, por exemplo, uma de suas músicas por *Sang pitié*[40] *(sangue piedade)* a intenção de colocar em tensão oral e escrito parece manifestar-se*. Mais significativa ainda dessa tensão criativa, o equívoco induzido pelo grupo "*La rumeur*" com dois versos:

---

38   Quanto à minha ignorância, minha própria dislexia, não me jogue em qualquer lugar.

39   Guy Rossolato "La voix" em Essais sur le symbolique, 1069, re-edição Gallimard/tel, p. 290. Notemos de passagem que, para a psicanálise, a voz é originalmente tanto traço quanto som.

40   Álbum "Rocca", 2001, Barclay/Univesal. * A pronúncia da palavra "sang", que significa sangue, não difere da palavra *saint*, santo, daí o trocadilho entre *sang pitié* e *saint pitié*.

*"Jette-moi 8 mesures à souiller comme 8 murs
assaillis d'enflures sur des aires de raclures"*[41]

As palavras não têm sido retiradas por acaso de qualquer site da internet, mas elas são resultado do encarte que acompanha o CD. Nós podemos então legitimamente supor que os autores (Hamé, Ecoué, Mourad, Philippe) não somente verificaram com atenção a transcrição de suas composições, como também teriam desejado expressamente ver as letras de suas músicas impressas, a fim de que, para além da simples audição, elas pudessem ser lidas por todos. De fato, a potência homônima da palavra "*aire*" (ar) somente manifesta sua plena eficácia significante na leitura da música. Reunida por uma mesma vontade de transgressão subversiva, os "*Aires de raclures*" que são fixados em 8 paredes marcadas, nos reenviam, em eco trovejante, ao ar agressivo das 8 medidas esguichadas, formato habitual de uma amostra, esta poluição sonora, nos ditos puristas, é uma honra para os rapers.

Som e superfície se unem para assumir a intenção subversiva do rap; do escutar ao ver, ares/áreas condensam com uma elegante eficácia toda a potência de transgressão do hip hop. É preciso efetivamente ler os textos esticados na corda de *A nous le bruit* para captar a medida poética dessa intenção perturbadora eminentemente subversiva. É preciso perceber a *finesse* deste jogo de duplo registro do fonético e do gráfico que multiplica a linguagem para apreciar a "renovada tensão" que se organiza da escrita à fala e se reforça do dizer ao ler.

Em todo caso, um trabalho de ourives da língua, assumido sob todas suas facetas, onde ele seria um ser indesejável a ser contestado em sua pertinência ou fecundidade.

---

41 La Rumeur *A nous le bruit*, álbum «Regain de Tension», 2004, La Rumeur Records/EMI. Curiosamente em Rocca, citado previamente, nós já encontramos esta analogia da língua e do traço mural: «Eu decidi esguichar minha raiva como um spray / Uma bomba, um desenho, com um só traço" *Graffiti*, álbum "Rocca". De maneira significativa a música é cantada tendo ao fundo um barulho característico das bolinhas quando são agitadas pelos aerossóis para se homogeneizar a cor da tinta.

CONCLUSÃO

Sob a forma redigida, os raps guardam revelações que poderiam passar despercebidas em uma simples audição. Não é por acaso que inúmeros sites na internet colocam à nossa disposição os *"Lyrics"* da maior parte das músicas de rap, frequentemente transcritas através do filtro da subjetividade do copista. Para além da pregnância de sua dimensão oral, o rap gera, de maneira significativa, a necessidade de se confrontar à escrita em todas as suas formas. Há um verdadeiro júbilo, não somente em ler os raps, mas igualmente em nos esforçarmos por transcrevê-los partindo do *auditu*, como se buscássemos nos gestos de inscrição gráfica uma confirmação do que fora escutado. Este esforço de transcrição ultrapassa o quadro do sentido compreendido e a dimensão alfabética da escrita. Ele se refere também à dimensão cinestésica do ato de escrever: para além da impressão sonora, a expressão escrita nos faz, à sua maneira, penetrar no coração do ritmo (*in the heart of the beat* como propõe o título de uma recente obra d'Alexs Pate[42]). Qualquer um que tentasse transcrever, por si próprio, um pedaço de rap, deveria ter resolvido os conflitos insuspeitáveis entre o que ele teria acreditado ouvir e o que ele observou entre a espontaneidade do gesto de inscrição e a norma ortográfica da língua escrita. Ao transcrever os raps nós somos frequentemente movidos por um tropismo literário que entra em conflito com a "sujeira" deliberada que os rapers se comprazem de demonstrar na língua, da mesma maneira que o exercício de transcrição coloca em conflito contínuo a nossa concepção métrica herdada de hábitos prosódicos e nossa percepção rítmica de música. Algumas maneiras de dizer parecem exigir outras maneiras de escrever.

Nós concordamos globalmente com a tese sustentada por Alex Pate, segundo a qual ninguém se contentaria em escutar o rap sem nunca levar em consideração o que se passa do lado da redação dos textos.

Existe no entanto, no hip hop uma verdadeira maquinação da escrita que nós, erroneamente, acabamos por ignorar ou por subestimar. Contrariamente do que parece afirmar o autor de *In the heart of the beats*, nós não pensamos nem que a dimensão musical do rap seja secundária em

---

42   Cf. PATE, Alexs. *In the Heart of the Beat*. Lanham; Maryland: Scarecrow Press, 2010.

relação ao texto, nem que a atenção dirigida à escrita deva contribuir para conduzir o rap em direção ao lado da grande forma poética.[43] Mesmo que as preocupações dos rapers sejam de ordem essencialmente formal,[44] não se trata para eles de investir nas formas literárias consagradas, mas sobretudo de dinamitá-las, e se alguns felizardos da escrita têm pouco a invejá-los como autores reconhecidos do patrimônio poético, o hip hop não tem nada a ganhar inscrevendo-se entre as maiores formas de expressão.

Pensamos que ao se inscrever radicalmente dentro das formas de expressões menores,[45] o hip hop — e, sem dúvida o conjunto da cultura afro-americana — manifesta sua dinâmica de expressão "revolucionária". Ao colocarmos em evidência o peso da escrita e a sutileza de seu agenciamento no rap, nada muda o estado das coisas, ou acima de tudo, ela se confirma.

BIBLIOGRAFIA

BARRET, Éric. *Le rap ou l'artisanat de la rime.* Paris: L'Harmattan 2008.

BÉTHUNE, Christian. *Le jazz et l'Occident.* Paris: Klincksieck, 2008.

DERRIDA, Jacques. "La Pharmacie de Platon" *Tel Quel,* n. 32 et 33, 1968. Réédition revue in *La Dissémination* Paris, 1972 Seuil.

_____. *De la grammatologie.* Paris: Editions de Minuit, 1967.

GOODMAN, Nelson. *Langages de l'art.* Traduction Jacques Morizot. Nîmes: Jacqueline Chambon, 1990.

---

43   Da mesma maneira, nós parecemos derrisórios ao querer instalar o grafismo nos museus ou nas galerias de arte.

44   "O que faz o estilo de um rap (...) é sobretudo a estrutura formal das rimas, o ritmo..." Eric Barret, *op. cit.,* p. 131. Entretanto, é preciso considerar uma diferença notável entre o tratamento da língua pelos rapers afro-americanos e pelos rapers franceses. Os rapers afro-americanos situam-se no quadro do que nós podemos chamar de uma "intertextualidade negra", que tem suas raízes em uma cultura pluri-secular que remonta ao início da escravatura. Os rapers franceses se posicionam em uma perspectiva formal incômoda que reagrupa estratégias de versificação, já em vigor desde a Idade Média, com os maiores retóricos.

45   No sentido que Deleuze e Guattari falam da literatura menor a propósito de Kafka.

PATE, Alexs. *In the Heart of the Beat.* Laham (Maryland): Scarecrow Press, 2010.

PERRIER, Jean-Claude. *Le rap français.* Paris: La Table Ronde, 2010.

ROSSOLATO, Guy. *Essais sur le symbolique,* 1969. Réédition Gallimard/Tel.

RUBIN, Christophe. "Le texte rap: une écriture de la voix". *Actes du 22e Colloque d'Albi Langages et Significations: "L'oralité dans l'écrit et réciproquement"* (9, 10, 11, 12, juillet 2001), Albi, C.A.L.S./C.P.S.T., 2002.

TORUNCZYK. *Un autre regard sur les illétrés.* Paris: L'Harmattan, 2011.

CAPÍTULO 11
O medo de que os negros entrem na escola – preconceito racial e a recusa ao direito à educação no Brasil

Maria Cecilia Cortez Christiano de Souza

Ano passado alguns dos meus alunos se recusaram a ler *Casa Grande e Senzala*. "Para que ler Gilberto Freyre?" perguntavam. "Ele se cala sobre os prisioneiros que se suicidaram saltando dos negreiros e não fala das mulheres escravizadas que mataram seus filhos para poupá-los de uma vida desumana". Do outro lado da classe, uma aluna reclamava de ter de ler "*Os Condenados da Terra*" de Frantz Fanon "Estou cansada de ler esses relatos de humilhações e misérias. Não daria para lermos outras histórias, digamos assim, mais alegres?".

Talvez não só a diversidade de experiências de vida e de leituras tenha criado nesses alunos essa dissonância, eu pensava. Essa diferença faz referência a uma dupla negação: a escravidão brasileira não foi doce e nem a história do negro no Brasil se resumiu à escravidão. Lembrei de uma exposição Brasil/África que visitara numa escola. Um grande mapa da África estava pendurado logo na entrada, a diáspora africana assinalada com flechas, os diferentes povos, com suas diferentes línguas, as diferentes religiões e costumes demarcados – e também a influência negra sobre a cultura brasileira – o vocabulário, a culinária, o samba, os jovens *rappers* da periferia. Em toda a exposição, todavia, entre a origem africana e a atualidade brasileira não havia história, apenas o marco de Zumbi de Palmares. Perguntei o porquê se calavam sobre a longa experiência africana no

Brasil. Porque, disse a organizadora, não queremos transformar a exposição sobre o passado afro-brasileiro numa espécie de Museu do Holocausto, em que estariam presentes as correntes, as mordaças, a senzala e os açoites. Como convencer as crianças a não ter medo de entrar?

Sim, pensei, mas como fazer então para que todas as crianças, brancas ou negras, aprendam a história, a história da educação no Brasil, inclusive? Sem esses instrumentos de tortura, talvez, mas sem as pessoas, sem as gerações originadas da África em cuja cultura estamos imersos: impossível.

Mas mesmo na universidade ainda é difícil falar disso. Eu tinha intitulado o curso de "A questão racial na escola brasileira". E, deveria ter imaginado antes — o curso atraiu alguns dos poucos estudantes negros da pós-graduação e alguns alunos brancos — todos esperavam muito das aulas. A questão do preconceito racial havia se tornado aguda na universidade com a discussão sobre as cotas. Ministrar aquele curso era um modo de pagar a dívida de uma instituição largamente progressista, mas que havia preferido, naquele ano, transformar a semana de comemoração da Consciência Negra na Semana da Consciência Anarquista.

Para grande parte da esquerda, a questão negra, associada ao tema da diversidade, devia ser subsumida à questão da desigualdade econômica e social. No entanto, como já assinalava Joaquim Nabuco, essa subordinação tem aspectos equivocados — não se pode colocar a questão do negro apenas como exemplo da diversidade étnica, ao lado da questão indígena ou dos povos ciganos; nem como mera questão de diferenças, como a questão de gênero ou das minorias sexuais. Principalmente porque a questão do negro brasileiro é fundante; está fincada no ponto histórico em que a diferença se transmudou em iniquidade. A sobrevivência de traços da sociedade escravista ajuda toda a sociedade brasileira a meditar sobre algo mais do que a origem da distribuição desigual das riquezas. A persistência da tortura, a insuficiência de pesquisas sobre a subjetividade dos grupos oprimidos, a violência policial, a resistência ao desvendamento do passado histórico, são só alguns exemplos.

Os alunos estavam diante de uma narrativa que eles mesmos teriam que construir; estavam próximos da dobradura do tempo, em que o presente muda o passado, diante da urgência de não saltar fora do navio e dar razão póstuma àquelas mães que, apesar de tudo, não haviam matado seus filhos. E de também acolher a demanda da aluna que queria ouvir histórias "mais alegres" – é preciso desmontar a equação entre negro e escravizado, olhar para além e para aquém do escravismo.

Não se trata apenas de reconhecer a dignidade dos negros como sujeitos históricos, como também de restituir a cor aos descendentes de africanos que contribuíram, inclusive como indivíduos, para a formação da cultura brasileira; Cartola, Pinxinguinha, Dilermando Reis, Luiz Gama, André Rebouças, José do Patrocínio, sem dúvida, mas também Machado de Assis, Lima Barreto, Mario de Andrade, Gonçalves Dias, Castro Alves e tantos outros. Não só o chorinho, as valsas, os sambas, os batuques, os rituais, mas também a escultura, a arquitetura, a música sacra, a ciência, a literatura, a crítica, a ironia e o senso de humor.

No curso, eu procurava chamar a atenção para uma educação cuja história não pode ser entendida sem que se tenha por referência a presença dos negros. Não era só que a escrita da história da educação tinha tornado os negros invisíveis – mas a exclusão dos sujeitos negros da história da educação brasileira tornara a história incompreensível. A hipótese de que eu partia era que a presença dos africanos e dos seus descendentes constituía um contraponto necessário para a inteligibilidade da história da educação brasileira. E o que tentava examinar era o porquê a presença da escravidão havia criado, nas elites dominantes, o medo de que eles, os pretos, de fato entrassem na escola.

Um primeira pista sobre essa questão é questionar o tom depressivo que constituiu a marca histórica do discurso da educação brasileira. Para melhor percebê-lo basta colocá-lo em contraste com a pedagogia republicana francesa do final do século XIX, aquela que instituiu a escola primária pública, universal e gratuita. Ela foi marcadamente otimista em relação a eficácia da escola, conforme assinala Jean Hébrard (1983). A filosofia das Luzes disseminara a fé de que todos podiam aprender a ler, a escrever e a contar. Foi esse otimismo que sustentou o longo e complicado esforço de institucionalização, difusão e organização do sistema primário francês ao longo do século dezenove.

Ao contrário, a pedagogia brasileira padeceu, cronicamente, desde o Império, de um pessimismo considerável. Num largo período em que quase a totalidade da população não tinha acesso à escola, nunca se deixou de mencionar o fracasso escolar. Principalmente, nunca se deixou de insistir sobre o caso daqueles que, naquelas condições, tendo sido bem-sucedidos na escola, na verdade, aprenderam mal ou de forma errada. O primeiro documento educacional de importância escrito no Império, escrito em 1882, *Reforma do Ensino Primário e várias instituições complementares da Instrução Pública,*. relatório e o conjunto de pareceres de Rui Barbosa (1946), que serviu de guia e fonte para a educação republicana posterior, pode ser visto como um diagnóstico desalentado sobre o fracasso da escola, não porque a escola não ensinasse, mas porque ensinava erradamente. Escrito com base em breves visitas de inspeção a algumas das noventa escolas primárias da Corte, o relatório tratava da inépcia dos professores porque, dizia, o que eles faziam era obrigar os alunos a decorar lições, a memorizar. Rui Barbosa considerava a memorização uma pseudoaprendizagem; propunha um novo método, o intuitivo, que tendo as bases científicas derivadas da psicologia, poderia por um fim às mazelas da instrução daquela época.

Do lado de lá do Atlântico, o otimismo recorrente da pedagogia francesa do século dezenove deitava suas raízes no ensinamento dos enciclopedistas que, como Diderot, propunham que a função primeira da escola — ensinar a ler, a escrever e a contar — era acessível a todos. À escola não competia propriamente educar, mas instruir, fornecendo os meios e os instrumentos para que a criança se formasse através da leitura, sustentada pela comunidade política esclarecida. A função educadora que a escola passou a contemplar provinha de outra fonte: fora resultado da filantropia. O pensamento filantrópico nasceu da leitura laica que alguns revolucionários haviam realizado das obras de caridade da Igreja. A tarefa de educar, acoplada nos debates sobre a institucionalização da escola depois de finda a Revolução, foi pensada como uma das possíveis intervenções filantrópicas do Estado junto aos "perigos da miséria", como a coloca o Barão de Gérando em 1815, ao lado da higiene, da segurança, da saúde pública etc. A escola seria um meio de educar tanto os filhos do povo como de tratar o povo como criança: prevenir os males provenientes da ignorância, da embriaguez e dos vícios, moralizando a família através dos filhos. Assim, afirma Hébrard, na escola triunfante de Jules Ferry, o acordo foi completo entre os que propunham instruir e os que propunham educar — instruir moralizando, disciplinar através da instrução." (HÉBRARD, 1983 p. 123 — 124).

Foi esse último aspecto de instituição disciplinar, da escola enquanto dispositivo de produção e de reprodução de padrões de conformidade, tornado extremamente visível na historiografia da educação a partir do "Vigiar e Punir" de Michel Foucault, continuando nas teses de Bourdieu e Passeron dos anos sessenta, que insensibilizou os psicólogos, psicanalistas e historiadores da educação para o fato de que a função emancipadora, presente na tarefa de instruir, nunca deixou de estar subjacente à escola que se propunha a educar.

Essa digressão é importante porque proporciona inteligibilidade ao fracasso de setores da Igreja bem como de alguns reformadores do século dezenove de usar a escola para incutir nos futuros libertos a disciplina, a internalização da hierarquia social e o amor ao trabalho. Todavia, o temor das rebeliões, o imediatismo e o propósito de usufruir ao máximo, em duração e intensidade, do trabalho forçado, levou as elites a abrir mão da solução da escolarização. Igualmente, quando no fim do século XIX, o temor da Comuna de Paris assombrou a escola, o otimismo pedagógico francês sofreu um rude golpe.

Na França do início do século XX passou a se dar ouvidos a psiquiatras, médicos e especialistas da infância que, a partir das instituições asilares, começaram a pensar que nos fundos das classes podiam se achar alguns dos espécimes de portadores de perturbações classificadas nas nosografias psiquiátricas. Bounerville e seus companheiros, seguidores de Jean Itard, entre 1902 e 1903, visitam as salas de aula e se espantam com a incapacidade dos professores se convencerem daquilo que diziam, isto é, de que existiam alunos impermeáveis a esforços pedagógicos normais (HÉBRARD, 1983 p. 125). Mas pouco a pouco conseguiram impor a ideia que nem todas as crianças eram escolarizáveis.

Quando se pensa na influência desse modelo que sublinhou as patologias e as exceções do lado de cá do Atlântico, é preciso destacar o contexto em que essas ideias aqui desembarcaram. Na França, era uma população que, da Revolução até o final do século dezenove, não cessou de manifestar seu descontentamento, mas que, para o bem ou para o mal, foi escolarizada. Aqui foi diferente. A escala da desigualdade socioeconômica brasileira, marcada pela escravidão e pela abolição sem reforma agrária ou indenização aos libertos, tornou-se por demais pronunciada. Atribuir ao cientificismo que procurou retirar a educação da agenda política para colocá-la na agenda técnica, separar esse cientificismo das apropriações e elaborações aqui feitas, é descontextualizar essas ideias, aderindo ao retrato que a elite brasileira faz de si mesma – um retrato em branco sob um fundo branco.

O pessimismo quanto aos efeitos da alfabetização, e por consequência, da escola, foram colocados logo de saída no Brasil e antecederam a expansão e a constituição do sistema de ensino. As famosas palavras pelas quais José Bonifácio de Andrada e Silva anunciou já em 1808 a dificuldade de se formar uma nação necessitam do pano de fundo que caracterizou o Brasil como a maior potência escravista das Américas e uma das que mais resistiu à emancipação: "Amalgamação muito difícil será a liga de tanto metal heterogêneo, como brancos, mulatos, pretos livres e escravos, índios etc.etc.etc., em um corpo sólido e político".(Andrada e Silva, 1808 *apud* Dias, 1972 p. 174).

Ao lado da Revolução Francesa e da Revolução Americana, a Revolução Haitiana ajuda a compreender o freio e a modalidade típica adquirida pelo pensamento liberal brasileiro no processo da Independência e ao longo do Império. Toussaint-Louverture e Jean-Jacques Dessalines, que chefiaram a revolta na antiga colônia francesa de Saint-Domingue, numa revolução simultaneamente contra os vínculos coloniais e escravistas, colocaram em ato uma utopia que nem Thomas Jefferson e nem José Bonifácio, ambos abolicionistas, ousaram realizar em seus países. (Reis, 2004; Chalhoub, 1988; Azevedo, 2004). Ao levarem a igualdade civil proposta pela Declaração dos Direitos do Homem às suas últimas consequências, atemorizaram as elites dos países americanos. O temor da influência da Revolução do Haiti está documentada tanto nos autos policiais quanto na correspondência diplomática examinada por Sidney Chalhoub (1988), e explicitada nos escritos de pensadores como Tavares Bastos e Sílvio Romero, entre outros (Azevedo, 2004). No Império, não só províncias como a do Rio Grande do Sul proibia o ensino aos pretos, como em quase todas elas se interpunham obstáculos à escolarização tanto de escravos quanto de libertos. Sem o temor causado pelas revoltas constantes dos escravizados, como a Revolta dos Malês, na Bahia, torna-se pouco compreensível a crueza dos debates em torno da Lei do Ventre Livre, de 1871, no que tange ao destino, à guarda e à educação dos filhos de escravas. A reescravização dos ingênuos e a omissão do Estado ao não dar cumprimento à Lei, em cujos termos constava a obrigação dos senhores de dar escolarização aos ingênuos ou libertos, é assinalada por historiadores como José Murilo de Carvalho, Sidney Chalhoub e Hebe Matoso. Para os negros, no máximo, mesmo na República, era imaginada a escola noturna, de preferência rural. Não é por outra razão que as associações e movimentos negros encarregaram a si mesmos da formação de escolas de suas crianças — não esperavam que o Estado cumprisse esse dever (Gonçalves & Gonçalves e Silva, 2000).

Só tendo em mente esse temor da entrada dos negros na escola, temor que se generalizou para com toda a população pobre, é que é possível entender o ceticismo e a timidez que acompanharam as reformas educacionais do Império até depois da República. A recusa ao simples letramento e o temor da formação da opinião pública, desde as discussões que antecederam a Reforma Saraiva, no final do Império, por exemplo, assumiu a forma do argumento de que, se a alfabetização fosse condição necessária, mas não suficiente para formar o cidadão, não deveria nem mesmo ser tentada. Não se tratou de um argumento articulado inicialmente pela República e nem mesmo uma objeção que partia apenas de setores escravistas. Como sempre é citado em relação aos Estados Unidos, nem todos contrários à escravidão eram também contrários ao racismo. Joaquim Nabuco, por exemplo, em seus discursos na Câmara, lembrava os parlamentares de que a ausência efetiva da democracia não se devia apenas ao analfabetismo dominante, mas justamente ao fato de que os alfabetizados identificavam-se com os "emboladores de chapa", com os "manipuladores", os "cabalistas", os "calígrafos". Isto é, não se poderia dar, sem mais, aos negros emancipados o direito à letra, à terra e ao voto. De outro lado, as justificativas do voto censitário, feitas por Saraiva, são mais claras — manifestam o interesse de manter o voto restrito às classes que "dispondo de haveres e ilustração, pareciam mais naturalmente interessadas na manutenção da ordem, na preservação da tranquilidade pública e no bom funcionamento das instituições" (Saraiva *apud* Paris, 1980, p. 10).

A enunciação de raciocínios contraditórios — alfabetizados eram aqueles que poderiam se tornar perigosos porque não comprometidos com a propriedade, como dizia Saraiva, e também aqueles que, ao se alfabetizarem, seriam manipulados, como sofismava Nabuco — produzia conclusões similares, orquestrando-se assim um esvaziamento *a priori* da instituição escolar, incrustado no embaraço da República nascente em conviver com a ideia de ampliar a cidadania para aqueles que foram durante séculos institucionalmente alijados não só da cidadania como da humanidade. Assim como não houve menção a nenhuma instituição social pelos crimes cometidos durante a escravidão, também não houve nenhuma providência do Estado brasileiro em relação ao destino dos libertos.

Nos anos vinte o deslocamento do discurso educacional do campo político para o campo econômico, ligando-o à formação da mão de obra, foi antecedido por uma ferrenha campanha movida nos jornais, no parlamento, nas instituições jurídicas e policiais contra a vadiagem (Chalhoub, 2003). Vagabundos, como eram chamados então os negros, era palavra entendida na sua ampla acepção semântica (RONCARI, 1989, p. 81) — como sinônimo de "errantes" porque procuravam escapar dos poderes locais pela imigração rumo às cidades, como "indisciplinados" porque não se sabia se trabalhariam livremente nas *plantations*, e finalmente pela razão inconfessável e mais temida — não trabalhariam porque desejavam compartilhar com os antigos senhores o privilégio do ócio e do trabalho intelectual, frequentando escola, inclusive.

Mas pouco a pouco, ao lado da perseguição aos que não portavam documentos de trabalho e eram presos por esse delito, esqueceu-se do propósito de formar cidadãos para se generalizar na escola o objetivo de formar trabalhadores, palavra de ordem que acabou por se afirmar no Brasil dos anos vinte. Não sem antes estender para toda a população a desqualificação que antes recaía sobre os negros. O argumento usado pelos defensores da solução imigrantista — o dos "sociologistas", como os chamava Joaquim Nabuco, que apontava para a inaptidão dos antigos escravos para a liberdade e para o trabalho livre — converteu-se, trinta e tantos anos depois, no argumento de que as massas populares, incluindo os imigrantes, também não se achavam prontas para o trabalho livre.

Não que a função emancipadora da escola não se fizesse presente. Mas a cultura escolar ligada à aprendizagem do ler, escrever e contar, era sempre imaginada como arma perigosa quando colocada nas mãos da população pobre, fosse ela branca, negra, parda ou mestiça. Requeria medidas prévias capazes de propiciar, como diz Marta Carvalho, "um manejo útil e uma utilização benéfica" (1989, p. 59). Referidas à escola, essa autora procura mostrar como a essas medidas passaram querer significar formas de racionalização do trabalho escolar, que abarcavam a tecnificação do ensino, a orientação profissional, os testes de aptidão e rapidez, mensurabilidade e maximização dos resultados escolares" (Carvalho, 1989). Isto é, modernizava e tornava complexa, passível de absorver uma extensa burocracia, uma tarefa que ainda não existia. Ou quando existia, marcada pelo miserabilismo (Fonseca, 2007).

Torna-se assim importante sublinhar aqui que a psicologia importada pelo Brasil no início do século veio contaminada pela eugenia e pelo poder médico que supunha (ou impunha), de diferentes maneiras, teses ligadas à eugenia. Deu vestimenta científica à conhecida repulsa que as elites urbanas brasileiras experimentavam em relação a largas parcelas da populações egressas do escravismo que, trabalhando nas lavouras, tinham permanecido no Império relativamente invisíveis nas cidades e que desde a Abolição adquiriram assombrosa visibilidade.[1] As mesmas cidades que procuravam adquirir uma fisionomia europeia percebiam seus planos de europeização fracassados por aquelas multidões negras e pardas que invadiam o seus centros e assediavam seus arredores. Deu-se início ao medo e ao mal-estar generalizado que daí por diante contaminariam o olhar de quase todos aqueles que, através da ciência, acompanharam seus movimentos e se propuseram a regenerá-la. (Wissenbach, 1997; Sevcenko, 1995).

---

[1] Subsequente e concomitante ao desmantelamento do escravismo, às secas que marcaram o final das décadas de oitenta e noventa do século passado, à desmobilização do exército que lutou no Paraguai, um dos traços marcantes que caracterizou a República foi o intenso deslocamento de populações; tangidas por crises conjunturais, premidas pela fome, graças ao desenvolvimento da malha ferroviária, foram chegando às grandes cidades (Wissenbach, 1997; Sevcenko, 1995).

Como se dizia então, a nação não existia por força dos vícios e doenças, da degeneração que teria sido o resultado da intensa mestiçagem. As teorias raciais que grassaram no Brasil desde o Império e que deram ensejo a uma política imigrantista que discriminava os africanos, eram teorias que se interpunham aos esforços educacionais, ao remeter as condições sociais à biologia. A percepção do negro como inferior e selvagem e a crença na degenerescência da população mestiça foi assimilada pelas elites que, no seu esplêndido isolamento, anunciaram a inaptidão dessa massa popular para servir de mão de obra capaz de adequar-se às relações de trabalho necessárias à sociedade industrializada.

> Parecia o Brasil pagar duramente o pecado da escravidão prolongada. Ao cabo de quase cinquenta anos, permanece a preocupação angustiosa pelo destino da massa popular, núcleo da nacionalidade e da democracia, incapaz de servir as suas responsabilidades e arriscada de se falsificar nas correntes imigratórias fermentadas de indisciplina (Magalhães, *apud* Carvalho, p. 12).

A palavra de ordem "regeneração através da escola", nos anos vinte, época marcada por "otimismo pedagógico" por alguns historiadores, não os levou a perceberem a conotação aviltante nela embutida, pois "regeneração" remete ao que antes era degenerado. E da mesma forma se pode decifrar uma outra chave que caracteriza a entrada da ciência na educação brasileira. A psicologia assumiu, no combate à memorização, uma proposta aparentemente moderna, mas que, nesse contexto, fazia referência ao imaginário racista. É o que se depreende da leitura de autores como Gustave Le Bon, largamente lido por escritores, educadores, higienistas e psiquiatras brasileiros daquela época. Fartamente citado entre os republicanos, Gustave Le Bon propiciará as fórmulas preferidas com que se passou a compreender, em termos científicos, aquelas grandes massas que perambulavam pelas estradas e se apinhavam nas cidades.

Seu texto *Lois Psychologiques de l'Évolution des Peuples* pode fornecer alguns desses sentidos. Le Bon indica a inutilidade da escolarização das populações negras e mestiças (referindo-se diretamente ao Brasil) capazes apenas de uma pseudo aprendizagem:

> Sem dúvida a instrução permite, graças à memória que possuem os seres inferiores e que não é absolutamente privilégio do Homem, de dar ao indivíduo colocado no lugar bem baixo da escala humana o conjunto de noções que possui um europeu. Se faz facilmente de um negro bacharel e advogado, mas só damos um verniz muito superficial e ineficaz sobre sua constituição mental. É que nenhuma instrução poderá fornecê-la, porque é a hereditariedade que as cria, são as formas de pensamento, a lógica e o caráter dos ocidentais. Esse negro vai acumular todos os diplomas possíveis, sem chegar nunca ao nível de um europeu ordinário. Em dez anos, pode-se infundir-lhe facilmente a instrução de um inglês bem educado. Mas para fazer um verdadeiro inglês, quer dizer um homem que age como um inglês nas diversas circunstâncias da vida onde está colocado, muitos séculos serão necessários. Não é senão na aparência que um povo transforma bruscamente sua língua, sua constituição, suas crenças e suas artes. Para operar em realidade tais mudanças, seria preciso poder transformar sua alma (Le Bon, p. 47).

É a mesma ideia que encontramos, por exemplo, nos *Sertões* de Euclides da Cunha:

> É que são invioláveis as leis do desenvolvimento das espécies; e se toda a sutileza dos missionários tem sido impotente para aperfeiçoar o espírito do selvagem às mais simples concepções de um estado mental superior; se não há esforços que consigam do africano, entregue à solicitude dos melhores mestres, o aproximar-se sequer do nível intelectual médio do indo-europeu — porque todo homem é antes de tudo uma integração de esforços da raça a que pertence e o seu cérebro uma herança — como compreender-se a normalidade do tipo antropológico que aparece, de improviso, enfeixando tendências tão opostas (Cunha, 1957, p. 98).

A memorização, aludida nesses trechos, mantinha relação com a memorização usada no catecismo católico, mas também estava associada às tradições orais de origem africana, aos rituais, às narrativas e aos cânticos, mediante os quais, num esforço inaudito, dentro de condições sub-humanas, esses povos puderam manter seus vínculos e criar uma expressão musical cuja riqueza ainda é marca de sua presença nas Américas.

Mariza Correa (2000) também assinala que a conjunção entre a difusão no Brasil, as ciências humanas, a pedagogia e a questão racial não foi fortuita. Tratava-se de colocar a população brasileira na lupa de observações científicas; a sociologia e a antropologia, até mais além dos anos cinquenta, segundo ela, ainda traziam ecos do tempo em que a psiquiatria, através da escola de Raimundo Nina Rodrigues, colocou a população negra no lugar de objeto. Quando tratavam do futuro, higienistas como o médico Afrânio Peixoto não se perguntavam "quem somos nós" para saber "o que queremos ser". Mas sim, "quem são eles" para tentar transformá-los, não sem certa relutância, em seres civilizados à moda do que se imaginava ser o europeu ou o norte-americano.

No mesmo sentido, o brasilianista Dain Borges (1993) levanta a hipótese de que a teoria da degeneração, na variante da eugenia brasileira, tornou-se a grande metanarrativa brasileira, inspiradora das reformas educacionais dos anos vinte a cinquenta. Indica que essas teses foram no Brasil muito além do racismo, continuando, segundo ele, a alimentar uma representação sobre a população brasileira enquanto todo, imaginário que sobreviveu à derrota do nazismo na Segunda Guerra Mundial. As ideias de degeneração teriam servido de fundamento para que se concebesse a essa população como um grande organismo doente. Essa metáfora também estaria para ele embutida na percepção do empreendimento educativo como tarefa de regeneração. Essa degeneração envolveria não só traços físicos – gente "mirrada", "doente" e "feia", nos seus termos, como caracterizaria traços de caráter: a amoralidade, a imbecilidade, a mentira, a preguiça e a inércia, a exemplo dos personagens Macunaíma e Jeca Tatu.

O indisfarçável incômodo causado pela visão da população pobre, negra ou mestiça, adquiriu contornos no racismo peculiar vigente até hoje no Brasil, que cimenta um código sub-reptício de hierarquia racial em diversas nuances, mediante o qual as pessoas podem ser classificadas como brancas, pretas ou pardas, dependendo da aparência. A pesquisa do grupo de Florestan Fernandes encomendada pela UNESCO na década de 50 (Bastide & Fernandes, 1959) mostrou que em algumas teses sobre o caráter miscigenado da população brasileira havia textos subentendidos. Segundo algumas dessas teses, a raça branca prevalesceria sobre as demais por certo darwinismo social, em que a hierarquização racial passaria por hierarquia estética. Como mostrou Oraci Nogueira (2006) quando caracterizou o preconceito racial no Brasil, o preconceito é um preconceito de marca, e não um preconceito de origem – e o ideal de branqueamento proporciona na população negra e mestiça um racismo derivado. Segundo as teses que propunham o branqueamento da população, as escolhas reprodutivas recairiam sobre parceiros mais claros, assim os indivíduos de pele mais escura e com marcas da negritude seriam pouco a pouco destinados à extinção. Afirmava essa corrente que o processo de branqueamento produziria mestiços capazes de tornarem-se cada vez mais brancos, mas para isso seria necessário tempo. As escolhas sexuais mais a imigração europeia se encarregariam dessa tarefa civilizatória, capaz de realizar-se, diga-se de passagem, sem o concurso da escola.

Essa forma de pensar está presente em autores importantes para a educação, como Fernando de Azevedo, que na monumental obra *Cultura Brasileira* (1963) corrobora o prognóstico de desaparecimento da raça negra no Brasil:

> a análise da constituição antropológica de nossa população, de 1835 a1935, demonstra que, segundo cálculos aproximados, a percentagem de mestiços (18,2%) e de negros (51,4%), atingindo a 69,6 % sobre 24,4% de brancos, em1835, baixou a 40% (compreendendo somente 8% de negros) para 60% de brancos sobre o total da população; as raças negras e índia estão desaparecendo, absorvidas pelo branco, ou, para empregar a expressão pitoresca de Afrânio Peixoto, "há, crescente, albumina branca para refinar o mascavo nacional" (Azevedo, 1963 p. 76).

Segundo Borges (1993), as teses da eugenia perduraram durante o Estado populista. A suspeita colocada de antemão sobre uma escola que não havia sido instituída e sobre uma população que não havia sido escolarizada, leva assim o pesquisador a perceber os ecos de um antigo medo que se generalizou sobre a população pobre brasileira. Aproximando o foco da objetiva, o panorama da escolarização, em alguns momentos, desmente o pessimismo antecipado. Nos casos em que a escolarização foi oferecida, ela resultou num aumento geral das taxas de alfabetização com repercussões na formação da opinião pública. Na cidade de São Paulo, por exemplo, em 1872, apenas 32,1% dos homens e 17,1% das mulheres habitantes da cidade sabiam ler. Em 1890, a porcentagem passou para 32,2% e 22,1% apenas, denotando fraco crescimento, apesar da explosão demográfica devido à imigração estrangeira. Em 1920, porém, a taxa subiu bruscamente para 64,3% dos homens e 52,1% das mulheres, permanecendo ascendente até 1940, quando 76,3% dos homens e 67,5% das mulheres sabiam ler, taxa essa que inclui as contínuas levas de imigração de nacionais que afluíam constantemente à cidade. Paralelamente, indicando o volume de circulação da palavra escrita, o número de jornais e periódicos não parou de aumentar nessa época. Em 1901, entre jornais e periódicos, circulavam na cidade 15 títulos. Em 1910, esse número cresceu para 38, em 1920 para 56, chegando em 1927 a 79 títulos. Enquanto que em 1901 nenhum jornal ou revista atingia a tiragem de 5.000 exemplares, mais da metade dos jornais e revistas imprimia mais de 5.000 exemplares no meio dos anos vinte (Besse, 1983, p. 63).

O trauma histórico da escravidão, nunca de fato enfrentado, continua a nos assombrar. Teremos então de acolher este paradoxo: a verdadeira superação do racismo e de tudo que a sociedade escravista engendrou deve começar pela sua rememoração, pelas narrativas. Para entender até onde vai o significado desse contra senso, devemos ter presente que o contrário da existência não é a inexistência, mas a insistência. Desvendar as raízes da desigualdade racial e identificar suas ramificações na educação brasileira é uma tarefa muito longe de estar acabada.

REFERÊNCIAS BIBLIOGRÁFICAS

AZEVEDO, Célia. M. M. *Onda negra, medo branco: o negro no imaginário das elites no século XIX*. 2a. edição. São Paulo: Annablume, 2004.

AZEVEDO, Fernando de. *A cultura brasileira: introdução ao estudo da cultura no Brasil*. 4. ed. Brasília: UNB, 1963.

BARBOSA, Rui. "Reforma do Ensino Primário e várias instituições complementares da Instrução Pública". *Obras Completas de Rui Barbosa*. V. X, tomo II. Rio de Janeiro: Ministério da Educação e Saúde, 1946.

BESSE, S. K. *Freedom and Bondage: the impact of capitalism on women in São Paulo, Brazil, 1917-1937*. Doutorado em História, Yale University, 1983.

BORGES, Dain. Puffy, Ugly, Slothful and Inert: Degeneration in Brazilian Social Thought. *Journal of Latin American Studies*, v. 25, 1993, p. 235-256.

CARVALHO, Marta. M. C. "Quando a história da educação é a história da disciplina e da higienização das pessoas". In: FREIRE, Marco César F. (org.) *História Social da Infância no Brasil*. São Paulo: Cortez, 1997, p. 269-286.

CARVALHO, Marta. M. C. A *Escola e a República*. São Paulo: Brasiliense, 1989.

CARVALHO, José Murilo de. *Os Bestializados: O Rio de Janeiro e a República que não foi*. São Paulo: Companhia das Letras, 1987.

CHALHOUB, Sidney. "Medo branco de almas negras: escravos, libertos e republicanos na cidade do Rio". *Revista Brasileira de História*. São Paulo, v. 8 n. 16 mar. 1988/ago. 1988 p. 83-105.

CHALHOUB, Sidney. *Visões da Liberdade: uma história das últimas décadas da escravidão na corte*. São Paulo: Cia das Letras, 2003.

CORREA, Mariza. "A revolução das normalistas". *Cadernos de Pesquisa*. Fundação Carlos Chagas. São Paulo, n. 66, agosto 1988, p. 13-24.

CORREA, Mariza *As ilusões da liberdade: a Escola Nina Rodrigues e a antropologia no Brasil*. 2. ed. Bragança Paulista: Universidade São Francisco, 2000.

CUNHA. Euclides da. *Os sertões*. 25 ed. Rio de Janeiro: Francisco Alves, 1957.

DIAS, Maria Odila da Silva. A interiorização da metrópole (1808 – 1853). In MOTA, Carlos Guilherme (org). *1822: Dimensões*. São. Paulo, Perspectiva, 1972.

FONSECA, Marcus. V. *Concepções e práticas em relação à educação dos negros no processo de abolição do trabalho escravono Brasil (1867-1889)*. Dissertação de Mestrado. UFMG, Belo Horizonte, 2000.

FONSECA, Marcus V. – A arte de construir o invisível – o negro na historiografia educacional brasileira. *Revista Brasileira de História da Educação*. São Paulo: ANPED. n. 13, jan./abr. 2007, p. 14-22.

BASTIDE, Roge; FERNANDES, Florestan. *Brancos e Negros em São Paulo: ensaio sociológico sobre os aspectos da formação, manifestações atuais e efeitos do preconceito de cor na sociedade paulistana.* São Paulo: Companhia Editora Nacional, 1959.

GONÇALVES, Luis. A. O.; GONÇALVES E SILVA, Petronilha B. "Movimento negro e educação". *Revista Brasileira de Educação,* n. 15m set/out/nov/dez 2000 p. 134-156.

HÉBRARD, Jean. Instruction ou éducation. In *Ornicar? Bulletin Périodique du Champ Fréudien.* n. 26-27, Paris, Seuil, 1983.

LE BON, Gustave. *Lois Psychologiques de l'Évolution des Peuples.* 14ème Edition. Paris: Felix Alcan, 1919.

PARIS, Maria. L. *A Educação no Império*: o jornal *A Província de São Paulo – 1875 – 1889*. Dissertação de Mestrado apresentada à Faculdade de Educação da USP, São Paulo, 1980, p. 10.

RONCARI, Luis. "O trabalho livre numa sociedade escravista". In: Mendes JÚNIOR, A. e MARANHÃO, R. (org.). *Brasil História. Texto e consulta.* São Paulo: HUICITEC, 1989, volume 3, p. 81.

REIS, J. (2004) O abolicionismo em perspectiva continental. *Revista Afro-Ásia,* 31, 369-373. Disponível em: http://www.afroasia.ufba.br/busca.php? e htp://www.scielo.com.br. recuperado em 25/09/2012.

SEVCENKO, Nicolau. *Literatura como Missão: tensões sociais e criação cultural na Primeira República.* São Paulo: Brasiliense, 1995.

WISSEMBACH, M. C. C. *Ritos de Magia e Sobrevivência: sociabilidades e práticas mágico-religiosas no Brasil (1890/1940).* Doutorado em História. Faculdade de Filosofia Ciências e Letras da Universidade de S. Paulo. Capítulo I, São Paulo, 1997.

CAPÍTULO 12

O multiculturalismo, o *hip hop* e a educação: como a música e a história da diáspora se entrelaçam no coração dos jovens da periferia de São Paulo

Mônica do Amaral

INTRODUÇÃO

Apresentamos, neste trabalho, algumas reflexões a propósito de uma educação inspirada no hip hop, tema de nossa pesquisa[1] – enquanto expressão do que tem sido denominado de "pedagogia crítica" "culturalmente relevante"[2] – articulando-a com o debate sobre o multiculturalismo e a educação contemporânea voltada para a diversidade. Consideramos que o multiculturalismo, tanto no Brasil, como em outros países, é resultante da reelaboração de culturas, histórias e identidades construídas a partir de processos híbridos desencadeados pelas diásporas do passado até os mais recentes fluxos populacionais do pós-colonialismo. Não deixa de ser expressão da resistência cultural construída ao longo de séculos de opressão institucional e simbólica, que se constituiu simultaneamente ao "pan-africanismo" – um movimento de unificação entre os africanos e os afro-

---

[1] O título de nossa pesquisa é: *Rappers, os novos mensageiros urbanos na periferia de São Paulo: a contestação estético-musical que emancipa e educa* (FAPESP, 2011). Trata-se de um projeto que se insere no Programa de Políticas Públicas, realizado em parceria entre a Faculdade de Educação (USP) e a ONG Casa do Zezinho (Processo: 2010/52002-9).

[2] Inspiramo-nos particularmente nas ideias de Jeffrey M.R. Duncan-Andrade e Ernest Morrel, *The art of critical Pedagogy*. New York: Peter Lang, 2008.

descendentes de todo o mundo em torno da concepção de raça comum – que tornou possível compartilhar a ancestralidade africana, além de ter propiciado o reconhecimento de uma mistura prenhe de raízes e culturas distintas que resultou de todo esse processo.

Parece-nos particularmente interessante o debate realizado pela corrente do multiculturalismo crítico, sustentado pelo *Chicago Cultural Studies Group*, sendo Henry Giroux[3] um de seus expoentes. Esta escola de pensamento tem contribuído para fazer avançar a discussão sobre a identidade cultural, essencial para o encaminhamento de nossa pesquisa – tanto do ponto de vista do debate teórico, quanto no que diz respeito à condução de nossas oficinas junto aos adolescentes – em que o rap e outros elementos do hip hop são explorados em suas múltiplas potencialidades de formação crítica para a população jovem moradora das periferias de metrópoles como São Paulo.

Nesse sentido, com o objetivo de questionar os valores que fundam os juízos – éticos e estéticos – que prevalecem em nossa sociedade e são, de algum modo, reproduzidos muitas vezes sem crítica na educação das novas gerações – procuramos investigar como o aspecto inovador da estética musical do hip hop, como arte juvenil urbana, poderia impulsionar uma formação crítica e emancipatória, capaz de fazer emergir na sociedade brasileira e nas escolas, uma abertura para o debate sobre a diversidade étnica e cultural. O hip hop caracteriza-se por ser uma arte de rua, de natureza polifônica, cujo caráter emancipatório – de afirmação étnica e estético-social – pode ser depreendido não apenas de suas letras, dotadas de forte conteúdo contestatório, mas também de suas formas de composição musical. Estas, aliadas ao canto falado, muitas vezes de improviso, são capazes de produzir efeitos de estranhamento e de ruptura nas representações construídas socialmente, em particular sobre o jovem negro, pobre e morador da periferia das metrópoles.

---

3   Henry Giroux tem sido apontado como um intelectual importante para se pensar a interface entre o multiculturalismo e a pedagogia crítica. No livro de sua autoria, *Atos impuros – a prática política dos estudos culturais* (S.P., Artmed Ed., 2003), como o próprio título sugere, o autor insiste na dimensão política da cultura e estudos culturais em contraposição às pressões do mercado cultural que tende a absorver a dimensão política deste campo de investigação.

Contando com o apoio e a colaboração da ONG Casa do Zezinho, que desenvolve trabalhos de formação nos campos artístico e cultural há mais de 15 anos, atendendo cerca de 1700 crianças entre 6 e 21 anos dos bairros Capão Redondo (região dos Racionais MC's), Parque Sto Antônio e Jardim Ângela, realizamos uma pesquisa de campo, que consistiu basicamente na realização de oficinas com adolescentes, explorando as diversas dimensões do movimento hip hop, tomando como base, não apenas o material coletado (músicas, danças, letras e poesias), como as entrevistas que seriam realizadas ao longo da pesquisa com as principais lideranças desse movimento. As entrevistas tinham como objetivo identificar, junto aos próprios compositores e cantores de rap, sua compreensão a respeito das relações, tensas e criativas, estabelecidas entre o rap, o movimento hip hop e a indústria cultural na "era digital", tomando em consideração a produção dos grupos de rappers dos anos 80, para depois compará-la com a produção dos anos 90, até a mais recente.

A ideia era que estas entrevistas, realizadas em diversos cantos e cenários da periferia de São Paulo, pautados, muitas vezes, pela violência e o descaso do poder público, trariam subsídios para as três oficinas realizadas junto aos jovens entre 14 e 15 anos atendidos pela Casa do Zezinho:

A 1ª oficina, *O rap, o repente e a embolada – culturas híbridas herdadas das diásporas, africana e nordestina*,[4] como sugere o próprio título, tratou diretamente das misturas e hibridismos entre os gêneros acima, muito comuns na periferia de São Paulo.

A 2ª oficina, *Improvisação rítmica e composição musical do rap com instrumentos de percussão afro-indígenas*,[5] procurou apresentar aos adolescentes expressões de nossa música contemporânea e minimalista, como as de Arrigo

---

4   Esta primeira oficina foi coordenada por mim, contando com a colaboração de uma estudante de Licenciatura em Música da ECA, com bolsa de iniciação científica (FEUSP), Agnes da Silva Ribeiro. De início, contamos com o apoio de dois educadores da Casa do Zezinho, Cristian Geraldo e Inayá Felício Pereira.

5   Esta segunda oficina foi coordenada por Raquel Martins, formada em música, bolsista da FAPESP e mestranda junto ao Programa de Pós-Graduação em Educação da FEUSP, para a qual contou com a colaboração do educador Agenor Mendes das Neves, responsável na Casa pelas oficinas de arte.

Barnabé e Hermeto Pascoal, com o objetivo de produzir "incômodos" na escuta daqueles jovens tão acostumados com o que é apresentado pela indústria cultural, para depois recriar com eles, por meio dos exercícios de pulso e dos instrumentos de percussão de origem afro-indígena, novos ritmos e combinações musicais para os raps criados por eles mesmos. Acreditamos, assim, ter, de algum modo, trabalhado com elementos de nossa ancestralidade e da cultura musical contemporânea.

Na 3ª oficina, *As rodas de celebração, o canto falado e o break: a telescopia histórica do hip hop*,[6] ficou evidenciado o resultado do trabalho da combinação entre os elementos do passado e do presente, particularmente na apresentação do final de ano da coreografia do navio negreiro, que ganhou o primeiro lugar em um concurso de dança promovido na Casa.

Por meio destas oficinas e estudos teóricos, pretendíamos investigar em que medida o incômodo gerado pela escuta do rap iria ao encontro, simultaneamente, do desejo juvenil de desconstruir uma leitura harmônica da sociedade e de estetizarem-se por si mesmos. E, assim, alcançarem uma formação (*Bildung*) no sentido ampliado tal como concebido por T.W. Adorno.[7]

Wolfgang Leo Maar confere ao conceito de formação um sentido que nos parece fundamental para a construção de uma pedagogia crítica e culturalmente relevante: "O conteúdo da experiência formativa não se esgota na relação formal do conhecimento – das ciências naturais, por exemplo – mas implica uma transformação do sujeito no curso do seu contato transformador com o objeto na realidade".[8]

Um processo de transformação envolvido na experiência formativa, que acreditamos ocorrer no próprio contato enriquecedor entre diferentes culturas,

---

6   Esta terceira oficina foi coordenada por Cristiane Dias, bolsista da FAPESP, formada em Educação Física, com experiência em dança (*Break*) e Marcos Vinicius Puttini (pesquisador colaborador), formado em Linguística pela USP e Mestrando junto ao Programa de Pós-Graduação em Educação da FEUSP.

7   ADORNO, T.W. *Educação e emancipação*. Rio de Janeiro: Paz e Terra, 1995, p. 25.

8   Wolfgang Leo Maar, "À guisa de introdução: Adorno e a experiência formativa". In: ADORNO, T.W. *Educação e emancipação*. Rio de Janeiro: Paz e Terra, 1995, p. 25.

o qual, por sua vez, tem sido observado em meio à proliferação de atividades culturais e produção de cultura nas periferias de metrópoles brasileiras, como São Paulo. Um trabalho de reflexão sobre o papel formador do rap, que gostaríamos de aproximar da discussão acerca dos processos híbridos presentes nas combinações e reconversões[9] envolvidas nas misturas entre diferentes culturas que resultam de uma vida comunitária marcada pela diversidade étnica e pelo multiculturalismo.

Esta discussão nos conduziu a repensar a noção de identidade cultural, que remete, de acordo com alguns autores,[10] às ideias de autenticidade e pureza, noções que se encontram distantes da realidade do mundo globalizado. Daí alguns autores recorrerem a "narrativas identitárias" que tomam em consideração os processos de hibridação cultural[11] contemporânea. A concepção de David Theo Goldberg[12] pareceu-nos essencial para pensarmos as culturas jovens urbanas, como as reunidas em torno do movimento hip hop, tanto por insistir na heterogeneidade e hibridismo intercultural, como por apontar que se trata muito mais na atualidade de analisarmos como as "comunidades se imaginam e constroem relatos sobre sua origem e desenvolvimento".[13]

Neste artigo, pretendemos nos ater às proposições deste último[14] sobre o multiculturalismo, particularmente pelo fato de o autor opor-se a toda e qual-

---

9   Reconversão foi o termo empregado por Canclini (2010) para se referir aos processos pelos quais, tanto os setores hegemônicos, quanto os setores populares apropriaram-se dos benefícios da modernidade. Eu diria, e como particularmente estes últimos procuraram revertê-los em benefício próprio. In: CANCLINI, Nestor G. *Culturas híbridas: estratégias para entrar y salir de la modernidad.* Buenos Aires, Paidós, 2010.

10 Cf., por exemplo, HALL, Stuart. *A identidade cultural na pós-modernidade.* Rio de Janeiro, DP&A, 2006 e CANCLINI, Nestor G. *Culturas híbridas: estratégias para entrar y salir de la modernidad.* Buenos Aires: Paidós, 2010.

11 HALL, Stuart. *A identidade cultural na pós-modernidade.* Rio de Janeiro: DP&A, 2006.

12 David Theo Goldberg. "Introduction: Multicultural Conditions". In: GOLDBERG, D.T. (ed.). *Multiculturalism: A critical reader.* Basil Blackwell, Cambridge: Mass. Y Oxford, 1994.

13 *Ibidem*, p. 17-18.

14 Cf. discussão apresentada em: GOLDBERG, David Theo. *Multiculturalismo: a critical reader.* Oxford UK and Cambridge: Balckwell Publishers, 1994.

quer definição reducionista — seja do ponto de vista político-ideológico, seja no campo pedagógico — que, segundo ele, acabou estreitando o amplo espectro de articulações sócio-culturais, ideias e práticas, reduzindo-o a uma "singularidade formal", considerada "politicamente correta". Ao contrário disso, defende uma discussão aprofundada sobre os fundamentos de natureza filosófica, pedagógica e política e suas implicações do ponto de vista do compromisso multicultural. Esclarece-nos que o debate crítico sobre o assunto é um debate antes de tudo anti-hegemônico, que aponta para uma verdadeira "mudança transgressora" dos confinamentos e limites que o monoculturalismo ocidental impôs à formação política dos Estados-Nação[15] e à circulação do capital, local e transnacional; entre as ciências, as ciências sociais e as humanidades, sujeitos e subjetividades; entre o eu e o outro, envolvendo, portanto, extenso e variado âmbito de objetivações, que abrange desde o "conhecimento, poder, pedagogia, política e empoderamento",[16] até os de natureza antropológica e psicossocial, como a discussão a propósito de identidades e diferenças, homogeneidade e heterogeneidade.

    Do ponto de vista ideológico e político, embora Goldberg admita a importância da concepção da identidade afirmativa como estratégia de identificação em torno dos sentidos e espaços comuns, assim como de delimitação de diferenças, como as movidas por solidariedade racial, relembra-nos dos perigos de se recair em ideologias fascistas que conduziram a Humanidade ao genocídio. Do ponto de vista teórico, também considera reducionista o paradigma da identidade/diferença, de acordo com o qual se passou a teorizar o multiculturalismo, como forma de se opor ao universalismo liberal, particularmente em relação à tendência deste a sustentar valores universais nos campos epistemológico, estético, ético e político. O autor acredita que tenha faltado uma visão nuançada ao relativismo não-essencialista, que acabou redundando em um relativismo cultural simplista, liquidando com preocupações justificáveis relativas à precisão con-

---

15   Leila Hernandez apresenta o resultado de suas pesquisas sobre a invenção colonial da África e de como se foi constituindo o "pan-africanismo" como uma estratégia política de resistência ao longo processo de dominação geopolítica e cultural que se abateu sobre o continente. In: HERNANDEZ, Leila. *A África na sala de aula – visita à história contemporânea*. São Paulo: Summus Ed., 2008.

16   O termo utilizado pelo autor foi "empowerment", *ibidem*, p. 2.

ceitual. Compreendemos a preocupação do autor no sentido de que o debate não devesse perder de vista a realidade efetiva em toda a sua complexidade. No que diz respeito à proposta de uma pedagogia multicultural, o autor salienta que não se tratam de estratégias de aprendizagem cooperativa, mas de estimular o entusiasmo de estudantes e professores a conhecer aprofundadamente a amplitude do tema, questionando os campos do conhecimento e os valores que os fundam, no sentido de alterar as interpretações dominantes. Considera que ao invés de centrar as preocupações nas oposições entre identidade e diferença, a questão é admitir a heterogeneidade, que tendeu a se acentuar com a política pós-colonial predominantemente diaspórica.

Para ele, o multiculturalismo pode ser compreendido como uma forma de resistir ao monoculturalismo e à hegemonia cultural eurocêntrica e posteriormente, dos EUA, diríamos nós[17] — que se deu com a expansão da indústria cultural americana pelo mundo — assim como à exploração socioeconômica, uma vez que encoraja intersecções múltiplas no campo social e entre diferentes posições subjetivas. Com isso, dá voz e abre espaço para uma convivência aberta ao múltiplo, retirando do silêncio toda uma heterogeneidade latente, além de conferir a esta uma dimensão pública. Considera que a Universidade seja o lugar onde isso possa ocorrer, uma vez que é onde se pode expressar extensa variedade de ideias, argumentos, ao promover debates, colóquios, workshops, publicar em jornais, revistas e todas as formas que lhe são próprias de divulgação de ideias.

---

17   Rodrigo Duarte em seu artigo, "Indústria Cultural Hoje", sustenta que a grande mudança em relação a setenta anos atrás, quando pela primeira vez foi mencionado o termo indústria cultural pelos filósofos Theodor Adorno e Max Horkheimer, na obra *Dialética do Esclarecimento* (*op. cit.*, p. 113-156) é que houve um novo avanço no processo de mundialização entre os anos 80 e 90, consolidada com o fim do bloco soviético, que tornou a ideia de Mc Luhan de "aldeia global" realidade efetiva. No entanto, ao contrário do que previu o filósofo canadense, a globalização dos meios de comunicação não se deu de forma recíproca. Basta observar a crescente estadunização particularmente dos programas televisivos em todo o mundo, atingindo em grande parte a Europa (em 1991, atingia cerca de 30%, chegando na Alemanha a 67%). Dentre os países menos desenvolvidos da Ásia e da AL, então, o índice era muito maior. In: DURÃO, F.A.;, ZUIN, A.A.S.;, VAZ, A.F. (orgs.). *A indústria Cultural hoje*. São Paulo: Boitempo, 2008, p. 97 — 110.

Daí a importância, a nosso ver, de trabalhos de pesquisa promovidos pela Universidade em parceria com instituições, como ONGs, associações de moradores, posses[18] (no caso do Hip hop) e escolas públicas que estejam dispostas a realizar um trabalho inovador e crítico, capaz de evidenciar culturas e outras formas de expressão estética da população que teve sua história e cultura silenciadas, como é o caso de nossos descendentes afro-indígenas.

Observe que nossa pesquisa de campo realizada por meio de oficinas junto aos adolescentes da Casa do Zezinho, configurou-se de maneira a suscitar no presente, o passado e a tradição cultural de nossos ancestrais afro-indígenas, permitindo, ao mesmo tempo, uma combinação desta última com as manifestações contemporâneas da arte juvenil de rua.

Em cada uma das oficinas pretendíamos a partir da realidade vivida pelos jovens do Capão Redondo, relacionar suas condições de vida na periferia de uma grande cidade como São Paulo, atravessada por um longo histórico de descaso por parte do Estado, com a vida de outros afro-descendentes espalhados pelo mundo, desde a época colonial, devido à diáspora africana desencadeada com o tráfico negreiro e a escravidão nas Américas. E de como este histórico se viu combinado com a diáspora nordestina, resultante do deslocamento em massa de migrantes do nordeste para a região sudeste desde a década de 50, que também foi responsável por separações familiares, provocando verdadeiras lacunas na memória e experiência sócio-familiar de seus descendentes. Ambas contribuíram para ocasionar sérios prejuízos à construção das identidades étnica, territorial e psicossocial de gerações e gerações de descendentes.

Acreditávamos que ao tratar deste passado esquecido, repleto de dores e sofrimentos recalcados ao longo da história brasileira, e relacioná-los aos sofrimentos do presente, embora vivenciados de outro modo na periferia ou em hiper-

---

18   "Posses" foi a designação dada a muitos grupos de *rappers*, DJ's, grafiteiros e *breakers* de uma mesma região, criados para ocupar uma espaço social e político, reivindicando direitos como "de ser cidadão, participar do mercado de trabalho e para lutar contra a violência e a discriminação". As posses e, especialmente, os grupos de *Rap* começaram a alcançar visibilidade no início dos anos 90 no Brasil, sendo caracterizados por ações coletivas de conscientização política e exercício da cidadania. Cf. ANDRADE, Elaine N. "*Hip hop*: movimento negro juvenil". In: ANDRADE, E. (Org.). *Rap e educação, rap é educação*. São Paulo: Summus, 1999.

periferias, como a do Capão Redondo, tais sofrimentos poderiam vir a ser objeto de elaboração psíquica e social por parte dos jovens alunos, permitindo que estes viessem a enfrentar o conhecimento de outro modo. Pretendíamos, ainda, estabelecer relações com toda uma história sucessiva de opressões, da qual poderiam se liberar pela via da música de protesto. A ideia era justamente oferecer uma escuta ao sofrimento daqueles jovens e oferecer-lhes condições para expressar sua revolta por meio da música, ou mais especificamente do rap.

Entrevíamos em cada uma dessas oficinas, a importância do movimento hip hop, não apenas como movimento estético com forte conotação política, mas também como estratégia fundamental de ensino, ou melhor, de formação para a "juventude periférica", que se encontra de algum modo, ainda hoje, à margem do projeto de modernidade brasileiro. Daí nos parecer interessante a ideia paradoxal defendida por Canclini[19] de que os processos híbridos representam estratégias, ao mesmo tempo, de entrada e de saída da modernidade, em particular em países como o nosso, em que a modernização, a despeito dos avanços tecnológicos, permanece inacessível para a grande maioria da população que habita as periferias das metrópoles.

Segundo Canclini, a "sociabilidade híbrida induzida nas cidades contemporâneas nos leva a participar de forma intermitente de grupos cultos e populares, tradicionais e modernos".[20] Sugere que no final todas as culturas são "culturas de fronteira", e que o fato de perderem a relação de exclusividade com o território, não as impede de ganharem em "comunicação e conhecimento".[21]

A nosso ver, esta pode ser considerada a tendência de uma era que experimenta uma verdadeira crise dos limites,[22] mas que se evidencia mais claramente

---

19   Nestor G. Canclini, *op. cit.*, 2010.

20   Nestor G. Canclini, *op. cit.*, 2010, p. 321.

21   Nestor G. Canclini, *op. cit.*, 2010, p. 316.

22   Apresentei no XXIII Congresso Brasileiro de Psicanálise, 2011, como conferencista da mesa redonda – A crise dos limites, o trabalho: *A crise dos limites no mundo globalizado: como ficam as novas gerações?*, uma reflexão a propósito do ponto crítico atingido pela lógica excludente do mercado global.

justamente entre aqueles que são empurrados para vivências-limite, ao se verem banidos dos bens materiais e culturais acumulados por uma dada sociedade.

A apreensão da dimensão histórico-cultural das culturas juvenis de protesto destas populações, cujas formas de expressão estética apresentam forte ressonância da diáspora afro-americana e indígena, além de outras culturas não hegemônicas da cidade, parece-nos essencial para fazer ressurgir territorialidades das mais diversas – explorando suas raízes, em contextos não urbanos – do ponto de vista estético-cultural e psicossocial. Essas dimensões pouco exploradas pelos estudiosos das culturas juvenis, porém incansavelmente lembradas pelo rappers do movimento hip hop e de outras culturas híbridas evidenciadas nas produções poético-musicais de jovens moradores das periferias, permitiu-nos proceder ao rastrear intransigente do potencial crítico contido no marginal, no fragmento, no acessório; ou seja, fazendo-nos ir ao encontro das culturas que têm sido, senão negadas, negligenciadas pela cultura escolar. A ideia de que a cultura minoritária pode agir no interior da cultura dominante, modelando suas expressões segundo a singularidade que as constitui, pareceu-nos fundamental para nossas reflexões e pesquisas.[23] Nossos estudos têm demonstrado que o reconhecimento da diversidade étnica e cultural é condição para reverter a situação de fracasso escolar, manifesto ou latente, subjacente aos programas e estratégias de ensino das escolas públicas, particularmente das que se encontram situadas em regiões periféricas das metrópoles. Desse modo, estaríamos caminhando no "contrapelo"[24] dos discursos e práticas hegemônicas que historicamente têm configurado a cultura escolar em nosso país.

---

23 Tema da conferência proferida pelo pesquisador Christian Béthune no Colóquio Culturas Jovens Afro Brasil América : encontros e desencontros, promovido pela FEUSP : *D'une expression mineure: ce que le rap fait à la culture dominante* (abril de 2012), que faz parte desta coletânea.

24 Inspiramo-nos aqui nas *Teses de Filosofia da História*, de Walter Benjamin, publicadas em 1940, onde defende que a tarefa do materialista histórico consistiria em *escrever a história a contrapelo*, do ponto de vista dos vencidos, contrapondo-se na época à tradição conformista do historicismo alemão, cujos partidários entram sempre "em empatia com o vencedor"(Tese VII *Apud* Michael Löwy, 2002).

ALGUMAS REFLEXÕES TEÓRICAS: A DIÁSPORA E AS RESSONÂNCIAS MUSICAIS HÍBRIDAS DE RESISTÊNCIA

Entre o passado e o presente — em meio a alaridos e lamentos, vozes dissonantes e atabaques — o rap e o movimento hip hop ancoram-se no lastro ancestral africano e na tradição da música afro-americana, negra e contemporânea, ao mesmo tempo que se espalham pelo mundo inteiro, promovendo a combinação entre as culturas locais e o apelo universal de afirmação étnica e valorização social daqueles que têm sido historicamente objeto de opressão e de discriminação. Exercem, desse modo, um papel importante na formação do jovem, em particular do jovem pobre e negro, morador das periferias de grandes cidades, como São Paulo. E o fazem, criando pulsações complexas, capazes de reinserir a experiência fragmentária e multifacetada das culturas diaspóricas no tempo presente, promovendo mixagens de gêneros e extraindo sons dos ruídos das metrópoles.

As culturas periféricas das metrópoles, cultivadas em diversas partes do mundo, em cujo cenário habitam as letras e músicas de rap, formam justamente o nicho de restos, destroços e fragmentos da experiência humana, que clamam por uma escuta e olhar atentos, não somente por dar voz aos excluídos, mas porque muito provavelmente encontra-se nelas depositado o sentido do humano do qual o conjunto da sociedade contemporânea parece ter se afastado.

Falando sobre o multipertencimento étnico brasileiro e hibridismos poético-musicais

Questões como essas relativas à história da formação étnico-social do povo brasileiro e de sua cultura multifacetada, bem como de seus ritmos e danças, em particular daqueles que se viram obrigados a construir suas habitações em condições bastante precárias, constituindo o que se chama hoje de hiperperiferia de metrópoles como São Paulo, foram amplamente discutidas em oficinas desenvolvidas por nosso grupo de pesquisa na ONG Casa do Zezinho, com jovens moradores do Capão Redondo, Parque Sto Antônio e outros bairros adjacentes da Zona Sul de São Paulo, atendidos por esta instituição.

O momento do trabalho que pretendemos relatar refere-se a uma das oficinas realizadas por nossa equipe de pesquisa, que denominamos *"O rap e o repente: uma criação poético-musical entre jovens da periferia de São Paulo"*.

A ideia era proporcionar aos alunos um contato, por meio de filmes e documentários, com o passado dos afro-descendentes no Brasil, relacionando a história das regiões Nordeste e Sudeste do país. Também se buscou explorar a relação entre a diáspora afro-brasileira, o regime escravocrata no Brasil e a formação dos quilombos com a formação das favelas e hiperperiferias urbanas atuais. Em seguida, foram realizados debates com os alunos a respeito de temas, como: a necessidade de distribuição igualitária de bens e serviços públicos, a relação entre a barbárie e a escravidão no Brasil, a falta de sensibilidade das elites brasileiras para com a situação da população pobre moradora da periferia.

Contamos a eles como a história da música dos afro-descendentes estava ancorada na diáspora afro-americana

Passamos o trecho inicial do documentário *É tudo nosso*, de Toni C.[25] O filme faz referência — superpondo-se a um mapa antigo da África, onde a tradição dos afro-descendentes das Américas teve início — aos *Griots*, que eram aqueles membros das tribos africanas responsáveis pela transmissão da cultura (oral) de uma geração à outra. Mencionamos, em seguida, o estilo das músicas africanas, marcado por desafios, muitas vezes acompanhados de "desaforos", do improviso etc. Neste momento, ressaltamos que no nordeste ainda existia esta tradição que estava presente no repente e na embolada.

Nas atividades desenvolvidas com os ritmos de rap e repente, os jovens ficaram muito interessados em conhecer as relações que se poderia identificar entre os *Griots*, os repentistas e os cantadores de viola do nordeste e os rappers.

---

25 Toni C – *É tudo nosso*, documentário lançado em outubro de 2007. Toni C. é "escritor, documentarista e coordenador do Ponto de Cultura Hip hop a Lápis, e agraciado com o prêmio Tuxuá 2010 – sendo o único representante do Hip hop até então a compor a lista dos 50 mais influentes da cultura brasileira". In: Toni C. – um ativista à frente de seu tempo, entrevista realizada por DJ-TR. Acesso: http://www.enraizados.com.br/index.php/toni-c-um-ativista-a-frente-de-seu-tempo.

Foi-nos possível perceber que estes últimos, embora não tivessem o costume de criar músicas de improviso — presentes, no entanto, nas batalhas de MC's — suas letras aproximavam-se da linguagem oral, ao criarem o *canto falado*,[26] em que relatavam o cotidiano da comunidade, fazendo uma verdadeira crônica urbana. De outro lado, era uma forma de aproximação de suas origens, tanto nordestinas, quanto dos antepassados afro-indígenas.

500 anos de Brasil e nada mudou

Iniciamos a oficina com a apresentação do clipe em que é cantada a música *A vida é um desafio*,[27] do grupo de rappers *Racionais MC's*, muito conhecido e reconhecido no Capão Redondo, dado o forte conteúdo crítico de suas letras. Este clipe se inicia apresentando diversas imagens de uma comunidade, vista do alto, a partir das quais é possível ter uma noção da amplitude das comunidades que abrigam milhares de pessoas, morando em casas mal acabadas, extremamente próximas umas das outras. Em meio às ruas e vielas da favela, são apresentadas fotos de negros do período da escravidão, finalizando com uma que retratava os escravos acorrentados. Enfim, todo um cenário que evidenciava a relação entre o passado escravocrata do Brasil, a falta de políticas compensatórias durante séculos e as péssimas condições de moradia, saneamento básico e de outros serviços públicos, ainda hoje, nas grandes periferias existentes nas metrópoles do país, onde grande parte de seus descendentes foi obrigado a morar.

Assim que Mano Brown, considerado o pai de gerações de rappers, começou a cantar a música, percebemos que a atenção dos jovens foi quase que

---

26 Embora os estudiosos do rap e *hiphoppers* norte-americanos prefiram o termo "*spoken word*"(palavra falada), empregamos o termo "*spoken singing*" — em português, canto falado — uma vez que o tipo de canto e composição de letras praticados usualmente pelos rappers parece-nos mais próximo da ideia *Sprechgesang*, que o compositor Schoenberg introduziu em *Pierrot Lunaire*. Flo Menezes, na apresentação da edição brasileira da obra do compositor vienense, *Harmonia*, sustenta que "o canto-falado efetuava, assim, curiosamente, uma síntese histórica entre o atonalismo emergente e o canto dos cabarés vienenses, tão admirado por Schoenberg"(In: SCHOENBERG, Arnold. *Harmonia*. São Paulo: Ed. UNESP, 2001, p. 13).

27 Racionais MC's. *A vida é um desafio* (letra e vídeo). Acesso: http://letras.mus.br/racionais-mcs/66802.

total. Juntamente com o vídeo, foram distribuídas letras com as composições realizadas na oficina anterior e a letra da música apresentada no clipe. Muitos dos meninos e meninas acompanhavam o áudio lendo o texto. Ao término do vídeo perguntaram-nos se era possível a apresentação de mais clipes do mesmo grupo. Dissemos a eles que faríamos melhor: que eles iriam cantar o que eles mesmos haviam produzido, tomando como base suas próprias letras digitadas. A propósito das mensagens dos Racionais MC's, disseram que havia cenas da favela e de negros escravos. Em seguida, perguntamos a eles sobre o que os Racionais queriam dizer ao cantar:

"Porém fazer o quê se o maluco não estudou
500 anos de Brasil e o Brasil aqui nada mudou"

Os alunos disseram que o trecho estava relacionado ao preconceito e à escravidão. Acrescentamos ainda que nesses 500 anos pouco fora feito para melhorar a vida das pessoas pobres, em particular dos descendentes afro-indígenas, considerando que sua grande maioria ainda morava em condições precárias nas favelas.

Inspirados pelo clipe, os jovens retomaram suas letras, que tratavam de assuntos concernentes ao cotidiano vivido nos arredores da cidade, como: o preconceito, a infância abandonada, as dificuldades encontradas na periferia, como o tráfico, a educação de má qualidade, o desemprego e a miséria e, por fim, a falta de compromisso das autoridades públicas em relação a todos esses assuntos. Dentre os textos, diversos aspectos nos chamaram a atenção. O fato de terem apresentado a palavra preconceito com a grafia "pré-conceito", permitiu que jogássemos com seus vários sentidos: *preconceito é um pré-conceito, ou mesmo um "pé no conceito"*, termos utilizados pelos próprios alunos.

Foram discutidas as razões da existência da miséria e da grande porcentagem da população negra entre aqueles considerados miseráveis. Muitos dos alunos afirmaram que esta situação era consequência da má administração do governo, que, segundo eles, era e sempre foi corrupto e despreocupado com as necessidades da população. *Questionados sobre como o governo poderia combater esta situação, eles afirmaram que primeiramente era necessário que os políticos parassem de roubar, e em seguida, que proporcionassem condições dignas para aqueles que necessitavam de ajuda, dando a estes, casa, comida, dinheiro, escolas e emprego.* Neste momento, uma adolescente afirmou que nada disso adiantaria se não houvesse emprego, pois ainda que o governo desse todas as outras coisas, estas pessoas não seriam capazes de se sustentar, revelando seu desejo de que a autonomia dessas comunidades fosse prioridade das políticas públicas. A propósito da dificuldade de encontrar emprego, outros adolescentes ressaltaram a importância da educação e de como muitos não conseguiam encontrar um emprego em razão da pouca ou má escolaridade que lhes era oferecida.

Depois, os alunos trabalharam com os textos de maneira a conferir-lhes uma forma poética. Foi um trabalho difícil, sobretudo depois de tocarmos em assuntos tão dolorosos, que exigiu uma escuta atenta de todos nós, pesquisadores e educadores da Casa.

Os curadores feridos

Depois de lermos algumas obras no campo da psicanálise sobre luto e reparação, humilhação social, debruçamo-nos sobre o livro de Marc-Lamont Hill,[28] para pensarmos sobre o significado de "*wounded healers*", os "curadores feridos", termo utilizado pelo autor para se referir aos rappers, cujas letras exerceriam esse papel, ou seja, exatamente porque experimentaram o sofrimento, e ainda sofrem com suas consequências, colocam em palavras as dores dos jovens discriminados e excluídos das periferias, dirigindo-se à alma sofrida dos jovens tentam "curá-la" (o que em psicanálise chamamos de fazer o luto de perdas e a elaboração de sofrimentos). E o fazem, como dissemos, mimetizando a dor, o ódio e a própria ação de opressão e violência experimentadas por esses jovens.

Analisemos um trecho da letra solicitada pelos alunos dos Racionais MC's, onde esta questão fica evidenciada:

---

28   HILL, Marc-Lamont. *Beats, Rhymes and Classroomlife – Hip hop Pedagogy and the politics of identity*. New York: Ed. by Teachers College, Columbia University, 2009.

A Vida é Desafio

Racionais Mc's

É necessário sempre acreditar que o sonho é possível / Que o céu é o limite e você, truta, é imbatível / Que o tempo ruim vai passar, é só uma fase / E o sofrimento aumenta mais a sua coragem / Que a sua família precisa de você / Lado a lado se ganhar pra apoiar se perder / Falo do amor entre homem, filho e mulher / A única verdade universal que mantém a fé / Olhe as crianças que é o futuro e a esperança / Que ainda não conhece, não sente o que é ódio e ganância / Eu vejo o rico que teme perder a fortuna / Enquanto o mano desempregado, viciado, se afunda / Falo do enfermo, falo do são / Falo da rua que pra esse louco mundão / Que o caminho da cura pode ser a doença / Que o caminho do perdão às vezes é a sentença / Desavença, treta e falsa união / A ambição como um véu que cega os irmãos / Que nem um carro guiado na estrada da vida / Sem farol no deserto das trevas perdidas / Eu fui orgia, ébrio, louco, mas hoje ando sóbrio / Guardo o revolver enquanto você me fala em ódio / Eu vejo o corpo, a mente, a alma, o espírito / Ouço o refém e o que diz lá no canto lírico / Falo do cérebro e do coração / Vejo egoísmo, preconceito, de irmão para irmão / A vida não é o problema, é batalha, desafio / Cada obstáculo é uma lição, eu anuncio / É isso aí, voce não pode parar / Esperar o tempo ruim vir te abraçar / Acreditar que sonhar sempre é preciso / É o que mantém os irmãos vivos / Várias famílias, vários barracos / uma mina grávida / E o mano lá trancafiado / Ele sonha na direta com a liberdade / Ele sonha em um dia voltar pra rua, longe da maldade / Na cidade grande é assim / Você espera tempo bom e o que vem é só tempo

> ruim / No esporte, no boxe ou no futebol / Alguém son-
> hando com uma medalha, o seu lugar ao sol / Porém fazer
> o quê se o maluco não estudou / 500 anos de Brasil e o
> Brasil aqui nada mudou ...

Para, depois, apontar o beco sem saída em que se encontram tais populações, de onde se extrai a importância da educação de qualidade, comprometida com uma história marcada por desigualdades, discriminação e opressão:

> Desespero ali, cena do louco, / invadiu o mercado farin-
> hado, armado e mais um pouco / Isso é reflexo da nossa
> atualidade / Esse é o espelho derradeiro da realidade /
> Não é areia, conversa, chaveco / Porque o sonho de vários
> na quebrada é abrir um boteco / Ser empresário não dá,
> estudar nem pensar / Tem que trampar ou ripar para os
> irmãos sustentar / Ser criminoso aqui é bem mais prático
> / Rápido, sádico, ou simplesmente esquema tático / Será
> extinto ou consciência / Viver entre o sonho e a merda da
> sobrevivência / O aprendizado foi duro e mesmo diante
> desse / revés não parei de sonhar, fui persistente / porque o
> fraco não alcança a meta...

E o rap surge como a via de formação para as novas gerações com comprometimento social, diferentemente do que exige a escolarização formal. Suas letras são apresentadas como a realização de um sonho antigo: de ver reconhecida sua arte, que se ancora na tradição afro e a expande pelo mundo com um apelo universal aos excluidos, conclamando-os a assumir uma atitude altiva, indignada, posicionando-se contra toda e qualquer humilhação:

> Através do rap corri atrás do preju / e pude realizar o meu
> sonho / por isso que eu afro X nunca deixo de sonhar /
> Conheci o paraíso e eu conheço o inferno / Vi Jesus de calça
> bege e o diabo de terno / No Mundo moderno, as pessoas
> não se falam / Ao contrário se calam, se pisam, se traem,
> se matam ....É incontável, inaceitável, implacável, inevi-

> *tável / Ver o lado miserável se sujeitando com migalhas,*
> *favores / Se esquivando entre noite de medo e horrores /*
> *Qual é a fita treta cena... Quero dinheiro sem pisar na*
> *cabeça de alguém / O certo é certo na guerra ou na paz /*
> *Se for um sonho não me acorde nunca mais / Roleta russa*
> *quanto custa engatilhar / Eu pago o dobro pra você em*
> *mim acreditar /É isso aí, você não pode parar / Esperar o*
> *tempo ruim vir te abraçar / Acreditar que sonhar sempre é*
> *preciso...*

E, por fim, convoca-os a uma luta insana contra as adversidades e obstáculos para se conquistar o direito a ter uma vida digna:

> *É o que mantém os irmãos vivos. / Geralmente quando*
> *os problemas aparecem / A gente tá desprevenido né*
> *não? / Errado / É você que perdeu o controle da situa-*
> *ção / Perdeu a capacidade de controlar os desafios /*
> *Principalmente quando a gente foge das lições / Que a vida*
> *coloca na nossa frente / Você se acha sempre incapaz de*
> *resolver / Se acovarda moro*
> *O pensamento é a força criadora / O amanhã é ilusório*
> *Porque ainda não existe / O hoje é real / É a realidade que*
> *você pode interferir*
> *As oportunidades de mudança / Tá no presente / Não*
> *espere o futuro mudar sua vida / Porque o futuro será a*
> *consequência do presente / Parasita hoje*
> *Um coitado amanhã / Corrida hoje / Vitória amanhã /*
> *Nunca esqueça disso, irmão.*

Uma história que diz muito sobre as situações-limite que esses meninos experimentam, senão diretamente, muitas vezes, testemunhando situações semelhantes vividas por seus familiares e vizinhos. Chama-nos a atenção o apelo a uma força sobre-humana da qual se é obrigado a investir para poder enfrentar tamanha adversidade na vida, sem sair do caminho "certo", como dizem muitos deles.

A história do povo brasileiro em versos e rimas

Após discussões fecundas como essas e a visita ao Museu Afro-Brasileiro, os jovens foram instados a elaborar letras de rap sobre todos esses assuntos.

Analisemos o conteúdo de letras como esta, em que se mesclam a denúncia do abandono pelo Estado brasileiro a que estão sujeitas as pessoas pobres, particularmente os afro-descendentes, e o preconceito que recai sobre eles:

Os negros estão cansados
De viver em buracos
Essas famílias precisam ser respeitadas
A prefeitura não quer saber de nada

Em seguida, os jovens apontam o descaso do conjunto da sociedade:

Muitos negros não têm emprego
Por causa do racismo
E tem gente que finge
Que não tá nem aí pra isso

E num crescendo, convoca-nos a amá-los e com eles se preocupar:

Meu amigo, eles precisam de aconchego
Podiam ajudar, dando casa pra morar
Queria ajudar, mas não sei o que faço para colaborar
Será que um dia vai mudar?

Para depois, de modo mais incisivo e direto, fazer-nos acordar de nossa letargia, ao apontar a responsabilidade do conjunto da sociedade para com o destino dos afro-descendentes:

Meu amigo o que é isso?
Vamos acabar com o racismo
Temos que dar emprego para os negros
Não tem que ter preconceito

Somos irmãos do peito

> *Todos nós somos humanos*
> *Por isso meu irmão*
> *Não podemos zoar os africanos*

E vestindo a pele daquele que sofre o preconceito, nos convoca à mimese genuína, como diria Adorno,[29] acolhendo em seu interior o outro de si, tornando familiar o que pode parecer estranho, para diferenciar da falsa projeção,[30] defesa característica do sujeito preconceituoso, que tende ao contrário, a caracterizar o mais familiar como algo hostil:

> *Os negros devem pensar*
> *Para que viver sem nada ganhar*
> *E para que lutar sem nada conquistar*
> *Amar por amar*
> *Viver por viver*
> *Sem nada receber*

E, por fim, apresentam-se como seus legítimos representantes:

> *Sou o Mc Leonardo e Mc Janaína*
> *Para representar*
> *Os negros da periferia*
> *(Autores: Leonardo, Janaína, Mayara e Luis Felipe)*

---

[29] ADORNO, Theodor W. e HORKHEIMER, Max (1947). *Dialética do Esclarecimento*. Rio de Janeiro: Ed. Zahar, 1985.

[30] A *mimese genuína*, ou projeção reflexiva, seria, segundo Adorno e Horkheimer (1985), o mecanismo psíquico através do qual, a partir do entrelaçamento do interior e do exterior, o mundo objetivo se forma para o sujeito, ao mesmo tempo que se converte em base constituinte do sujeito individual. Já a *falsa projeção* é considerada o fundamento do anti-semitismo e que pode ser estendida a toda forma de preconceito: uma projeção que, diferentemente da primeira, não permite nenhuma discriminação entre o mundo exterior e a vida psíquica, nem o afastamento necessário ao processo de identificação que engendraria, ao mesmo tempo, a consciência de si e a consciência moral.

E assim deram corpo à ideia que um dos alunos com muita perspicácia sustentou em uma de nossas discussões a respeito da história de nossos afro-descendentes, de como o rap retomava este passado no presente: *O rap é o portal do sofrimento do negro, do sujeito que vive na favela!*, disse-nos ele.

Recorrer à ideia de Quilombo representou uma forma de buscar no passado, em meio à barbárie do regime escravocrata implantado no país, o que havia de mais avançado de maneira a iluminar o presente e abrir espaços para se reinventar o futuro. Uma ideia que é plenamente explorada pela letra da música *Antigamente quilombo, hoje periferia*,[31] de autoria do grupo *Z'África Brasil*, que tocamos para os alunos, depois de termos recuperado a história dos Quilombos:

A que sentido flores prometeram um mundo novo?
Favela viela morro tem de tudo um pouco,
Tentam alterar o DNA da maioria.
Rei Zumbi! Antigamente Quilombos Hoje periferia!

Zulu Z'África Zumbi aqui não daremos trégua não, não

A relação entre o passado, a luta pela liberdade levada por Zumbi, a dos rappers e do movimento hip hop pela paz e valorização do negro, retomada pelos rappers do *Z'África Brasil* ficou clara para os alunos, levando-os a bater palmas logo que finalizamos o clip e a cantar *Negro Drama*,[32] dos Racionais Mc's, onde fica evidenciada a dor do preconceito e a necessidade de reparação:

Negro drama,
Entre o sucesso e a lama,
Dinheiro, problemas,
Inveja, luxo, fama.

Negro drama,
Cabelo crespo,

---

31 Z'África Brasil. *Antigamente quilombo, hoje periferia* (letra e vídeo). Acesso: http://letras.mus.br/zafrica-brasil-musicas/1273892.

32 Racionais MC's. *Negro Drama* (letra e vídeo). Acesso: http://letras.mus.br/racionais-mcs/63398.

E a pele escura,
A ferida, a chaga,
A procura da cura.

Negro drama,
Tenta ver
E não vê nada,
A não ser uma estrela,
Longe meio ofuscada.

Sente o drama,
O preço, a cobrança,
No amor, no ódio,
A insana vingança.

Negro drama,
Eu sei quem trama,
E quem tá comigo,
O trauma que eu carrego,
Pra não ser mais um preto fodido.

O drama da cadeia e favela,
Túmulo, sangue,
Sirene, choros e vela.

Enquanto cantavam, cresciam diante de nossos olhos. Era como se cantassem um verdadeiro hino da periferia. Seguiu-se a esta catarse em grupo vivida pelos alunos, liberando da amnésia social que abate sobre nossas consciências, a história do "povo brasileiro", uma discussão fecunda e a criação de outras letras inspiradas nessa nova consciência de si.

A partir da realização de tais atividades, além de debates e criações artísticas, foi-se buscando o desenvolvimento com os alunos de um potencial crítico, a fim de lhes permitir ressignificar o presente e visualizar novas possibilidades de reinvenção de si mesmos e de toda uma geração de afro-descendentes.

ALGUMAS CONSIDERAÇÕES A PROPÓSITO DA PESQUISA

A conclusão à qual podemos chegar até o momento, foi que o trabalho desenvolvido nas oficinas realizadas em parceria com a ONG Casa do Zezinho representa uma proposta pioneira no Brasil, no sentido de se propor a (re)pensar uma educação inspirada pela filosofia do movimento hip hop, criando o que alguns autores americanos chamam de "pedagogia da indignação", ou uma "pedagogia culturalmente relevante".

Além do aspecto político, há a dimensão estética que procuramos desenvolver, tanto nas oficinas de rap e repente, quanto na de improvisação musical – sempre atentos à promoção de uma escuta e de uma sensibilização, que poderíamos chamar de estética e psíquica – uma vez que ao provocarmos estranhamento pela via sonora, histórica e poética, estávamos atingindo camadas mais profundas do inconsciente de jovens, educadores e pesquisadores. E ao romper com ideias e gostos incutidos pela indústria cultural, provocamos também rupturas nas formas dominantes de pensar o trabalho com as classes trabalhadoras, suas famílias e seus filhos. As rodas de improvisação conduzidas pela pesquisadora Raquel só foram possíveis depois de ter trabalhado com eles o pulso de modo regular para que entrassem em contato com uma escuta interna, fazendo ressurgir neles os ritmos e batidas dos tambores afro-indígenas, por meio dos quais lhes foi possível escutar os seus pensamentos, como sugeriu uma garota, para depois "rapear" suas letras e poesias.

A oficina *Rap, repente e embolada* trouxe ao conhecimento dos jovens muito do que fora cuidadosamente objeto de produção de uma verdadeira amnésia histórica e social no interior do ensino oferecido pela própria escola e que não fora tratado de modo distinto pela indústria cultural: o estudo das políticas de branqueamento da população adotadas pelo Estado brasileiro; o significado da escravidão e do lucrativo negócio do tráfico negreiro para a economia capitalista do país; e a resistência política e cultural ensejada pelos Quilombos e remanescentes quilombolas, cujas lutas libertárias reaparecem nas letras do rap. Finalmente, a oficina permitiu recuperar os matizes culturais que a migração nordestina trouxe para a região sudeste e para as periferias de grandes metrópoles como São Paulo, como a tradição dos repentistas, que se vê hoje combinada ao canto falado dos rappers.

De outro lado, na oficina de *ring shout* e *break*, dirigida pelos pesquisadores Vinicius e Cristiane, tivemos a oportunidade de trabalhar com profundidade em que medida um ritual ancestral cultivado pelos escravos e ex-escravos no sul dos EUA tinha o potencial de propiciar elaborações psíquicas das dores sofridas individualmente no presente e no passado. Tanto foi assim que seus desenhos e lamentos resultaram na coreografia do navio negreiro, que foi apresentada na abertura do *Colóquio Culturas Jovens Afro Brasil-América*,[33] evento inspirador deste livro.

Assim, acreditamos que no passado, a música e a dança permitiram aos escravos a reinstauração do espaço ritualístico, para combater a violência a que seus corpos e mentes foram submetidos, tendo-lhes sido fundamental, não apenas como espaço de resistência, mas antes de tudo como estratégia de reinserção na cadeia simbólica do humano, cujo acesso lhes vinha sendo negado. Do mesmo modo, o retorno da ideia de quilombo no interior da música de protesto e com forte conteúdo de denúncia do rap que nasce na periferia urbana, associado à sua linguagem em ato, que mimetiza a violência estrutural e simbólica da qual é vítima, parece ser condição para que seu discurso se descole das dimensões de violência simbolicida[34] e alce voo em direção à construção de um projeto de liberdade e de uma sociedade mais justa. Tais conteúdos, quando associados a processos híbridos

---

33 Refiro-me ao *Colóquio Internacional Culturas Jovens Afro-Brasil América: encontros e desencontros*, realizado entre 10 a 13 de abril de 2012. Local: FEUSP, SESC Pinheiros e UNINOVE. Promoção de: FEUSP e Programa de Pós-Graduação em Educação da FEUSP. Apoio: Pró-Reitoria de Cultura e Extensão da USP, Comissão de Graduação da FEUSP, CAPES e FAPESP.

34 No livro *Violence et Champ Social*, organizado pelo Conseil Supérieur du Travail Social (Rennes, Editions ENSP, 2002), uma edição presidida por psicanalistas franceses que assessoram o Instituto de Trabalho da região norte da França, onde é feita uma distinção importante para a nossa reflexão entre agressividade e violência: a agressividade provoca o outro, interpelando-o para o vínculo social e a alteridade; já a violência, ao contrário, ataca o vínculo, é simbolicida no sentido de ser dessubjetivante e destruidora do sujeito.

de composição poético-musical, ao mesmo tempo que introduzem combinações entre as batidas dos tambores africanos baseadas no pulso e os ruídos urbanos das periferias das metrópoles,[35] colocam o rap na vanguarda estética do mundo contemporâneo e, como afirmara Canclini,[36] talvez seja esta a condição de entrada e de saída da modernidade de países como o nosso que depende dessa estranha combinação entre o que há de mais moderno e o mais arcaico. E nossas oficinas ao estimularem essa mixagem de gêneros e esse encontro entre a ancestralidade e a estética contemporânea, findam por atualizar e acirrar esta condição de fronteira da cultura periférica, de entrada e de saída da modernidade no interior do próprio campo da educação.

As entrevistas com os rappers, por sua vez, trouxeram à tona a tensão entre aqueles que estão se afastando da comunidade e entrando no mercado, e aqueles que se voltam para os problemas da comunidade, que vive na favela, com todas as tensões e o descaso do poder público nela presentes. O hip hop, como foi verificado em diversos estudos, como os de Osumaré,[37] sofre desse dilema e seus rumos se encontram atravessados por ele – entre o compromisso com a comunidade, sem o qual o movimento não sobrevive como arte e cultura de rua e o mercado, que exige maior diálogo com outras culturas e sons aceitos pela indústria cultural e a população não-periférica.

O trabalho de formação dos jovens da periferia de São Paulo, desenvolvido por nós, no sentido contrário ao apagamento dos vestígios da memória – individual e coletiva, singular e universal – permitiu que se liberasse o pensamento

---

35 Uma hipótese inspirada nas reflexões de José Miguel Wisnik, em seu livro, *O som e o sentido – uma outra história das músicas* (S.P., Cia das Letras, 2007). Embora suas reflexões se remetam às experimentações de John Cage, acreditamos que os rappers estão produzindo algo próximo do que Wisnik denomina de "quase música" que oscila entre o que está aquém e além da música tonal, entre "as polifonias descontínuas de ruídos sem retorno" (serialismo) e o eterno retorno modal, focalizando mais o pulso do que as alturas (minimalismo), que constituiria o núcleo das "simultaneidades contemporâneas".

36 CANCLINI, Nestor G. *Culturas híbridas: estrategias para entrar y salir de la modernidad*. Buenos Aires: Paidós, 2010.

37 OSUMARÉ, Halifu. *The africanist aesthetic in global hip hop: power moves*. New York: Palgrave Macmillan, 2007.

reflexivo e, com isso, que se evidenciasse a violência objetiva que pesava sobre os adolescentes, à qual se cola outra ordem de violência — a empreendida por projetos sociais que pretendem formar consciências e corpos "domesticados" para o mercado global.

Acreditamos, ao invés disso, se considerarmos a escola como espaço de formação e de preparação da juventude para a vida pública, como defendera Hannah Arendt,[38] que seria possível repensar a cultura escolar e a autoridade do professor a partir de uma "razão restaurada" pela música e a arte de protesto da juventude excluída das metrópoles brasileiras. E assim poder reconhecer a necessidade de se conferir espaço para uma formação escolar multiculturalista comprometida com a diversidade étnica e cultural.

---

38   ARENDT, Hannah (1954). *Entre o passado e o futuro*. São Paulo: Ed. Perspectiva, 1992.

SOBRE OS AUTORES

CHRISTIAN BÉTHUNE é Doutor em Filosofia pela Université PARIS 1, defendendo a tese: *Le jazz comme critique des catégories de l'esthétique*, em 1992. Obteve a Habilitação para orientar teses em Artes, em 2005, pela Université Paris 1 Panthéon-Sorbonne. Atualmente é Pesquisador Associado do CIEREC – Centre Interdisciplinaire d'Etudes et de Recherches sur l'Expression Contemporaine, ligado à Université St. Etienne et de Lyon. Autor de diversas obras: *Le jazz et l'Occident* Klincksieck/col. « Esthétique (2008); *Pour une esthétique du rap,* Klincksieck/col. 50 Questions (2004); *Adorno et le jazz,* Klincksieck col. « Esthétique » (Lauréat académie Charles Cros) (2003); *Le rap une esthétique hors la loi,* Autrement 1999 ; réédition augmentée 2003 (1999/2003); *Sidney Bechet,* Cd Livre Vilo (épuisé) (1998); *Sidney Bechet,* monographie sur Sidney Bechet Parenthèses (1997); *Charles Mingus,* Éditions Parenthèses/collection "Mood Indigo" Parenthèses (1ère édition Limon) (1989/1995). Foi um dos pesquisadores estrangeiros convidados pela Universidade de São Paulo para o *Colóquio Internacional Culturas Jovens Afro-Brasil América: encontros e desencontros,* realizado em São Paulo em abril de 2012.

HALIFU OSUMARE – Ph.D., Profa. Titular (Full Professor) da University of Califórnia, Davis, onde é Diretora do Programa de Estudos Africanos e Afro-americanos. Obteve M.A. em Etnologia da Dança junto à San Francisco State University e Ph.D. em Estudos Americanos na Universidade do Hawai, Manoa. Foi pesquisadora bolsista pela Fulbright, em 2008, e docente junto à Universidade de Ghana, no Depto de Legon de Estudos de Dança, além de coordenar uma pesquisa sobre os efeitos da cultura do hip hop na cidade de Accra. Tornou-se reconhecida internacionalmente como estudiosa do fenômeno da globalização da cultura do hip hop, com seus livros: *The Africanist Aesthetic in Global Hip hop: Power Moves* (2007) e *The Hiplife in Ghana: West African Indigenization of Hip hop* (2012), ambos publicados pela Editora Palgrave Macmillan. Lecionou ainda na Stanford University, University of California, Berkeley, Bowling Green State University, e coordenou pesquisas em Malawi, Kenya, Ghana, and Nigeria. Foi uma das pesquisadoras estrangeiras convidadas pela Universidade de São Paulo para o *Colóquio Internacional Culturas Jovens Afro-Brasil América: encontros e desencontros*, realizado em São Paulo em abril de 2012.

JOÃO BATISTA DE JESUS FELIX — Doutor, com a tese "Hip Hop Cultura e Política no Contexto Paulistano", defendida em 2006, Mestre com a dissertação "Chic Show e Zimbabwe e a Construção da Identidade nos Bailes Black Paulistanos", defendida em 2000, bacharel e licenciado em Ciências Sociais, pela Universidade de São Paulo (USP). Professor Adjunto III, de Antropologia Social, na Universidade Federal do Tocantins (UFT), no Curso de Ciências Sociais. Foi diretor substituto do Campus de Tocantinópolis, em janeiro de 2009. Atualmente é o Diretor de Cultura do mesmo Campus e Coordenador do Núcleo de Estudos e Pesquisas Interdisciplinares da África e dos Afro-Brasileiros da UFT (NEAF/UFT), Diretor de Imprensa do SESDUFT. Filiado à Associação Brasileira de Antropologia, desde de 2008 assim como à Associação Brasileira de Pesquisadores Negros, onde foi Conselheiro Fiscal das Administrações de 2008 a 2012, atualmente é representante da Região Norte na Diretoria Nacional. Também é o Coordenador do Cineclube da UFT em Tocantinópolis, desde 2008, coordenou as Mostras "Vídeo Índio Brasil" e a "Mostra Dia Internacional de Animação", em 2010. Membro do Grupo de Pesquisa Cultura, Educação e Política desde 2010. Membro do Conselho Editorial da UFT. Fundador e professor de História Geral do cursinho alternativo Paulo Freire, de 1995 a 2002. Professor de Ensino Fundamental II, na Prefeitura Municipal de São Paulo, nas áreas de História e Geografia, de 2003 a 2008. Militante da SCECES FALA NEGÃO da Zona Leste Paulistana, desde 2000. Diretor de Imprensa do Conselho Nacional de Cineclubes, de 1984 a 1986.

KING NINO BROWN (JOAQUIM DE OLIVEIRA FERREIRA) – Foi o fundador e diretor da Casa do Hip hop de Diadema e Presidente da Zulu Nation no Brasil. Oriundo de Recife, aos 12 anos de idade, foi conquistado pelo *Movimento Soul Paulistano* e, desde 1974, quando passou a residir na favela do Jardim Calux, em São Bernardo do Campo, envolveu-se com os bailes blacks da região e depois de ouvir e comprar o "LP Revolution of the Mind", de "James Brown", passou a compreender o real sentido do Movimento Hip hop que o contagiara. Desde então, iniciou sua carreira como dançarino de break e posteriormente "DJ". Nos anos 80, com o enfraquecimento do *Movimento Soul* em São Paulo, acompanhou e colaborou para o florescimento da Cultura Hip hop no estado, tornando-se um de seus mais importantes protagonistas. Na busca de entender melhor as origens do Hip hop, em 1994, decidiu fazer contato com a "Universal Zulu Nation", de Nova York, fundada e dirigida por Afrika Bambaataa, por quem foi encarregado de fundar a "Zulu Nation Brasil", em 2002. Em 1999 participou da fundação da Casa do Hip hop de Diadema – importante centro cultural a serviço da juventude pobre do município, utilizando os elementos do Hip hop como instrumentos na formação da identidade cidadã –, tornando-se um de seus importantes pesquisadores e curadores. Ao longo desses anos, o autor tem se dedicado a inúmeras palestras e debates a respeito das Culturas Negra e Hip hop, além de realizar batismos de candidatos a membro Zulu por todo o país, depois de submetidos a rigorosas avaliações de conduta.

MÁRCIA APARECIDA LEÃO – Graduada em Ciências Sociais pela Faculdade São Marcos, Mestre em Educação, Administração e Comunicação (Universidade São Marcos). Atualmente é professora da Faculdade de Diadema, docente do Centro Universitário das Faculdades Metropolitanas Unidas, pesquisadora – Zulu Nation Brasil e coordenadora pedagógica do curso de turismo da Faculdade de Diadema. Tem experiência na área de Sociologia, com ênfase em Sociologia Urbana, atuando principalmente nos seguintes temas: cultura, educação, ética, controle emocional e competência interpessoal.

MARIA CECILIA CORTEZ CHRISTIANO DE SOUZA – Iniciou sua graduação no Departamento de Ciências Sociais da Faculdade de Filosofia, Letras e Ciências Humanas da Universidade de São Paulo, completou a graduação e licenciatura na Faculdade de Educação da USP. É professora do Departamento de Filosofia da Educação e Ciências da Educação da Faculdade de Educação da USP, onde obteve os títulos de mestrado (1981), doutorado (1987), livre docência (1997) e o cargo de professora titular (2005) em História da Educação e Psicologia da Educação. Foi vice-diretora dessa Unidade (2006-2010), uma das fundadoras do Centro de Memória da Educação (1994) integrando atualmente a coordenação deste centro de pesquisa. Tem pós-doc na Ecole d' Édudes en Sciences Sociales na França, experiência na área de Educação, com ênfase na formação de professores, trabalhando principalmente com os seguintes temas: história da psicologia e da psicanálise ligadas à educação, preservação da memória e do patrimônio do ensino público, a questão da raça e da classe social na escola brasileira. Dentre outras publicações, colaborou e organizou o livro: Amaral, M. do e Souza, M. C.C. e C. *Educação Pública nas metrópoles brasileiras: impasses e novos desenlaces* (Paco Editorial/EDUSP, 2011). Participou como Conferencista e da Comissão Organizadora do *Colóquio Internacional Culturas Jovens Afro-Brasil América: encontros e desencontros,* promovido pela FEUSP, em abril de 2012.

MARTHA DIAZ – Profa. Adjunta da New York University (NYU) e Diretora fundadora do Centro Educacional H2ED, responsável por pesquisas e intervenções em escolas, envolvendo o hip hop e a educação. Obteve M.A. junto à New York University, Gallatin School for Individualized Study (2008-2010). Conferências e artigos publicados sobre o tema: *Rebel Music: Teaching Hip hop and Punk to the Next Generation* (Priya, Parmar, Anthony J Nocella, Scott Robertson, Martha Diaz, forthcoming, 2013); *Reimagining Teaching and Learning: A Snapshot of Hip hop Education – National Report* – Metropolitan Center for Urban Education, NYU Steinhardt School for Education, Culture, and Human Development (Pedro Noguera, Edward Fergus, Martha Diaz, 2011); *The World*

IS Yours: A Brief History of Hip hop Education (Martha Diaz, 2011); *Renegades: Hip hop Social Entrepreneurs Leading The Way for Social Change* – Paper, Social Enterprising Conference, NYU Stern School of Business (Martha Diaz, 2011). Foi uma das pesquisadoras estrangeiras convidadas pela Universidade de São Paulo para o *Colóquio Internacional Culturas Jovens Afro-Brasil América: encontros e desencontros,* realizado em São Paulo em abril de 2012.

RODRIGO DUARTE — Possui graduação em Filosofia pela Universidade Federal de Minas Gerais (1982), mestrado em Filosofia pela Universidade Federal de Minas Gerais (1985) e doutorado em Filosofia – Universität Gesamthochschule Kassel (1990). Realizou estágios de pós-douoramento na University of California at Berkeley (1997), na Universität Bauhaus de Weimar (2000) e na Hochschule Mannheim (2011). Atualmente é professor titular do Depto. de Filosofia da Universidade Federal de Minas Gerais. Tem experiência na área de Filosofia, com ênfase em Ética, Estética e Filosofia Social, atuando principalmente nos seguintes temas: Escola de Frankfurt, Theodor Adorno, autonomia da arte, arte contemporânea e arte de massa. Desde maio de 2006 é presidente da Associação Brasileira de Estética (ABRE). Dentre suas numerosas publicações no Brasil e no exterior, destacam-se os seus livros: "Marx e o Conceito de Natureza em 'O Capital'" (1986), "Mímesis e Racionalidade. A concepção de domínio da Natureza em Theodor W. Adorno" (1993), "Adornos. Nove ensaios sobre o filósofo frankfurtiano" (1997), "Adorno/Horkheimer e a Dialética do Esclarecimento" (2002), "Teoria Crítica da Indústria Cultural" (2003), "Dizer o que não se deixa dizer. Para uma filosofia da expressão" (2008), "Deplatzierungen. Aufsätze zur Ästhetik und kritischer Theorie" (2009), "Indústria cultural: uma introdução" (2010), "A arte" (2012) e "Pós-história de Vilém Flusser. Gênese-anatomia-desdobramentos" (2012).

WILLIAM E. SMITH — Ph.D. em Etnomusicologia pela University of Maryland, a MM em Composição de Jazz e a BM nos estudos de Jazz pela Howard University. Professor Associado e Diretor de Etnomusicologia Online junto à North Carolina Central University. Como produtor e músico gravou com artistas, como: Donald Byrd, Fred Hammond e Cynda Williams. Publicou o livro *Hip hop as performance and Ritual: Biography and Ethnography in Underground Hip hop*, pela Victoria, B.C.: Trafford, 2005. Foi fundador e presidente da International Association for Hip hop Education (IAHHE), responsável por pesquisa e educação em Hip hop. Foi um dos pesquisadores estrangeiros convidados pela Universidade de São Paulo para o *Colóquio Internacional Culturas Jovens Afro-Brasil América: encontros e desencontros*, realizado em São Paulo em abril de 2012.

Este livro foi impresso em São Paulo na primavera de 2015. No texto foi utilizada a fonte Walbaum MT Std em corpo 11 e entrelinha 16,5 pontos.